Vergleich der Rechtsschutzverfahren für Justiz und Inneres
und Art. 220 ff. EGV

Europäische Hochschulschriften

Publications Universitaires Européennes
European University Studies

Reihe II
Rechtswissenschaft

Série II Series II
Droit
Law

Bd./Vol. 4263

PETER LANG
Frankfurt am Main · Berlin · Bern · Bruxelles · New York · Oxford · Wien

Jens Hourle

Vergleich der Rechtsschutzverfahren für Justiz und Inneres und Art. 220 ff. EGV

Vergleich zwischen den Rechtsschutzverfahren im Bereich Justiz und Inneres und den allgemeinen Verfahren nach Art. 220 ff. EG-Vertrag unter Berücksichtigung der durch den Vertrag von Nizza geänderten Gerichtsverfassung

PETER LANG
Europäischer Verlag der Wissenschaften

Bibliografische Information Der Deutschen Bibliothek
Die Deutsche Bibliothek verzeichnet diese Publikation in der Deutschen Nationalbibliografie; detaillierte bibliografische Daten sind im Internet über <http://dnb.ddb.de> abrufbar.

Zugl.: Augsburg, Univ., Diss., 2005

D 384
ISSN 0531-7312
ISBN 3-631-53928-2

www.peterlang.de

Meiner Frau

Evelyn

Vorwort

Die Arbeit beschäftigt sich mit den bisher größten Veränderungen des durch den Gerichtshof gewährten Rechtsschutzsystems, in dem die klassischen Rechtsschutzverfahren gemäß Art. 220 ff. EGV mit den im Bereich Justiz und Inneres eingeführten Rechtsschutzverfahren nach Art. 68 EGV und Art. 35 EUV verglichen werden. Durch die hinzugetretenen Verfahren wird einerseits die Zuständigkeit des Gerichtshofs im Bereich der dritten Säule durch die Verfahren nach Art. 35 EUV erweitert und ergänzt sowie andererseits durch die in Art. 68 EGV niedergelegten Verfahren variiert. Dies führt zu einigen Besonderheiten im Rechtsschutzsystem, so dass die Verfahren im Bereich Justiz und Inneres auf deren Inhalt, Anwendung sowie gegenwärtige und zukünftige Praktikabilität untersucht werden. Des Weiteren behandelt die Arbeit die mit dem Vertrag von Nizza verbundene institutionelle Binnenreform des Gerichtshofs. Dabei wird auch auf die Differenzierung der Zuständigkeiten zwischen dem Gerichtshof, Gericht und den künftigen gerichtlichen Kammern eingegangen.
Die Arbeit wurde im April 2003 abgeschlossen. Trotzdem ist das Thema von ungebrochener Aktualität, da es bis heute nur geringe Praxis und Entscheidungen zu den neuen Verfahren gibt und andererseits die vorgesehene fünfjährige Erprobungszeit ohne Änderungen der Verfahren verstrichen ist. Aktuelle Rechtsprechung zu den neuen Verfahren konnte noch berücksichtigt werden.
Bedanken möchte ich mich bei meinem Doktorvater Prof. Dr. Christoph Vedder, der es mir überhaupt ermöglicht hat zu promovieren und mir bei der Erstellung der Arbeit die Freiheit gelassen hat, die ich hierfür benötigt habe.
Besonderer Dank gebührt meinen Eltern, die es insbesondere geschafft haben, mich auf das Leben und die dort an mich gestellten Aufgaben vorzubereiten. Mein größter Dank gebührt aber meiner Frau Evelyn, ohne deren Weitblick und umfassende Unterstützung bereits der Grundstein dieser Arbeit nie gelegt worden wäre und die mir täglich den Rückhalt gibt, um die vorgenommenen Ziele zu erreichen. Ihr ist daher die Arbeit gewidmet.

München, Mai 2005

Jens Hourle

Inhaltsverzeichnis

Abkürzungsverzeichnis

a.A	anderer Auffassung
ABl.	Amtsblatt der Europäischen Gemeinschaft
Abs.	Absatz, Absätze
a.F.	alte Fassung
Alt.	Alternative
AnwBl	Anwaltsblatt
AöR	Archiv des öffentlichen Rechts
Art.	Artikel
AsylVfG	Asylverfahrensgesetz
AuslG	Ausländergesetz
AV	Amsterdamer Vertrag
Bd.	Band
Beschl.	Beschluss
BGBl.	Bundesgesetzblatt der Bundesrepublik Deutschland
BGH	Bundesgerichtshof
BVerfG	Bundesverfassungsgericht
BVerfGE	Entscheidung des Bundesverfassungsgerichts
BVerwG	Bundesverwaltungsgericht
bzgl.	bezüglich
bzw.	beziehungsweise
CML Rev.	Common Market Law Review
Dän	Dänemark
ders.	derselbe
d.h.	das heißt
DÖV	Die Öffentliche Verwaltung
DRiZ	Deutsche Richterzeitung
DVBl	Deutsches Verwaltungsblatt
EG	Europäische Gemeinschaft, Vertrag zur Gründung der Europäischen Gemeinschaft
EGV	Vertrag zur Gründung der Europäischen Gemeinschaft
EGKS	Vertrag zur Gründung der Europäischen Gemeinschaft für Kohle und Stahl
EMRK	Konvention zum Schutze der Menschenrechte und Grundfreiheiten
EP	Europäische Parlament
EU	Europäische Union, Vertrag über die Europäische Union
EuG	Europäischer Gerichtshof erster Instanz
EuGH	Gerichtshof der Europäischen Gemeinschaft
EuGHG	Gesetz betreffend die Anrufung des Gerichtshofes der Europäischen Gemeinschaften im Wege des Vorabentscheidungs-

	verfahrens auf dem Gebiet der polizeilichen Zusammenarbeit und der justiziellen Zusammenarbeit in Strafsachen nach Art. 35 des EU-Vertrags (EuGH-Gesetz)
EuGRZ	Europäische Grundrechte Zeitschrift
EuGVÜ	Übereinkommen über die gerichtliche Zuständigkeit und die Vollstreckung gerichtlicher Entscheidungen in Zivil- und Handelssachen
EuR	Europarecht (Zeitschrift)
EUV	Vertrag über die Europäische Union
Europol	Europäisches Polizeiamt
EuZW	Europäische Zeitschrift für Wirtschaftsrecht
EWG	Europäische Wirtschaftsgemeinschaft
EWGV	Vertrag zur Gründung der Europäischen Wirtschaftsgemeinschaft
EWS	Europäisches Wirtschafts- und Steuerrecht
EZB	Europäische Zentralbank
f.	folgende
F.A.Z.	Frankfurter Allgemeine Zeitung
ff.	fortfolgende
Fn.	Fußnote
GG	Grundgesetz
ggf.	gegebenenfalls
GM	Gemeinsame Maßnahme
Hrsg.	Herausgeber
HS	Halbsatz
i.B.a.	in Bezug auf
i.d.F	in der Fassung
IGH	Internationaler Gerichtshof
IRL	Irland
insb.	insbesondere
i.V.m.	in Verbindung mit
JUS	Juristische Schulung
JZ	Juristische Zeitung
KOM	Dokumente der Kommission der Europäischen Gemeinschaft
lit.	litera
m.w.N	mit weiteren Nachweisen
NJW	Neue Juristische Wochenschrift
Nr.	Nummer
NVwZ	Neue Zeitschrift für Verwaltungsrecht
o.	oben
PJZS	Polizeiliche und justizielle Zusammenarbeit in Strafsachen
Rn.	Randnummer

RabelsZ	Rabels Zeitschrift für ausländisches und internationales Privatrecht
Rs.	Rechtssache
Rspr.	Rechtsprechung
RTDE	Revue triestrielle de droit européen
s.	siehe
S.	Satz, Seite
SDÜ	Schengener Durchführungsübereinkommen
Slg.	Sammlung der Rechtsprechung des EuGH und des Gerichts erster Instanz
sog.	so genannte
st.	ständige
u.a	unter anderem; und andere
UAbs.	Unterabsatz
u.U.	unter Umständen
verb.	verbundene
Verf.	Verfasser
VG	Verwaltungsgericht
vgl.	vergleiche
VK	Vereinigte Königreich Großbritannien
VO	Verordnung
VwGO	Verwaltungsgerichtsordnung
WVK	Wiener Vertragsrechtskonvention
ZAR	Zeitschrift für Ausländerrecht und Ausländerpolitik
z.B.	zum Beispiel
ZEuP	Zeitschrift für europäisches Privatrecht
ZEuS	Zeitschrift für europäische Studien
Ziff.	Ziffer
ZJI	Zusammenarbeit im Bereich Justiz und Inneres

Teil I: Einleitung

A. Gegenstand der Untersuchung

Die Gemeinschaftsgerichte[1] und die einzelnen Rechtsschutzverfahren spielen eine prägende und tragende Rolle innerhalb der Europäischen Union, da sie insgesamt ein System des effektiven Rechtsschutzes garantieren.

Die Rechtsprechungszuständigkeiten der Gemeinschaftsgerichte, sowie die einzelnen Rechtsschutzverfahren, haben sich durch die Verträge von Amsterdam[2] und Nizza[3] sowohl vom Umfang, als auch vom Inhalt weit reichend verändert und erweitert. Dem Gerichtshof[4] sind durch den Vertrag von Amsterdam neue Kompetenzen u.a. im Bereich des EU-Vertrags und des EG-Vertrags eingeräumt worden. Auch wenn die Prüfungskompetenz des Gerichtshofes im EU-Vertrag noch nicht im vollen Umfang für alle Bereiche besteht, so ist die Zuständigkeit vor allem auf die dritte Säule, d.h. in dem Bereich der Bestimmungen über die polizeiliche und justizielle Zusammenarbeit in Strafsachen[5], der Europäischen Union ausgedehnt worden. Darüber hinaus ist der Bereich der Bestimmungen über Visa, Asyl, Einwanderung und andere Politiken[6] vom Unionsvertrag in den EG- Vertrag überführt und durch Art. 68 EGV mit einer eigenständigen Kompetenzzuweisung des Gerichtshofes für diesen Bereich ausgestaltet worden.[7]

Im Hinblick auf das Rechtsschutzverfahren vor dem Gerichtshof ist innerhalb der dritten Säule und im Titel IV des EG-Vertrags zu beachten, dass für die dort aufgeführten Verfahren Sonderregelungen im Vergleich zu den Art. 220 ff. EGV bestehen, die ihrerseits wiederum durch die allgemeinen Vorschriften der Art.

---

1 Unter dem Begriff der Gemeinschaftsgerichte werden der Gerichtshof und das Gericht verstanden.

2 Am 1.5.1999 in Kraft getreten; Text in : ABl. EG 1997, Nr. C- 340; Bekanntgabe in: ABl. EG 1999, Nr. C- 120/24.

3 Der Vertrag von Nizza ist am 1.02.2003 in Kraft getreten, Text in: ABl. EG 2001, C-80/1 ff. Der Vertrag von Nizza ist am 26. Februar 2001 von den Außenministern feierlich unterzeichnet worden. Er konnte erst nach der Ratifizierung aller Mitgliedsstaaten in Kraft treten. In Irland scheiterte der erste Versuch der Ratifizierung an einem anlehnenden Referendum. In einem weiteren Referendum am 20.10.2002 stimmte Irland mit 63% für den Vertrag von Nizza, vgl. FAZ vom 21.10.2002, S. 1 f.

4 Die Wahl des Begriffs Gerichtshof ist sowohl im EG- als auch im EU-Vertrag nicht eindeutig. Als Gerichtshof wird teilweise das aus EuGH, Gericht und den gerichtlichen Kammern zusammengesetzte Gesamtorgan der Gemeinschaftsgerichtsbarkeit und teilweise nur der EuGH bezeichnet, Wegener, in: Calliess/Ruffert, Art. 220 Rn. 4 f. In der vorliegenden Arbeit wird als Gerichtshof nur der Gerichtshof der Europäischen Gemeinschaft gemeint sein.

5 PJZS.

6 Titel IV EGV.

7 Hailbronner/Thiery, EuR 1998, 583 (596).

220 ff. EGV ergänzt und ausgefüllt werden. Diese Sonderregelungen gelten nur für die dritte Säule und Titel IV EGV und stellen damit eine Abweichung von den allgemeinen Regeln dar. Grund für die Sonderregelung der Verfahren vor den Gemeinschaftsgerichten ist die Sorge einzelner Mitgliedstaaten gewesen, durch die Zuständigkeit des Gerichtshofes in den Bereichen des Titels IV EGV und der dritten Säule an Einfluss und Identität zu verlieren.[8] Wie die Verfahren innerhalb des Titels IV EGV und der dritten Säule im Einzelnen ausgestaltet sind und welche Unterschiede und Parallelen es zu den allgemeinen Verfahren nach Art. 220 ff. EGV gibt, wird daher Gegenstand dieser Untersuchung sein.
Die Entwicklung der Kompetenzerweiterung der Gemeinschaftsgerichte und die hiermit zusammenhängende steigende Zahl der an den Gemeinschaftsgerichten anhängigen Rechtssachen, sowie das Ziel die Europäische Union für die Aufnahme weiterer osteuropäischen Staaten vorzubereiten, hat zu einer umfassende Reform des gemeinschaftlichen Gerichtssystems durch den Vertrag von Nizza geführt.[9] Das gemeinschaftliche Gerichtssystem wurde derart reformiert, dass die Gemeinschaftsgerichte auf die Herausforderung durch die Erweiterung und den stetig anwachsenden Bedarf an Entscheidungen angemessen reagieren können.[10]
Gegenstand der Arbeit ist daher ein Vergleich des Rechtsschutzverfahren in Titel IV EGV, sowie die Rechtsschutzverfahren in der Dritten Säule mit dem allgemeinen Rechtsschutzverfahren und Grundsätzen nach Art. 220 ff. EGV. Gleichzeitig werden bei diesem Vergleich die Reformen des europäischen Gerichtssystems durch den Vertrag von Nizza untersucht und deren Auswirkungen bewertet und mit in den Vergleich einbezogen.

B. Gang der Untersuchung

Nach der Einleitung im ersten Teil, werden im zweiten Teil die Änderungen des Vertrags von Nizza für die europäische Gerichtsbarkeit untersucht, wobei im Einzelnen nur auf die Reform der internen Gerichtsorganisation und das Verhältnis der gerichtlichen Kammern zum Gericht eingegangen wird. Die darüber hinaus gehenden Reformen werden Gegenstand des dritten und vierten Teils sein und dort in den einzelnen Verfahrensvoraussetzungen herausgearbeitet.
Im dritten Teil der Arbeit wird das Rechtsschutzverfahren des Titels IV EGV, unter Berücksichtigung der Neuerungen des Vertrags von Nizza, mit den Rechtsschutzverfahren und gemeinschaftsrechtlichen Grundsätzen nach Art. 220 ff. EGV verglichen. Der Schwerpunkt des dritten Teils liegt in der Darstellung der einzelnen Verfahren und Anforderungen des Rechtsschutzes nach dem Titel IV EGV und dem Vergleich zu Art. 220 ff. EGV. Die vergleichenden Ausfüh-

---

8 Vgl. Ludwig, S. 240 ff. mit weiteren Nachweisen.
9 Fischer, S. 52.
10 Fischer, S. 73.

rungen sind nicht einheitlich positioniert. Sie folgen entweder innerhalb einer Verfahrensvoraussetzung des Titels IV EGV, im Anschluss an eine Verfahrensvoraussetzung oder am Ende der jeweils dargestellten Verfahrensart. Am Schluss des dritten Teils folgen eine Bewertung und der Ausblick.
Der vierte Teil der Arbeit widmet sich dem Vergleich zwischen den Rechtsschutzverfahren der dritten Säule und den Rechtsschutzverfahren und gemeinschafsrechtlichen Grundsätze nach Art. 220 ff. EGV. Dabei werden auch hier, soweit sie noch nicht im zweiten Teil besprochen worden sind, die Änderungen für das Rechtsschutzsystem durch den Vertrag von Nizza dargestellt. Gerade in diesem Bereich hat sich die Literatur bis dato unzureichend mit den dort auftretenden Problemen auseinandergesetzt. Um ein vollständiges Bild von dem derzeitigen Rechtsschutz innerhalb der dritten Säule zu erhalten werden zunächst kurz die Justiziabilität im Unionsrecht, sowie die Entwicklung und der jetzige Inhalt der dritten Säule dargestellt. Der Schwerpunkt des vierten Teils liegt parallel zum Schwerpunkt des dritten Teils in der Darstellung der einzelnen Rechtsschutzgesichtspunkte innerhalb der dritten Säule im Vergleich zu den allgemeinen Rechtsschutzverfahren des Gemeinschaftsrechts. Auch hier findet der Vergleich entweder innerhalb einer Verfahrensvoraussetzung, im Anschluss an die Darlegung der einzelnen Voraussetzungen oder am Ende der jeweils dargestellten Verfahrensart statt. Der vierte Teil schließt mit einer Bewertung und dem Ausblick.
Im fünften Teil der Arbeit folgt eine Zusammenfassung der gefundenen Ergebnisse.

Teil II: Die Änderungen des Vertrags von Nizza für die europäische Gerichtsbarkeit

A. Allgemeines zum Vertrag von Nizza

Am 26. Februar 2001 haben die Außenminister der bislang 15 Mitgliedstaaten der Europäischen Union den Vertrag von Nizza[11], einen völkerrechtlichen Vertrag zur Änderung des EU-Vertrags, der Gemeinschaftsverträge, sowie einiger weiterer Gemeinschaftsrechtsakte, feierlich unterzeichnet.[12] Für das Inkrafttreten ist es erforderlich gewesen, dass alle nationalen Parlamente der einzelnen Mitgliedstaaten den Vertrag ratifizieren, Art. 48 EUV.[13] Als letzter Mitgliedsstaat hat Irland durch das positive Referendum am 20.10.2002 die Ratifizierung vollzogen, so dass der Weg für die EU-Erweiterung und die Umsetzung der Reformen frei geworden[14] und der Vertrag von Nizza am 1. Februar 2003 in Kraft getreten ist.

Der Vertrag von Nizza verfolgt insbesondere das Ziel, Institutionen und Entscheidungsprozesse der Europäischen Union so zu verändern, dass die Union auch nach einer Ost-Erweiterung handlungs- und gestaltungsfähig bleibt.[15] Des Weiteren verfolgte die Reform das Ziel, die Entscheidungen der Gemeinschaftsgerichte durch eine Verkürzung der Verfahrensdauer zu stärken und den Rechtsschutz für die Unionsbürger, die Mitgliedstaaten und die Gemeinschaftsorgane zu erhalten.[16] Zur Erreichung dieser Ziele ist ein wesentliches Element der Reform von Nizza die Neustrukturierung des gemeinschaftlichen Gerichtssystems gewesen.

Im Vorfeld der Regierungskonferenz von Nizza hatten sich der Gerichtshof und das Gericht erster Instanz[17], eine von der Kommission eingesetzte Reflexionsgruppe[18], die Kommission selbst[19] sowie verschiedene Experten aus Wissenschaft und Praxis mit Beiträgen zur Zukunft des gemeinschaftlichen Gerichts-

---

11 ABl. EG 2001, Nr. C 80 v. 10.03.2001, S. 1 ff.

12 Pache/Schorkopf, NJW 2001, 1377 (1377).

13 Epiney/Freiermuth Abt/Mosters, DVBl 2001, 941 (941); Brok, Integration 2001, 86 (86); Pache/Schorkopf, NJW 2001, 1377 (1377).

14 Vgl. FAZ vom 21.10.2002, S. 1 f.; vgl. zum ersten negativen irischen Referendum, Hummer/Obwexer, Integration 2001, 237 ff.

15 Busch, in: Institut der deutschen Wirtschaft (Hrsg.), S. 4.

16 Kamann, ZEuS 2001, 627 (637).

17 Die Zukunft des Gerichtssystems der Europäischen Union, Reflexionspapier des EuGH v. 28.05.1999, EuZW 1999, S. 750.

18 Bericht der Reflexionsgruppe über die Zukunft des Gerichtssystems der Europäischen Gemeinschaft/Due-Report, EuGRZ 2001, 523 (523 ff.).

19 KOM (2000), S. 109 v. 1.03.2000.

systems geäußert.[20] Hintergrund dieser Diskussion und der entsprungenen Reform des gemeinschaftlichen Gerichtssystems, durch den Vertrag von Nizza, ist die steigende Zahl der anhängigen Rechtssachen vor den Gemeinschaftsgerichten gewesen. Die Zahl der Streitsachen hat inzwischen solche Ausmaße erreicht, dass die beiden Gemeinschaftsgerichte kaum noch in der Lage sind, ihre Aufgaben zügig und effizient zu erledigen.[21] Diese, immer weiter anwachsende Zahl von Verfahren vor den Gemeinschaftsgerichten, wird auch in Zukunft durch die EU-Erweiterung und die neuen Zuständigkeiten der Gemeinschaftsgerichte im Bereich des Titels IV EGV und der dritten Säule mitgeprägt werden.[22] Vor diesem Hintergrund sind der Gerichtshof und das Gericht durch den Vertrag von Nizza reformiert worden, um auf die Herausforderung durch die anstehende Erweiterung und den stetig anwachsenden Bedarf an Entscheidungen angemessen reagieren zu können.[23] Ob die Reformen wirklich ausreichen, wird sich dabei erst im Laufe der nächsten Jahre innerhalb der praktischen Umsetzung zeigen.[24]

B. Die einzelnen Reformen durch den Vertrag von Nizza

I. Die Änderungen der internen Gerichtsorganisation

Durch die Kompetenzerweiterung des Gerichtshofes und der dadurch einhergehenden Anhebung der anhängigen Verfahren, kam es durch den Vertrag von Nizza zu einer Reformierung der internen Organisation des Gerichtshofes.[25] Art. 221 EGV weist dabei folgende Formulierung auf:

„Der Gerichtshof besteht aus einem Richter je Mitgliedsstaat. Der Gerichtshof tagt in Kammern oder als Große Kammer entsprechend den hierfür in der Satzung des Gerichtshofes vorgesehenen Regeln. Wenn die Satzung es vorsieht kann der Gerichtshof auch als Plenum tagen.“

Die Änderungen des Art. 221 EGV beziehen sich somit auf zwei Bereiche, zum

---

20 Sack, S. 17 ff.

21 Lenz, EuGRZ 2001, 433 (433).

22 Streinz/Leible, EWS 2001, 1 (1); Hatje, EuR 2001, 143 (164); Epiney/Abt/Mosters, DVBl 2001, 941 (949).

23 Fischer, S. 73.

24 In der Literatur sind die Ergebnisse von Nizza teilweise hinter den Erwartungen zurückgeblieben: Pache/Schorkopf, NJW 2001, 1377 (1379 f.); Busch, in: Institut der deutschen Wirtschaft (Hrsg.), S. 17 ff.

25 Zur Zusammensetzung und Organisation des Gerichtshofes vor Nizza, vgl. Niedermühlbichler, Rn. 56 ff.

einen auf die Zusammensetzung und zum anderen auf die Art des Zusammentretens des Gerichtshofes.

1. Zusammensetzung des Gerichtshofes

Im Hinblick auf die Erweiterung der Union stellt der neue Art. 221 Abs. 1 EGV ausdrücklich einen Zusammenhang zwischen der Anzahl der Mitgliedstaaten und der Anzahl der Richter her.[26] Der Gerichtshof besteht danach „aus einem Richter je Mitgliedsstaat“. Dies bedeutet, dass der Gerichtshof durch die Erweiterung der Europäischen Union auf 25 Mitgliedstaaten über eine entsprechende Anzahl von 25 Richtern verfügt.
Die Regelung hat bereits einige Kritik erfahren.[27] Die Kritiker sehen darin eine Überdimensionierung des Gerichtshofes.[28] Eine solche erhebliche Erhöhung der Richterzahl führt dazu, dass das Plenum des Gerichtshofes die unsichtbare Grenze überschreitet, die ein Kollegialgericht von einer beschlussfassenden Versammlung unterscheidet.[29] Außerdem sei eine so große Anzahl von Richtern nicht nötig, wie sich aus einem Vergleich zu den einzelnen Verfassungsgerichten der Mitgliedstaaten ergibt.[30] Diese Kritik erscheint aber nicht sachgerecht.[31] Für eine harmonische Entwicklung der Gemeinschaftsrechtsprechung ist es sehr nützlich, dass alle nationalen Rechtssysteme im Gerichtshof vertreten sind.[32] Nur so werden die in den einzelnen Mitgliedstaaten bestehenden Grundauffassungen berücksichtigt und die Akzeptanz und Bindung der nationalen Gerichte an die gefundenen Entscheidungen des Gerichtshofes erhöht.[33] Außerdem ist es für das Verständnis der Rechtsordnungen der neuen Mitgliedstaaten von großer Bedeutung, dass der Gerichtshof mit einem Richter besetzt ist, der „seine“ Rechtsordnung kennt, denn vor allem Vorlagersuche können nur bei einem entsprechenden Verständnis des nationalen Rechts durch den Gerichtshof sachgerecht erfasst und beantwortet werden.[34] Des Weiteren ist das europäische Recht, trotz der Vorkehrungen für eine wirksame Umsetzung der Rechtsprechung in den Mitgliedstaaten, weitgehend auf die freiwillige Folgebereitschaft derselben

---

26 Lenz, EuGRZ 2001, 433 (437).

27 Hopt, RabelsZ 66 (2002), Heft 2-3, 589 (599 f.); vgl. im Vorfeld der Reform: Die Zukunft des Gerichtssystems der europäischen Union, Reflexionspapier, EuGRZ 2000, 101 (105 f.).

28 Sack, EuZW 2001, 77 (79).

29 Lenz, EuGRZ 2001, 433 (439).

30 Sack, EuZW 2001, 77 (79).

31 Hatje, EuR 2001, 143 (168).

32 Johnston, CML Rev. 2001, 499 (511). Die Zukunft des Gerichtssystems der Europäischen Union / Reflexionspapier, EuGRZ 2000, 101 (106).

33 Bericht der Reflexionsgruppe über die Zukunft des Gerichtssystems der Europäischen Gemeinschaft/Due-Report, EuGRZ 2001, 523 (533); Hatje, EuR 2001, 143 (168 f.).

34 Streiz/Leible, EWS, 1 (5).

angewiesen, welche durch die Stellung eines eigenen Richters auch in Zukunft sichergestellt wird.[35]

Allerdings führt die Ausdehnung des Gerichtshofes dazu, dass Plenarentscheidungen durch die hohe Anzahl von Richtern äußerst schwierig werden. Diese negativen Folgen sollen daher durch die neue Regelung der gerichtlichen Kammern nach Art. 225 a EGV aufgefangen werden.[36] Wie sich aus Art. 221 Abs. 3 EGV i.V.m. Art. 16 Abs. 4 und 5 der Satzung des Gerichtshofes[37] ergibt wird der Gerichtshof nur in begrenzten Ausnahmefällen als Plenum zusammentreten.[38]

2. Das Plenum- und Kammersystem

Der Gerichtshof tagt gemäß Art. 221 Abs. 2 EGV in Kammern oder als Große Kammer. Als Plenum wird nach Art. 221 Abs. 3 EGV nur in begrenzten Ausnahmefällen entschieden, in denen die Satzung dies vorsieht.[39]

a) Plenum

Als Plenum tagt der Gerichtshof in den in Art. 16 Abs. 4 Satzung des Gerichtshofes aufgeführten Fällen, sowie nach Art. 16 Abs. 5 Satzung des Gerichtshofes, wenn der Gerichtshof zu der Auffassung gelangt, dass eine Rechtssache mit der er befasst ist, von außergewöhnlicher Bedeutung ist, wobei dies nach Anhörung des Generalanwalts entschieden wird.[40] Die Begrifflichkeit der „außergewöhnliche Bedeutung" ist zwar ein unbestimmter Rechtsbegriff, den der Gerichtshof aber gemeinschaftsrechtlich zu interpretieren hat.[41] Solche unbestimmten Rechtsbegriffe sind für verfassungsrechtliche Streitigkeiten nicht ungewöhnlich, wie sich aus einem Vergleich zu § 90 Abs. 2 S. 2 BVerfGG ergibt.[42] Alles in allem wird die Plenarentscheidung noch mehr als früher aber zur seltenen Ausnahme werden.

---

35 Hatje, EuR 2001, 143 (168 f.).
36 Hatje, EuR 2001, 143 (169.)
37 Protokoll über die Satzung des Gerichtshofes, ABl.EG 2002, C315/164 ff.
38 Johnston, CML Rev. 2001, 499 (511); Pache/Schorkopf, NJW 2001, 1377 (1381); Hatje, EuR 2001, 143 (169).
39 Fischer, S. 138 f.
40 Johnston, CLM Rev. 2001, 499 (511); Hatje, EuR 2001, 143 (169).
41 Hatje, EuR 2001, 143 (169).
42 Hatje, EuR 2001, 143 (169).

b) Die Kammern

Die Entscheidung ob der Gerichtshof als Kammer oder als Große Kammer zusammentritt ergibt sich aus Art. 16 der Satzung des Gerichtshofes. Der Gerichtshof bildet Kammern mit 3 oder 5 Richtern, Art. 16 Abs. 1 Satzung des Gerichtshofes.[43] Die Kammer mit sieben Richtern entfällt somit. Der großen Kammer gehören 11 Richter an.[44] Dabei handelt es sich um den Präsidenten der Fünfer-Kammer, sowie um weitere Richter, die nach den Vorschriften der Verfahrensordnung ernannt werden.[45] Die Kammerpräsidenten sichern dabei die Kohärenz der gesamten Rechtsprechung.[46] Der Gerichtshof tagt als große Kammer, wenn ein am Verfahren beteiligter Mitgliedsstaat oder ein am Verfahren beteiligtes Gemeinschaftsorgan dies beantragt, Art. 16 Abs. 3 Satzung des Gerichtshofes.[47]

c) Die neuen gerichtlichen Kammern

aa) Inhalt

Art. 225 a Abs. 1 EGV sieht die Einführung eines neuen Spruchkörpers in das Gemeinschaftsrechtssystem vor.[48] Der Rat kann demnach durch einstimmigen Beschluss gerichtliche Kammern bilden, wobei das Initiativrecht bei der Kommission und dem Gerichtshof liegt und eine Anhörung des Europäischen Parlaments erforderlich ist.[49] Die gerichtlichen Kammern sind für Klagen zuständig, die im ersten Rechtszug in „besonderen Sachgebieten“ anhängig gemacht werden.[50] Das künftige gemeinschaftliche Gerichtssystem besteht daher aus drei Stufen und nicht wie bisher aus zwei,[51] denn die gerichtlichen Kammern nehmen gemäß Art. 220 Abs. 2 EGV an der rechtsprechenden Gewalt der Gemeinschaft teil.[52] Die Einrichtung der gerichtlichen Kammern soll zur Entlastung des

43 Hummer/Obwexer, S. 26.
44 Sack, EuZW 2001, 77 (79); Hummer/Obwexer, S. 26.
45 Sack, EuZW 2001, 77 (79); Zur Wahl des Kammerpräsidenten und Zuteilung der Richter an die Kammern- Kriterium für die Zuweisung der Rechtssachen an die Kammern, www.curia.eu.int/de/instit/txtdocfr/index.htm.
46 Hatje, EuR 2001, 143 (169); Sack, EuR 2001, 77 (79).
47 Sack, EuZW 2001, 77 (79); Johnston, CML Rev. 2001, 499 (511).
48 Pache/Schorkopf, NJW 2001, 1377 (1380).
49 In der Erklärung für die Schlussakte ersucht die Regierungskonferenz zu Art. 225 a den Gerichtshof und die Kommission auf, so bald wie möglich den Entwurf eines Beschlusses über die Bildung einer derartigen gerichtlichen Kammer auszuarbeiten, Fischer, S. 242.
50 Giering, S. 122; Pache/Schorkopf, NJW 2001, 1377 (1380).
51 Kamann, ZEuS 2001, 627 (639).
52 Hatje, EuR 2001, 143 (167).

Gerichtshofes und des Gerichts erster Instanz beitragen[53] und de facto wie eine EU-Fachgerichtsbarkeit wirken.[54] Nach Art. 220 Abs. 2 EGV werden die gerichtlichen Kammern dem Gericht beigeordnet.[55] Dies entspricht dem früheren Verhältnis zwischen dem Gericht und dem Gerichtshof. Im Unterschied zu der früheren Regelung sind in den Regelungen zu den gerichtlichen Kammern aber bereits Ansätze für eine spätere Abkopplung vom Gericht hin zu einem eigenständigen Fachspruchkörper zu erkennen.[56] So sind die Richter der gerichtlichen Kammern nicht Teil der Richterschaft des Gerichts erster Instanz, da sie nach Art. 225 a Abs. 4 EGV nicht zwangsläufig gleich qualifiziert sein müssen.[57] Für die Richter des Gerichts erster Instanz wird nach Art. 224 Abs. 2 S. 1 EGV die Befähigung zur Ausübung der hohen richterlichen Tätigkeiten verlangt. Dagegen müssen die Richter der gerichtlichen Kammern nur über die Befähigung zur Ausübung der richterlichen Tätigkeit verfügen.[58] Haben sie diese Qualifikation, können sie einstimmig vom Rat ernannt werden. Die gerichtlichen Kammern haben darüber hinaus nach Art. 225 a Abs. 5 EGV auch eine eigene Verfahrensordnung, die sie im Einvernehmen mit dem Gerichtshof und mit der Genehmigung des Rates erlassen. Im Übrigen finden ergänzend die Bestimmungen des EG-Vertrags und der Satzung des Gerichtshofes Anwendung.[59]

Der Gestaltungsspielraum der zuständigen Gemeinschaftsorgane ist bei der Bildung von gerichtlichen Kammern sehr weit gefasst. Außer der sehr eindeutigen Formulierung, dass die gerichtlichen Kammern eine Zuständigkeit im ersten Rechtszug haben sollen, Art. 225 a Abs. 1 EGV und gegen ihre Entscheidungen nach Art. 225 a Abs. 3 EGV Rechtsmittel zum Gericht eingelegt werden kann, ergeben sich keine inhaltlichen Beschränkungen.[60] Zwar hat die Regierungskonferenz als Aufgabenbereich für die Zuständigkeit der gerichtlichen Kammern in erster Linie an das Dienstrecht gedacht,[61] darüber hinaus ist der Begriff „besondere Sachgebiete" nach Art. 225 a EGV aber sehr offen formuliert. Daher ist denkbar, dass als Aufgabenbereich auch Spezialgebiete, wie z.B. die des gewerblichen Rechtsschutzes, Gesellschaftsrecht oder spezielle Fragen des internationalen Privatrechts, wie sie nach der Kompetenzerweiterung für die justizielle Zusammenarbeit in Zivilsachen nach Art. 65 EGV zu erwarten sind, im ersten Rechtszug von den gerichtlichen Kammern entschieden werden.[62]

---

53 Fischer, S. 144

54 Wegener, in: Calliess/Ruffert, Art. 225a Rn. 1 f.

55 Wiedmann, EuR 2001, 185 (211); Kamann, ZEuS 2001, 626 (639).

56 Kamann, ZEuS 2001, 626 (639).

57 Kamann, ZEuS 2001, 626 (639).

58 Kamann, ZEuS 2001, 626 (639 f.).

59 Wegener, in: Calliess/Ruffert, Art. 225a Rn. 9.

60 Basedow, RabelsZ 66 (2002), 203 (203).

61 Erklärung Nr. 16 zu Art. 225a des Vertrags zur Gründung der Europäischen Gemeinschaft, ABl. Nr. C 80 v. 10.03.2001, S. 80.

62 Kamann, ZEuS 2001, S. 627 (640).

Der Vorteil der gerichtlichen Kammern liegt darin, dass sie abgestimmt auf das Rechtsgebiet zusammengesetzt werden und somit in speziellen und schwer zugänglichen Rechtsbereichen[63] schneller entscheiden können. Des Weiteren würde dies auch zu einer Arbeitsentlastung der Gemeinschaftsgerichte beitragen und einen Zugewinn an Qualität bedeuten.[64] Welche Kompetenzen die gerichtlichen Kammern konkret erhalten werden, ist aber noch nicht entschieden worden und bleibt daher weiter abzuwarten.

bb) Verfahrens-/Klagearten vor gerichtlichen Kammern

Nach dem Wortlaut von Art. 225 a Abs. 1 EGV sind die gerichtlichen Kammern nur „für Entscheidungen....bestimmter Kategorien von Klagen zuständig...". Daraus könnte geschlossen werden, dass die gerichtlichen Kammern nicht für das Vorabentscheidungsverfahren zuständig sein können. Für eine solche Auslegung würde auch der französische[65], italienische[66] und niederländische[67] Text des Vertrags sprechen. Dem kann jedoch der englische[68], dänische[69] und schwedische[70] Wortlaut des Vertrags entgegengehalten werden, wonach der Begriff „Klagen" im untechnischen Sinn als Rechtssache zu verstehen ist.[71] Daneben wäre die Begrenzung der Entscheidung der gerichtlichen Kammern auf einzelne Klagearten auch nicht dem Sinn und Zweck der Reform entsprechend. Die gerichtlichen Kammern werden für besondere Sachgebiete, die schwer zugänglich sind, eingerichtet, was in diesen Bereichen ein Zugewinn an Qualität bedeutet.[72] Durch den in den gerichtlichen Kammern vorhandenen Sachverstand sollen in diesen besonderen Sachgebieten prozessökonomisch Entscheidungen getroffen werden.[73] Eine Reduzierung auf einzelne Klagearten hätte somit zur Folge, dass die Zuständigkeit der gerichtlichen Kammern sich nicht nach den Sachgebieten, sondern nach der gewählten Klageart richten würde.[74]
Für Rechtsstreitigkeiten aus dem Bereich des gewerblichen Rechtsschutzes wären zum einen die gerichtlichen Kammern und zum anderen in Vorabentscheidungsersuchen, die gerade zur erhöhten Arbeitsbelastung der Gemeinschaftsgerichte führen, die Gemeinschaftsgerichte zuständig. Dies kann nicht dem Zweck

63 Hopt, RabelsZ 66 (2002), 589 (597).
64 Hopt, RabelsZ 66 (2002), 589 (597).
65 „recours"
66 „ricorsi"
67 „beroepen"
68 „classes of action or proceeding"
69 „sager"
70 „ärenden"
71 Basedow, RabelsZ 66 (2002), 203 (204).
72 Hopt, RabelsZ 66 (2002), 589 (597).
73 Basedow, RabelsZ 66 (2002), 203 (204).
74 Basedow, RabelsZ 66 (2002), 203 (204).

der Einführung der gerichtlichen Kammern entsprechen, so dass diese in den ihr zugeteilten Sachgebieten für alle Klagen/Rechtssachen zuständig sein muss. Außerdem hat der Gerichtshof seit dem Vertrag von Nizza auch nicht mehr die ausschließliche Kompetenz im Bereich der Vorabentscheidungsverfahren, da durch die Regelung des Art. 225 Abs. 3 EGV die Zuständigkeit für Vorabentscheidungsersuche auch auf das Gericht übertragen werden kann.[75]

d) Die neue Stellung des Gerichts

Neben der Möglichkeit gerichtliche Kammern zu bilden, stellt die Verselbstständigung und Aufwertung des Gerichts erster Instanz ein weiteres Kernstück der Reform dar. Das Gericht ist nach dem Vertrag von Nizza nicht länger dem Gerichtshof als unselbstständige Einheit beigeordnet, sondern diesem gegenüber verselbstständigt und nun primärrechtlich als autonome Rechtsprechungsinstitution anerkannt.[76] Die Besetzung, der Erlass einer Verfahrensordnung, die Ernennung eines Kanzlers und die Wahl des Präsidenten des Gerichts erster Instanz werden in Art. 224 EGV in einer eigenständigen Norm des Primärrechts geregelt.[77]
Die Mitglieder und der Kanzler des Gerichts erster Instanz sind in Art. 210 EGV nun neben den Mitgliedern und dem Kanzler des Gerichtshofes ausdrücklich genannt.[78] Art. 220 EGV bestimmt, dass der Gerichtshof und das Gericht im Rahmen ihrer jeweiligen Zuständigkeit die Wahrung des Rechts bei der Auslegung und Anwendung des EG-Vertrags sichern. Auch dadurch wird die Gleichberechtigung des Gerichts erster Instanz neben dem Gerichtshof zum Ausdruck gebracht. Diese Gleichberechtigung des Gerichts erster Instanz führt jedoch nicht zur organschaftlichen Gleichstellung mit dem Gerichtshof, denn in Art. 7 EGV ist nur der Gerichtshof und nicht auch das Gericht als Organ der Gemeinschaft aufgeführt worden.[79]

II. Die Aufgabenverteilung zwischen den Gemeinschaftsgerichten und den gerichtlichen Kammern

Der Vertrag von Nizza hat auch im Bereich der internen Zuständigkeitsverteilung weit reichende Veränderungen zwischen dem Gerichtshof, dem Gericht, sowie den gerichtlichen Kammern festgelegt, die eine genaue Abgrenzung der internen Zuständigkeit erforderlich machen.

---

75 Basedow, RabelsZ 66 (2002), 203 (205).
76 Kamann, ZEuS 2001, 627 (638).
77 Kamann, ZEuS 2001, 627 (638).
78 Pache/Schorkopf, NJW 2001, 1377 (1380).
79 Wegener, DVBl 2001, 1258 (1260).

1. Das Verhältnis zwischen dem Gerichtshof und dem Gericht

Neben der Verselbständigung und Aufwertung des Gerichts, hat der Vertrag von Nizza auch Veränderungen im Bereich der Zuständigkeitsverteilung zwischen dem Gerichtshof und dem Gericht mit sich gebracht. Im Einzelnen betreffen die Veränderungen durch den Vertrag von Nizza vor allem die Direktklagen und das Vorabentscheidungsverfahren und werden daher erst im dritten und vierten Teil ausführlich erläutert.

2. Das Verhältnis des Gerichts zu den gerichtlichen Kammern

Für die Rechtsmittel gegen die getroffenen Entscheidungen der gerichtlichen Kammern ist das Gericht gemäß Art. 225 Abs. 2 i.V.m. Art. 225 a Abs. 3 EGV zuständig. Das Rechtsmittel ist grundsätzlich auf Rechtsfragen beschränkt, es sei denn der Beschluss des Rates über die Bildung der betroffenen Kammern sieht die Prüfung von Rechtsfragen vor.[80] Gegen das Rechtsmittelurteil des Gerichts erster Instanz ist grundsätzlich kein weiteres Rechtsmittel gegeben. Etwas anderes ergibt sich aus der Vorschrift des Art. 225 Abs. 2 UA 2 EGV, die eine Ausnahme von diesem Grundsatz darstellt. Danach ist eine Überprüfung der Entscheidung des Gerichts unter den in der Satzung niedergelegten Voraussetzungen möglich, „wenn die ernste Gefahr besteht Einheit oder die Kohärenz des Gemeinschaftsrechts berührt wird."[81] Der Gerichtshof entscheidet nach Art. 62 Abs. 1 Satzung des Gerichtshofes auf Vorschlag des ersten Generalanwalts, ob eine solche Prüfung vorgenommen wird.[82]
Die Begrifflichkeit der ernsten Gefahr stellt einen unbestimmten Rechtsbegriff dar, der vom Gerichtshof gemeinschaftsrechtlich zu bestimmen ist. Im Übrigen ist das sonstige Verfahren der Überprüfung noch nicht konkretisiert worden. Die Regierungen, die sich bei der Konferenz nicht auf Detailregelungen verständigen konnten haben lediglich eine gemeinsame Erklärung abgegeben, die dem Vertrag von Nizza beigefügt worden ist.[83]

80 Wegener, DVBl 2001, 1258 (1261).

81 Nach Auffassung der Konferenz, die in der Erklärung Nr. 15 zu Art. 225 Abs. 2 EGV niedergelegt ist, soll der Gerichtshof in diesen Fällen im Eilverfahren entscheiden, Pache/Schorkopf, NJW 2001, 1377 (1380); Fischer, S. 241.

82 Kamann, ZEuS 2001, 627 (641).

83 Erklärung Nr. 13 zu Art. 225 Abs. 2 und 3 des Vertrags zur Gründung der Europäischen Gemeinschaft in: Fischer, Der Vertrag von Nizza, S. 239. Nach Nr. 14 dieser Erklärung soll der Rat, wenn er die zur Durchführung des Art. 225 Abs. 2 und 3 erforderlichen Bestimmungen der Satzung annimmt, ein Verfahren vorsehen, das sicherstellt, dass die konkrete Funktionsweise dieser Bestimmungen spätestens drei Jahre nach dem In-Kraft-Treten des Vertrags von Nizza einer Evaluierung unterzogen wird.

III. Bewertung

Die oben dargestellten Änderungen durch den Vertrag von Nizza, legen den Grundstein für eine Neuorganisation des gemeinschaftlichen Gerichtssystems.[84] Diese Neuorganisation ist auf Grund der Erweiterung der Europäischen Union auf 25 Mitgliedstaaten dringend notwendig gewesen um auch in Zukunft ein effektives und für die Europäische Union notwendiges Gerichtssystem zu ermöglichen. Die EU-Erweiterung und die Ausdehnung der Zuständigkeit des Gerichtshofes in neuen Bereichen werden zwangsläufig zu einer Erhöhung der Verfahren vor den Gemeinschaftsgerichten führen. Vor diesem Hintergrund stellt die Möglichkeit der Bildung gerichtlicher Kammern ein sehr positives Instrument dar. Die zuständigen Organe sollten daher nicht zu lange warten bis sie einzelne Bereiche des Gemeinschaftsrechts der Erstzuständigkeit der gerichtlichen Kammern unterstellen.

Einhergehend mit dem Argument der Entlastung der Gemeinschaftsgerichte hat das Kammersystem den großen Vorteil, Spezialisierungen zu erlauben und somit für einen Zugewinn an Qualität zu sorgen.[85] Sowohl eine Spezialisierung der europäischen Gerichte, wie das Beispiel der spezialisierten Senate des Bundesverfassungsgerichts zeigt, als auch eine Reduzierung der Verfahren vor dem Gerichtshof und dem Gericht, stellt eine wichtige Hilfe, wenn nicht sogar Vorbedingung dafür dar, dass es auch weiterhin zu einem echten Rechtsanwendungs- und Fortbildungsdialog mit den nationalen Gerichten kommt.[86] Auf Grund der offenen Regelung des Art. 225 a EGV ist nicht absehbar, für welche Bereiche die zu errichtenden gerichtlichen Kammern zuständig sein werden. Durchaus vorstellbar und wünschenswert wäre es allerdings, wenn über das Dienstrecht hinaus, die besonderen Rechtsgebiete des Gesellschaftsrechts, das Verbraucherschutzrecht oder das Internationale Privat- und Prozessrecht unter die Zuständigkeit der gerichtlichen Kammern fallen,[87] um durch einen hohen Grad an Spezialisierung der Richter zu schnellen und qualitativ hochwertigen Entscheidungen zu gelangen.

Auch die Verselbstständigung und Aufwertung des Gerichts erster Instanz ist überaus positiv zu bewerten, denn dadurch wird der in der Praxis nicht mehr erkennbare Unterschied zwischen dem Gerichtshof und dem Gericht aufgehoben. Das Gericht hat sich als rechtsprechendes Gremium neben dem Gerichtshof im Gemeinschaftsrecht verankert und sich als Wahrer des Rechts im Rahmen seiner Zuständigkeiten[88] erwiesen, so dass eine Ungleichbehandlung nicht mehr

---

[84] Kamann, ZEuS 2001, 627 (647).

[85] Hopt, RabelsZ 66 (2002), 589 (597).

[86] Hopt, RabelsZ 66 (2002), 589 (598).

[87] Basedow, RabelsZ 66 (2002), 203 (204).

[88] Fischer, S. 137.

der Praxis und Bedeutung des Gerichts erster Instanz für das Gemeinschaftsrecht entspricht.

Dass der Gerichtshof nur ausnahmsweise in Vollsitzung tagen wird, stellt im Hinblick auf die Regelung vor dem Vertrag von Nizza einen großen Fortschritt dar, denn eine Vollsitzung würde ansonsten nicht nur 15 Richter sondern durch die Erweiterung 25 Richter blockieren. Sicherlich hätte auf der einen Seite eine Beschränkung auf weniger Richter in dieser Hinsicht einen Vorteil bedeutet, auf der anderen Seite aber auch dazu geführt, dass der Einfluss der nationalen Rechtstraditionen auf das Gemeinschaftsrecht, vor allem aus den neuen Mitgliedstaaten, eingeschränkt werden und einer Akzeptanz der Gemeinschaftsrechtsprechung in den neuen Mitgliedstaaten entgegenlaufen würde.[89] Außerdem ist aus den obigen Gründen seit jeher anerkannt, dass jede nationale Rechtsordnung durch einen Richter im Gerichtshof repräsentiert sein soll.[90]

Alles in allem stellen die Neuerungen durch den Vertrag von Nizza einen Schritt in die richtige Richtung[91] und somit eine positive Entwicklung für das Rechtssystem der Europäischen Union dar.

89 Kamann, ZEuS 2001, 627 (644).

90 Bericht der Reflexionsgruppe über die Zukunft des Gerichtssystems der Europäischen Gemeinschaften / Due-Report, 523 (533).

91 Hatje, EuR 2001, 143 (164).

Teil III : Die Rechtsschutzverfahren im Bereich des Titels IV EGV (Visa, Asyl, Einwanderung und andere Politiken betreffend den freien Personenverkehr) im Vergleich zu den allgemeinen Verfahren nach Art. 220 ff. EGV

A. Inhalt des Titels IV EGV

Seit dem Inkrafttreten des Amsterdamer Vertrags beinhaltet Titel IV EGV die Bereiche „Visa, Asyl, Einwanderung und andere Politiken betreffend den freien Personenverkehr". Die Bereiche des Titels IV EGV sind vor dem Vertrag von Amsterdam im Unionsvertrag geregelt gewesen und durch den Vertrag von Amsterdam aus dem Unionsvertrag herausgelöst und in das Gemeinschaftsrecht überführt geworden.[92] Durch die Vergemeinschaftung erheblicher Bereiche der „Justiz und Inneres"[93], unterliegen die Bereiche des Titels IV EGV grundsätzlich dem Verfahren, der parlamentarischen und der richterlichen Kontrolle des EG-Vertrag,[94] es sei denn durch die in Titel IV EGV aufgeführten Sonderregelungen werden die allgemeinen Vorschriften des EG-Vertrags abgeändert oder modifiziert.

Im Einzelnen verleiht Art. 61 EGV i.V.m. Art. 62 bis 66 EGV der Gemeinschaft Handlungsbefugnisse in den Bereichen der Grenzkontrollen, der Visapolitik, des Asyl- und Asylverfahrensrecht, der Einwanderungspolitik einschließlich der Reisefreiheit von Angehörigen dritter Staaten innerhalb der Union, der justiziellen Zusammenarbeit in Zivilsachen[95] sowie der Zusammenarbeit der Verwalt-

---

92 Streinz, EuZW 1998, 137 (141); Schmahl, ZEuS 2002, 201 (207 f.).

93 Ausführlich zu der Entwicklung der europäischen Justiz- und Innenpolitik vor dem Vertrag von Amsterdam: Brechmann, in: Calliess/Ruffert, Art. 61 Rn. 5 ff.; Emmert, S. 53 ff., Pechstein/Koenig, S. 178 ff.; Oberleitner, S. 1 ff.

94 Kopp, in: Strohmeier, S. 107 f.

95 Vgl. die bereits auf der Grundlage des Art. 65 EG erlassenen Rechtsakte: Verordnung (EG) Nr. 1348/2000 vom 29.5.2000 über die Zustellung gerichtlicher und außergerichtlicher Schriftstücke in Zivil- und Handelssachen in den Mitgliedsstaaten, ABl. EG 2000 L 160/37; Verordnung (EG) Nr. 1346/2000 vom 29.5.2000 über Insolvenzverfahren, ABl. EG 2000 L 160/1; Verordnung (EG) Nr. 44/2001 des Rates vom 22.12.2000 über die gerichtliche Zuständigkeit und die Anerkennung und Vollstreckung von Entscheidungen in Zivil- und Handelssachen, ABl. EG 2001 L 12/1; Verordnung (EG) Nr. 1347/2000 vom 29.5.2000 über die Zuständigkeit und die Anerkennung und Vollstreckung von Entscheidungen in Ehesachen und in Verfahren betreffen die elterliche Verantwortung für die gemeinsamen Kinder der Ehegatten, ABl. EG 2000 L 160/19; Verordnung (EG) Nr. 1206/2001 vom 28.5.2001 über die Zusammenarbeit der Gerichte auf dem Gebiet der Beweisaufnahme in Zivil- und Handelssachen, ABl. EG 2001 Nr. L 174/1. Für den Raum der Freiheit, der Sicherheit und des Rechts: Bilanz des Tampere-Programms und Perspektiven vgl.: Mitteilung der Kommission, den Rat und das Europäische Parlament www.europa.eu.int/comm/justice_home/ doc_centre/intro/docs/bilan_tampere_de.pdf

gen.[96] Des Weiteren werden dem Titel IV EGV durch Art. 3 lit. d EGV Maßnahmen hinsichtlich der Einreise und des Personenverkehrs zugewiesen.[97]

B. Ziel des Titels IV EGV

Durch die Vergemeinschaftung der Bereiche des Titels IV EGV verfolgt die Europäische Union u.a. das Ziel einen „schrittweisen Aufbau eines Raums der Freiheit, der Sicherheit und des Rechts" zu schaffen.[98] Die Bewegungsfreiheit der Menschen innerhalb der Europäischen Union soll vergrößert werden und sie vor Beschränkungen ihrer persönlichen Sicherheit schützen. Außerdem soll allen Bürgern der Europäischen Union gleicher Zugang zum Recht ermöglicht und die Zusammenarbeit der Justizbehörden sowie ein verbesserter Rechtsschutz gewährleistet werden.[99] Soweit in Art. 61 lit. a) und lit. e) EGV als Aufgaben auch die der Europäischen Union auf dem Gebiet der polizeilichen und justiziellen Zusammenarbeit in Strafsachen benennt, hat diese Verweisung nach allgemeiner Ansicht nur deklaratorische Bedeutung. [100] Dies folgt aus dem Umstand der Verschiedenheit beider Rechtskreise. Die Verweisung soll lediglich den engen Zusammenhang mit dem Bereich der dritten Säule untermauern, deren Ziel ebenfalls darin liegt, den Bürgern einen gemeinsamen Raum der Freiheit, Sicherheit und des Rechts zu schaffen.[101] Für die polizeiliche und justizielle Zusammenarbeit der Mitgliedstaaten in Strafsachen gilt daher die Vorschrift der Art. 29 ff. EUV.[102]
Wie im weiteren Verlauf noch zu sehen sein wird, hat die Schaffung des Titels IV EGV erhebliche Auswirkungen auf die Zuständigkeit des Gerichtshofes mit sich gebracht, da durch die Überleitung, der Bestimmungen Visa, Asyl und Einwanderung und sonstige Politiken, die den freien Personenverkehr betreffen, aus dem Unionsvertrag in den Titels IV EGV, eine Kompetenzausweitung des Gerichtshofes einhergegangen ist.

---

96 Ausführlich zu den einzelnen Regelungsbereichen siehe: Gusy/Arnold, in: Weidenfeld, S.531 ff.
97 Ausführlich zu den einzelnen Aufgabenbereichen: Thun-Hohenstein, S. 28 ff.
98 Brechmann, in: Calliess/Ruffert, Art. 65 Rn. 1. Zum Inhalt des Bereichs Freiheit, Sicherheit und Recht siehe die Broschüre der Europäischen Union:
Freiheit, Sicherheit und Recht für alle; Justiz und Inneres in der Europäischen Union: www.europa.eu.int/comm/publications/booklets/move/42/index_de.htm
99 Brechmann, in: Calliess/Ruffert, Art. 65 Rn. 1.
100 Fischer, S. 269.
101 Brechmann, in: Calliess/Ruffert, Art. 29 Rn. 2.
102 Fischer, S. 269.

C. Das Rechtsschutzverfahren nach Art. 68 EGV

Die Vorschrift des Art. 68 EGV regelt die Zuständigkeit des Gerichtshofes im Bereich des Titels IV EGV.[103] Die Bestimmung gilt nur für einen Teil des Gemeinschaftsrechts und stellt daher eine Sonderregelung gegenüber den allgemeinen Verfahrensbestimmungen nach Art. 220 ff. EGV dar.[104] Die Modifizierung und Ergänzung der Art. 220 ff. EGV durch Art. 68 EGV finden jedoch nur in den aufgeführten Bereichen des Titels IV EGV statt.[105] Trifft Art. 68 EGV keine besondere Regelung, gelten für das konkrete Verfahren die allgemeinen Zuständigkeiten, Verfahren und Verfahrensbestimmungen nach Art. 220 ff. EGV,[106] denn Art. 68 EGV trifft hinsichtlich der einzelnen Rechtsschutzverfahren keine abschließende Regelung.[107]
Im Gegensatz zur Rechtslage vor dem Vertrag von Amsterdam besteht in den Bereichen des Titels IV EGV nun ein umfassendes Rechtsschutzsystem.[108] Die

---

103 Der Gerichtshof hat das erste Mal im Bereich des Titels IV EGV nach Art. 68 EGV in der Rechtssache C-555/03 Magali Warbecq gegen Rynair Ltd am 10.06.2004 einen Beschluss gefasst. Das Tribunal du travail Chaleroi hat mit Urteil vom 15.12.2003, gemäß Art. 68 EGV zwei Fragen nach der Auslegung der Verordnung (EG) Nr.: 44/2001 des Rates vom 22.12.2000 über die gerichtliche Zuständigkeit und die Anerkennung und Vollstreckung von Entscheidungen in Zivil- und Handeslssachen (ABl. 2001, L 12, S. 1) zur Vorabentscheidung vorgelegt. Außerdem hat der BGH mit Vorlagebeschluss vom 27.11.2003 dem Gerichtshof eine Frage zur Auslegung der EuInsVO (Verordnung (EG) Nr. 1346/2000 des Rates über Insolvenzverfahren v. 29.5.2000, ABl. EG Nr. L 160, S. 1) vorgelegt, BGH, Beschluss v. 27.11.2003 -IX ZB 418/02, in ZInsO 2004, 34.

104 Classen, EuR 1999, Beiheft 1, 73 (75).

105 Hailbronner, in: Hummer, S. 191.

106 Lenz, Art. 68 Rn. 1; Röben, in: Grabitz/Hilf, Band 1, Art. 68 Rn. 1.

107 Besse, ZEuP 1999, 107 (113); Röben, in : Grabitz/Hilf, Band 1, Art. 68 Rn. 19; Wiedmann, in: Schwarze, Art. 68 Rn. 2.

108 Wie bereits dargelegt ist der Regelungsbereich des Titel IV EG vor dem Vertrag von Amsterdam dem Bereich des Unionsrechts unterfallen. Innerhalb des Unionsrechts verfügte der Gerichtshof jedoch über kaum ernstzunehmende Kompetenzen (vgl. EuGH, Slg. 1995, I- 1023 (1027), Rs. C-167/94 Grau Gomis u.a.). Zwar bestand eine Regelung bzgl. der Kompetenz des EuGH gemäß Art. L EUV a.F. für den Bereich der Bestimmungen über die ZJI nach Art. K.3 Abs. 2 lit. c) UA. 3 EUV a.F., jedoch musste die Kompetenz des Gerichtshofes in solchen Übereinkommen explizit vorgesehen werden (dies ist in verschiedenen Protokollen geschehen, vgl. hierzu ABl EG. 1996, C 299, 2, ABl EG 1997, C 151, 2, ABl EG 1997, C 261, 18). Die nicht in Art. L EUV a.F. genannten Vertragsbestimmungen sind nicht von der Zuständigkeit des Gerichtshofes erfasst worden. Dies ergibt sich aus dem Umstand, dass für den Gerichtshof das Prinzip der begrenzten Einzelermächtigung gilt und der Gerichtshof für die Bestandteile des Unionsrechts keine Zuständigkeit zugewiesen worden ist. Außerdem stellen Handlungen auf Grund des Unionsrecht keinen Fall der Anwendung des Gemeinschaftsrechts und auch keine Handlungen eines Gemeinschaftsorgans dar (EuG, 14.7.94, Roujansky/Rat, T-584/93, Slg. 1994, II-585). Eine wirklich bedeutsame Zuständigkeit des Gerichtshofes lag lediglich in der

einzelnen in Titel IV EGV vorgesehenen Rechtsschutzverfahren sollten ursprünglich nur für einen Übergangszeitraum von fünf Jahren, nach dem Inkrafttreten des Amsterdamer Vertrags, d.h. bis 1. Mai 2004, gelten. Danach sollte der Rat, nach Anhörung des Europäischen Parlament, durch einstimmigen Beschluss entscheiden, ob die Bestimmungen über die Zuständigkeit des Gerichtshofes an die allgemeinen Vorschriften nach Art. 220 ff. EGV anzupassen sind, Art. 67 Abs. 2 Spiegelstrich 2 EGV.[109] Ein Vorschlagsrecht der Kommission ist in diesem Bereich, entgegen anderer Revisionsthemen, nicht vorgesehen.[110]
Daraus und aus dem Wortlaut „trifft" kann geschlossen werden, dass der Rat zum Erlass dieses Beschlusses zum 1. Mai 2004 verpflichtet war.[111] Bis zum heutigen Zeitpunkt hat der Rat einen solchen einstimmigen Beschluss jedoch noch nicht gefasst. Welchen konkreten Inhalt der Beschluss haben wird und ob, bzw. wann der Beschluss erlassen wird, bleibt daher abzuwarten.[112] Es ist jedoch davon auszugehen, dass mit der erforderlichen Anpassung inhaltlich gemeint ist, dass die Vorschrift des Art. 68 EGV entweder ganz oder teilweise angeglichen wird. Vom Wortlaut der Vorschrift des Art. 67 Abs. 2 Spiegelstrich 2 EGV heißt es „...wonach auf alle Bereiche oder Teile der Bereiche... die Bestimmungen über die Zuständigkeit des Gerichtshofes angepasst werden.". Hieraus lässt sich schließen, dass dem Rat ein gewisser Spielraum eröffnet wird, in dem er entscheiden kann auf welche Bereiche das Verfahren nach den allgemeinen Vorschriften des Art. 220 ff. EGV angewendet wird und für welche Bereiche eventuell die Sondervorschrift des Art. 68 EGV erhalten bleibt oder einzelne Verfahren ganz abgeschafft werden.[113] In Bezug auf den Beschluss wurde in der Erklä-

---

Kompetenz, nach Art. M EUV a.F., über die Schnittlinie zwischen Gemeinschafts- und Unionsrecht zu entscheiden (vgl. EuGH, Rs. C-170/96, Slg. 1998, I-2763 (2787 f.).

109 Röben, in: Grabitz/Hilf, Band I, Art. 68 Rn. 21; Dörr/Mager, AöR 2000, 386 (400).

110 Dörr/Mager, AöR 2000, 386 (400).

111 Thun-Hohenstein, S. 38 f.

112 Nicht mit berücksichtigt wurde in der Arbeit die europäische Verfassung, welche am 29.10.2004 von den Staats- und Regierungschefs der 25 Mitgliedsstaaten in Rom unterzeichnet wurde und nun von allen Mitgliedsstaaten gemäß Ihren verfassungsrechtlichen Vorschriften ratifiziert werden muss, bevor die europäische Verfassung überhaupt in Kraft treten kann. Der vollständige Text der europäischen Verfassung kann im Amtsblatt der Europäischen Union C 310, 47. Jahrgang, 16.12.2004 oder unter www.europa.eu.int/constitution/print_de.htm eingesehen werden. Die Verfassung sieht im dritten Teil „Die Politikbereiche der Union" in Art. III-270 für die Nichtigkeitsklage und unter Art. III-274 ein für alle Bereiche einheitliches Vorabentscheidungsverfahren vor. Ergänzt werden diese Vorschriften jedoch durch Art. III-283 der für den Bereich Justiz und Inneres eine Einschränkung der Zuständigkeit des Gerichtshofes nach Maßgabe des Art. 68 Abs. 2 EGV vorsieht. Den aktuellen Stand der Ratifizierung sowie inhaltliche Darstellungen zur europäischen Verfassung sind unter www.europa.eu.int/constitution/presentation_de.htm und www.europa.eu.int/constitution/index_de.htm zu finden.

113 Röben, in: Grabitz/Hilf, Band I, Art. 67 Rn. 5 ff.

rung Nr. 21 der Schlussakte zum Amsterdamer Vertrag sogar festgehalten, dass der Rat die Einzelheiten dieses Beschlusses bereits vor dem Ablauf des fünfjährigen Übergangszeitraums prüfen wird, damit er diesen Beschluss unmittelbar nach Ablauf dieses Zeitraums fassen und anwenden kann.[114] Auf Grund des abgelaufenen 5 Jahreszeitraums ist die Erklärung Nr. 21 der Schlussakte zum Amsterdamer Vertrag daher nicht umgesetzt worden und - nach heutigen Erkenntnissen - somit eine Erklärung ohne werthaltige Folgen gewesen.
Vom Inhalt her sieht die Sondervorschrift des Art. 68 EGV im ersten Absatz eine Modifikation des Vorabentscheidungsverfahrens nach Art. 234 EGV, in Absatz zwei eine materielle Kompetenzbeschränkung und zuletzt in Absatz drei, die Einführung eines neuen abstrakten Auslegungsverfahrens vor.[115]

I. Das modifizierte Vorabentscheidungsverfahren nach Art. 68 Abs. 1 EGV

1. Inhalt

Art. 68 Abs. 1 EGV lautet:

„Artikel 234 findet auf diesen Titel unter folgenden Umständen und Bedingungen Anwendung: Wird eine Frage der Auslegung dieses Titels sowie der Gültigkeit oder Auslegung von auf diesen Titel gestützten Rechtsakten der Organe der Gemeinschaft in einem schwebenden Verfahren bei einem einzelstaatlichen Gericht gestellt, dessen Entscheidung selbst nicht mehr mit Rechtsmitteln des innerstaatlichen Rechts angefochten werden können, so legt dieses Gericht dem Gerichtshof die Frage zur Entscheidung vor, wenn es eine Entscheidung darüber zum Erlass seines Urteils erforderlich hält.“

Art. 68 Abs. 1 EGV nimmt ausdrücklich Bezug auf das Vorabentscheidungsverfahren nach Art. 234 EGV und unterwirft dessen Anwendung bestimmten „Umständen und Bedingungen“. Hierdurch kommt zum Ausdruck, dass Art. 68 Abs. 1 EGV Sonderregelungen im Bezug auf das in Art. 234 EGV geregelte allgemeine Vorabentscheidungsverfahren enthält und die allgemeinen Bestimmungen dann zur Anwendung gelangen, wenn Art. 68 EGV keine Besonderheiten vorsieht.[116]

[114] Röben, in: Grabitz/Hilf, Band I, Art. 67 Rn. 5.

[115] Thun-Hohenstein, S. 39; Ukrow, ZEuS 1998, 141 (153); Röben, in: Grabitz/Hilf, Art. 68 Rn. 2.

[116] Besse, ZEuP 1999, 107 (113);Brechmann, in: Calliess/Ruffert, Art. 68 Rn. 2; Bardenhewer, in: Lenz, Art. 68 Rn. 1.

2. zuständiges Gericht

Für die Festlegung des zuständigen Gerichts im modifizierten Vorabentscheidungsverfahren erscheint es sinnvoll, zuerst die Änderungen des Vertrags von Nizza im Bereich des Vorabentscheidungsverfahrens aufzuzeigen.

a) Die Änderungen durch den Vertrag von Nizza im Vorabentscheidungsverfahren

Der Vertrag von Nizza hat im Bereich des Vorabentscheidungsverfahrens nach Art. 234 EGV einige Änderungen mit sich gebracht, die erstmals dem Gericht ermöglichen im Wege des Vorabentscheidungsverfahrens zu entscheiden.[117] Art. 225 Abs. 3 EGV sieht vor, dass das Gericht als Vorabentscheidungsinstanz in besonderen in der Satzung des Gerichtshofes festgelegten Sachgebieten zuständig sein kann.[118] Das Entscheidungsmonopol des Gerichtshofes wird in diesem Bereich daher erstmals eingeschränkt und dem Problem der ständig ansteigenden Zahl von Vorabentscheidungsverfahren vor dem Gerichtshof Rechnung getragen.[119]

Eine konkrete Zuständigkeitsverteilung für Vorabentscheidungsersuche hat bis dato aber noch nicht stattgefunden. Des Weiteren haben der Gerichtshof und die Kommission diesbezüglich auch noch keine Vorschläge für eine neue Zuständigkeitsverteilung zwischen dem Gerichtshof und dem Gericht unterbreitet.[120] Insgesamt soll die Verlagerung der Zuständigkeit für Vorabentscheidungsverfahren auf das Gericht aber eine Ausnahme bleiben und nur für besondere Sachbereiche vorgenommen werden.[121] Dem liegt der Gedanke zu Grunde, dass der Gerichtshof als oberstes Rechtsprechungsorgan der Europäischen Union, die Rechtsprechung in den grundlegenden Fragen des Gemeinschaftsrechts vorbehalten werden soll.[122]

Weiterhin ergibt sich aus der Neuregelung des Art. 225 Abs. 3 EGV, dass Vorabentscheidungen des Gerichts verfahrensabschließend sein sollen.[123] Somit wäre der Gerichtshof in vielen Vorabentscheidungsverfahren die dem Gericht zuge-

117 Pache/Schorkopf, NJW 2001, 1377 (1380).

118 Lenz, EuGRZ 2001, 433 (437); Kamann, ZEuS 2001, 627 (642).

119 Wegener, in: Calliess/Ruffert, Art. 225 Rn. 26.

120 Die Regierungskonferenz hat sich in Nizza lediglich auf eine Erklärung verständigt, mit der der Gerichtshof und die Kommission aufgefordert werden, so bald wie möglich Vorschläge für eine neue Zuständigkeitsverteilung zwischen dem Gerichtshof und dem Gericht vorzulegen, über die dann nach dem In-Kraft-Treten des Vertrags von Nizza durch den Rat entschieden werden soll. Vgl. hierzu Erklärung Nr. 12 des Vertrags zur Gründung der Europäischen Gemeinschaft. Abgedruckt in: Fischer, S. 238.

121 Wegener, in: Calliess/Ruffert, Art. 225 Rn. 28.

122 Lenz, EuGRZ 2001, 433 (437).

123 Kamann, ZEuS 2001, 627 (642).

ordnet werden, nicht mehr die letzte Instanz.[124] Von diesem Grundsatz sind zwei Ausnahmen vorgesehen, die in Art. 225 Abs. 3 UA. 2 u. 3 EGV geregelt sind. Danach kann das Gericht aus eigener Initiative eine Vorabentscheidungssache an den EuGH verweisen, wenn es der Auffassung ist, dass die Rechtssache eine Grundsatzentscheidung erforderlich macht, die die Einheit oder Kohärenz des Gemeinschaftsrechts berührt.[125] Daneben kann der Gerichtshof bei einer ernsten Gefahr für die Einheit oder Kohärenz des Gemeinschaftsrechts, auf Vorschlag des ersten Generalanwalts, eine Überprüfung der Vorabentscheidung vornehmen.[126] Die Frage, wann eine solche ernste Gefahr für die Einheit und Kohärenz des Gemeinschaftsrechts besteht, ist nicht ausgeführt und unterliegt der Auslegung durch den Generalanwalt und den Gerichtshof.[127]

b) Auswirkungen auf das modifizierte Vorabentscheidungsverfahren

In Bezug auf das zuständige Gericht innerhalb des modifizierten Vorabentscheidungsverfahrens nach Art. 68 Abs. 1 EGV heißt es, dass „....dieses Gericht dem Gerichtshof die Entscheidung zur Frage vorlegt.“ Daraus folgt, dass grundsätzlich der Gerichtshof zuständig ist. Wie oben erläutert besteht seit dem Vertrag von Nizza aber faktisch die Möglichkeit, dass das Gericht nach Art. 225 Abs. 3 EGV i.V.m. der Satzung des Gerichtshofes im Bereich des Vorabentscheidungsverfahrens für Vorlageersuchen erstinstanzlich zuständig ist.[128] Auf Grund der fehlenden Verfahrensregelungen in Art. 68 EGV, finden die allgemeinen Vorschriften über das Verfahren und die Aufteilung der sachlichen Zuständigkeit zwischen EuGH und Gericht auch auf das modifizierte Vorabentscheidungsverfahren nach Art. 68 Abs. 1 EGV Anwendung.
Daraus ergibt sich, dass faktisch auch die Zuständigkeit im Verfahren nach Art. 68 Abs. 1 EGV auf das Gericht übertragen werden kann und dies in der Literatur auch diskutiert wird,[129] es aber auf Grund einer diesbezüglich fehlenden Regelung zum jetzigen Zeitpunkt bei der Zuständigkeit des Gerichtshofes bleibt.

---

124 Kamann, ZEuS 2001, 627 (642); Epiney/Abt/Mosters, DVBl 2001, 941 (950).

125 Pache/Schorkopf, NJW 2001, 1377 (1380); Kamann, ZEuS 2001, 627 (642); Lenz, EuGRZ 2001, 433 (437).

126 Kamann, ZEuS 2001, 627 (642); Epiney/Abt/Mosters, DVBl 2001, 941 (950); Lenz, EuGRZ 2001, 433 (437).

127 Epiney/Abt/Moster, DVBl 2001, 941 (950).

128 Pache/Schorkopf, NJW 2001, 1377 (1380); Kamann, ZEuS 2001, 627 (641 ff.).

129 Vgl. Hess, RabelsZ 66 (2002), Heft 2-3, 470 (492); Bericht der Reflexionsgruppe über die Zukunft des Gerichtssystems der Europäischen Gemeinschaften / Due-Report, EuGRZ 2001, 523 (530).

c) Ergebnis

Im modifizierten Vorabentscheidungsverfahren nach Art. 68 Abs. 1 EGV ist der Gerichtshof zuständig.[130] Durch die Änderungen des Vertrags von Nizza besteht aber die Möglichkeit die Zuständigkeit nach Art. 225 Abs. 3 EGV i.V.m. der Satzung des Gerichtshofes auf das Gericht, bzw. nach Art. 225 a EGV auf die zu errichtenden gerichtlichen Kammern zu übertragen.

d) Vergleich zwischen Art. 68 Abs. 1 EGV und Art. 234 EGV

Im Vergleich zwischen dem Verfahren nach Art. 68 Abs. 1 EGV und dem Vorabentscheidungsverfahren nach Art. 234 EGV[131] ergeben sich hinsichtlich des zuständigen Gemeinschaftsgerichts keine Unterschiede. Bei beiden Verfahren ist grundsätzlich der Gerichtshof zuständig, es sei denn Art. 225 Abs. 3 EGV i.V.m. der Satzung des Gerichtshofes überträgt spezielle Sachgebiete auf die Zuständigkeit des Gerichts erster Instanz, bzw. nach Art. 225 a EGV auf die zu errichtenden gerichtlichen Kammern. Da dies noch nicht geschehen ist, bleibt es in beiden Verfahren bei einer Zuständigkeit des Gerichtshofes.

3. Vorlageberechtigung

Im modifizierten Vorabentscheidungsverfahren nach Art. 68 Abs. 1 EGV sind nur letztinstanzliche Gerichte zur Vorlage einer Frage an den Gerichtshof berechtigt, wenn es eine Entscheidung darüber zum Erlass seines Urteils erforderlich hält.[132] Die mitgliedsstaatlichen Instanzgerichte haben somit keine Vorlagebefugnis,[133] so dass der Gerichtshof die Vorabentscheidungsersuche solcher Gerichte als unzulässig abweisen muss.[134]

---

130 Vgl. Beschluss des Gerichtshofes in der Rechtssache C-555/03 Magali Warbecq gegen Rynair Ltd. vom 10.06.2004 sowie den Vorlagebeschluss des BGH vom 27.11.2003 – IX ZB 418/02, in ZInsO 2004, 34.

131 Dort heißt es: „der Gerichtshof entscheidet…".

132 Hakenberg, RabelsZ 66 (2002), 367 (378); Brechmann, in: Calliess/Ruffert, Art. 68 Rn. 2.

133 Dörr/Mager, AöR 2000, 386 (390).

134 Ludwig, S. 171; Vgl. Beschluss des Gerichtshofes vom 10.06.2004 in der Rechtssache C-555/03 Magali Warbecq gegen Rynair Ltd. Dort hat der Gerichtshof u.a. folgendes ausgeführt: „Vorliegend steht fest, dass die Entscheidungen, die das Tribunal du travail Charleroi im Rahmen eines Rechtsstreits wie des Ausgangsverfahrens erlässt, mit einem Rechtsmittel des innerstaatlichen Rechts angefochten werden können. Da der Gerichtshof also nicht von einem Gericht im Sinne des Art. 68 EGV angerufen worden ist, ist er für die Entscheidung über die Auslegung der Verordnung Nr. 44/2001 nicht zuständig." EuGH, Rs. C-555/03-Warbecq.

a) Der Begriff des Gerichts

Nach Art. 68 Abs. 1 EGV sind nur Vorlagefragen zulässig, die von einem „einzelstaatlichen Gericht" ausgehen. Zwar unterscheidet sich Art. 68 Abs. 1 EGV damit vom Wortlaut von Art. 234 EGV „Gericht eines Mitgliedsstaats", inhaltlich ergeben sich jedoch keine Unterschiede. Für beide Verfahren gilt, dass die Vorabentscheidungsfrage von einem mitgliedsstaatlichen Gericht vorgelegt werden muss. Der Begriff des Gerichts ist einheitlich gemeinschaftsrechtlich zu verstehen.[135] Eine Legaldefinition zum Begriff des Gerichts ist in den Gemeinschaftsverträgen aber nicht zu finden. Der Gerichtshof qualifiziert eine Instanz unabhängig von seiner konkreten Bezeichnung als Gericht auf Grund der Funktion und Stellung im jeweiligen Rechtssystem.[136] Die entscheidenden Merkmale, was unter „Gericht" zu verstehen ist, sind u.a. die Zugehörigkeit des Spruchkörpers zur öffentlichen Gewalt, die Durchführung eines streitigen Verfahrens mit einer Entscheidung nach Rechtsnormen, die ständige Einrichtung der Instanz als obligatorische Gerichtsbarkeit und die sachliche Unabhängigkeit.[137] Folglich scheiden private Schiedsgerichte als Gerichte im Sinne von Art. 68 Abs. 1 EGV und Art. 234 Abs. 2, 3 EGV aus, da sie in der Regel nicht der öffentlichen Gewalt zuzuordnen sind und keine obligatorische Gerichtsbarkeit ausüben.[138] Auf der anderen Seite legt der Gerichtshof den Begriff des Gerichts sehr weit aus und subsumiert den Vergabeausschuss des Bundes hierunter.[139]

b) Erforderlichkeit

Der Begriff der Erforderlichkeit stellt eine allgemeine Beschränkung der Vorlageberechtigung dar.[140] Der Gerichtshof hat in seinem Urteil C.I.L.F.I.T.[141] festgestellt, wann ein nationales Gericht von der Vorlage absehen kann. Er hat hierzu ausgeführt:

„das die gestellte Frage nicht entscheidungserheblich ist, wenn die betreffende gemeinschaftsrechtliche Bestimmung bereits Gegenstand einer Auslegung durch den Gerichtshof war oder dass die richtige Anwendung des Gemeinschaftsrechts derart offenkundig ist, dass für einen vernünftigen Zweifel keinerlei Raum

---

135 Wohlfahrt, in: Grabitz/Hilf, Altband 2, Art. 177 Rn. 41.

136 Borchardt in: Lenz, Art. 234 Rn. 19.

137 EuGH, Rs. 61/65, Slg. 1966, 583 ff. – Vaasen-Göbbels.; EuGH, Rs. 102/81, Slg. 1982, 1095 ff. – Nordsee.

138 EuGH, Rs. 102/81, Slg. 1982, 1095 Rn. 13 – Nordsee/Reederei Mond; Dauses, in: Dauses, Band 2, P. II, Rn. 45 ff.

139 EuGH, Rs. C – 54/97, Slg. 1997, I – 4961 – Dorsch Consult.

140 Zu den einzelnen Beschränkungen in: Niedermühlbichler, Verfahren vor dem EuG und EuGH, Rn. 290.

141 EuGH, Rs. 283/81, Slg. 1982, 3415 ff. – C.I.L.F.I.T.

bleibt; ob ein solcher Fall gegeben ist, ist unter Berücksichtigung der Eigenheiten des Gemeinschaftsrechts der besonderen Schwierigkeiten seiner Auslegung und der Gefahr von einander abweichender Gerichtsentscheidungen innerhalb der Gemeinschaft zu beurteilen."[142]

Die Prüfung der Erforderlichkeit, bzw. der Entscheidungserheblichkeit erfolgt durch den nationalen Richter. Der Gerichtshof enthält sich in der Regel einer Prüfung der Erforderlichkeit der Vorlage, da der Gerichtshof nicht über Fragen des nationalen Rechts entscheiden kann und will.[143] Durch den Wortlaut des Art. 68 Abs. 1 EGV ist daher die Rechtsprechung des Gerichtshofes zur Einschätzungsprärogative der mitgliedsstaatlichen Gerichte konsequent umgesetzt worden.[144]

---

142 EuGH, Rs. 283/81, Slg. 1982, 3430 Rn. 16 ff. – C.I.L.F.I.T.

143 Hinsichtlich der Voraussetzung der Erforderlichkeit hat der Gerichtshof in seinem Urteil v. 25.6.2002-Rs. C-66/00-Dante-Bigi=EuZW 2002, S. 504 ff. nochmals die allgemeinen Grundsätze hierzu aufgeführt. Er führt auf, dass „ daran zu erinnern ist, dass es nach ständiger Rechtsprechung im Rahmen der durch Art. 234 EGV geschaffenen Zusammenarbeit zwischen dem EuGH und den nationalen Gerichten allein Sache des mit dem Rechtsstreit befassten nationalen Gerichts ist, in dessen Verantwortungsbereich die zu erlassenen gerichtliche Entscheidung fällt, im Hinblick auf die Besonderheit der Rechtssache sowohl die Erforderlichkeit einer Vorabentscheidung für den Erlass seines Urteils als auch die Erheblichkeit der dem EuGH von ihm vorgelegten Fragen zu beurteilen. Betreffen daher die vorgelegten Fragen die Auslegung des Gemeinschaftsrechts, so ist der EuGH grundsätzlich gehalten, darüber zu befinden (EuGH, Slg. 1995, I-4921 Rn. 59=NVwZ 1996, 365-Bosman). Der EuGH hat jedoch auch entschieden, dass es ihm unter außergewöhnlichen Umständen obliegt, zur Prüfung seiner eigenen Zuständigkeit die Umstände zu untersuchen, unter denen er vom nationalen Gericht angerufen wird. Er kann die Entscheidung über die Vorlagefrage eines nationalen Gerichts nur ablehnen, wenn die erbetenen Auslegung des Gemeinschaftsrechts offensichtlich in keinem Zusammenhang mit der Realität oder dem Gegenstand des Ausgangsverfahrens steht, wenn das Problem hypothetischer Natur ist oder wenn er nicht über die tatsächlichen oder rechtlichen Angaben verfügt, die für eine sachdienliche Beantwortung der ihm vorgelegten Fragen erforderlich sind (vgl. EuGH, Urt. v. 22.1.2002- Rs. C – 390/99 Rn. 19=Slg. 2002 I-607-Canal Satelite Digital)."

144 Vgl. EuGH, Rs. 283/81, Slg. 1982, 3425-C.I.L.F.I.T., EuGH, Rs. C-28/95, Slg. 1997, 4190 (4)-Leur-Bloem, EuGH, verbundene Rs. 209 bis 213/84, Slg 1986, 1457 (10)-Asjes. Dort führt der Gerichtshof aus, „nach ständiger Rechtsprechung ist es im Rahmen der in Artikel 177 EWG-Vertrag vorgesehenen Zuständigkeitsverteilung zwischen dem nationalen Gericht und dem Gerichtshof Aufgabe des nationalen Gerichts, in voller Sachkenntnis die Erheblichkeit der in dem vor ihm anhängigen Rechtsstreit aufgeworfenen Rechtsfragen und die Notwendigkeit einer Vorabentscheidung für den Erlass seines Urteils zu beurteilen.

c) Ergebnis

Im Verfahren nach Art. 68 Abs. 1 EGV sind nur letztinstanzliche Gerichte zur Vorlage an den Gerichtshof berechtigt. Im Bezug auf die Auslegung und Einordnung der Begriffe „Gericht und erforderlich" kann dabei auf die Rechtsprechung des Gerichtshofes zum Verfahren nach Art. 234 EGV zurückgegriffen werden.

d) Vergleich zwischen Art. 68 Abs. 1 EGV und Art. 234 EGV

aa) Vorlageberechtigung im Vorabentscheidungsverfahren nach Art. 234 Abs. 2 EGV

Gemäß Art. 234 Abs. 2 EGV kann im Vorabentscheidungsverfahren jedes Gericht eines Mitgliedstaats den Gerichtshof um eine Vorhabentscheidung ersuchen, wenn es die Entscheidung über eine vorlagefähige Frage für den Erlass des eigenen Urteils für erforderlich hält.[145]

bb) Parallelen und Unterschiede

Im Unterschied zu Art. 234 Abs. 2 und 3 EGV ist in Art. 68 Abs. 1 EGV nur das letztinstanzliche mitgliedsstaatliche Gericht zur Vorlage an den Gerichtshof berechtigt.[146] Dies bedeutet eine Beschränkung der Vorlageberechtigung im Gegensatz zum allgemeinen Vorabentscheidungsverfahren, denn nach Art. 234 Abs. 2 EGV ist jedes mitgliedsstaatliche Gericht zur Vorlage an den Gerichtshof berechtigt, wenn es eine Entscheidung über den bei ihm anhängigen Rechtsstreit für erforderlich hält.[147] Die Sonderregelung des Art. 68 Abs. 1 EGV hat ihren Ursprung in der Überlegung, dass die Einführung des Rechtsschutzverfahrens im Bereich des Titels IV EGV zu einer Überlastung des Gerichtshofes führen wird und nur eine Beschränkung der Vorlageberechtigung die Arbeitsunfähigkeit des Gerichtshofes verhindern kann.[148]
Des Weiteren soll eine Verfahrensverzögerung, wie sie im Verfahren nach Art. 234 EGV durch die Vorlage zum Gerichtshof eintritt, bei den nationalen Unterinstanzen innerhalb der Bereiche des Titels IV EGV vermieden werden.[149] Diesbezüglich ist bei der Regierungskonferenz 1996/1997 mehrmals auf die Vielzahl nationaler Verfahren im Bereich des Asylrechts und der Einwanderung sowie auf politisch unerwünschte Verfahrensverzögerungen in diesen Bereichen hin-

---

145 Dauses, in: Dauses, Band 2, P. II Rn. 63.
146 Röben, in: Grabitz/Hilf, Band I, Art. 68 Rn. 4.
147 Basedow, RabelsZ 66 (2002), 203 (206).
148 Dörr/Mager, AöR 2000, 386 (390).
149 Hailbronner/Thiery, EuR 1998, 583 (596); Dörr/Mager, AöR 2000, 386 (390).

gewiesen worden.[150] Ein Vergleich zeigt aber auch Parallelen zwischen beiden Verfahren. So ist der Begriff des Gerichts und das Erfordernis der Erforderlichkeit der Vorlage in beiden Verfahren gleich, wobei Art. 68 Abs. 1 EGV die Voraussetzung der Erforderlichkeit, im Gegensatz zum allgemeinen Vorabentscheidungsverfahren, für letztinstanzliche Gerichte explizit im Gesetzestext vorsieht. Insgesamt kann festgehalten werden, dass in der Beschränkung der Vorlageberechtigung auf letztinstanzliche Gerichte der wesentliche Unterschied zwischen dem Verfahren nach Art. 68 Abs. 1 EGV und Art. 234 EGV liegt.

4. Vorlagepflicht

Art. 68 Abs. 1 EGV sieht eine Vorlageberechtigung und gleichzeitig eine Vorlagepflicht für letztinstanzliche Gerichte vor.[151] Zwar verwendet der Wortlaut des Art. 68 Abs. 1 EGV im Unterschied zu Art. 234 Abs. 3 EGV nicht das Wort „verpflichtet", sondern „..so legt dieses Gericht dem Gerichtshof die Frage zur Entscheidung vor, wenn es eine Entscheidung darüber zum Erlass seines Urteils für erforderlich hält.", dies führt jedoch zu keinem anderen Ergebnis.[152] Die Wortwahl „legt…vor" indiziert einen verpflichtenden Charakter für das letztinstanzliche Gericht.[153]
Das der unterschiedliche Wortlaut nichts daran ändert, dass auch im Verfahren nach Art. 68 Abs. 1 EGV das letztinstanzliche Gericht zur Vorlage verpflichtet ist, ergibt sich überdies auch aus einem Wortlautvergleich zu Art. 35 Abs. 3 EUV und Art. 234 Abs. 2 EGV. Beide Vorschriften kennzeichnen eine fehlende Verpflichtung mit den Worten „kann" und „können".[154] Des Weiteren ist nicht ersichtlich, warum im Bereich des Art. 68 Abs. 1 EGV eine geringere gerichtliche Kontrolle gelten sollte, als im Bereich des Art. 35 Abs. 2 und 3 EUV, wo die Mitgliedstaaten bestimmen können, welches Gericht zur Vorlage berechtigt und welches verpflichtet ist.[155] Somit ist die Regelung des Art. 234 Abs. 3 EGV über die Vorlagepflicht letztinstanzlicher Gerichte auf die Vorlagebefugnis nach Art. 68 Abs. 1 EGV übertragen worden.[156]

---

150 Wiedmann, in: Schwarze, Art. 68 Rn. 4; Hailbronner/Thiery, EuR 1998, 583 (596).
151 Vedder, EuR 1999, Beiheft 1, 7 (18); Geiger, Art. 68 Rn. 1.; Brechmann, in: Calliess/Ruffert, Art. 68 Rn. 2; a.A. für Ermessen Meng, in: Hummer, S. 169.
152 Brechmann, in: Calliess/Ruffert, Art. 68 Rn. 2.
153 Dörr/Mager, AöR 2000, 386 (390).
154 Dörr/Mager, AöR 2000, 386 (390).
155 Vgl. BGH-Beschl. v. 6.6.2002- 4Ars 3/02= NJW 2002 S. 2654 f. Hierzu ausführlich später bei der Untersuchung des modifizierten Vorabentscheidungsverfahren nach Art. 35 Abs. 1-5 EU.
156 Hess, RabelsZ 66 (2002), 470 (488).

a) Das Problem der Bestimmung des letztinstanzlichen Gerichts

Die Bestimmung der Letztinstanzlichkeit eines mitgliedsstaatlichen Gerichts ist bereits vor der Einführung des Art. 68 EGV für das Verfahren nach Art. 234 EGV in der Literatur umstritten gewesen und im Rahmen der Einführung des Art. 68 Abs. 1 EGV nicht geklärt worden.[157] Im Wesentlichen und vom Gerichtshof noch nicht endgültig geklärt,[158] stehen sich die abstrakte und die konkrete Betrachtungsweise gegenüber. Nach der abstrakten Betrachtungsweise versteht man unter einem letztinstanzlichen Gericht nur die in der Gerichtshierachie obersten Gerichte der Mitgliedstaaten, während nach der konkreten Betrachtungsweise die Letztinstanzlichkeit eines mitgliedsstaatlichen Gerichts nach der tatsächlichen Rechtsmittelmöglichkeit zu beurteilen ist.[159]

aa) Die Lösung

Genau wie im Verfahren nach Art. 234 EGV, erscheint auch im Verfahren nach Art. 68 Abs. 1 EGV die konkrete Betrachtungsweise vorzugswürdig.[160] Auch wenn die abstrakte Betrachtungsweise zu einer Vermeidung einer Überbelastung des Gerichtshofes mit Verfahren von untergeordneter Bedeutung und damit zu einer Entlastung der europäischen Gerichtsbarkeit beiträgt,[161] kann nur durch die konkrete Betrachtungsweise die Wahrung des Rechts und Individualschutzes gewährleisten.[162] Die abstrakte Betrachtungsweise birgt die Gefahr in sich, dass viele Rechtsstreitigkeiten ohne Beteiligung des Gerichtshofes nur auf nationaler Ebene entschieden werden und die einheitliche Auslegung und Anwendung des Gemeinschaftsrechts von mitgliedsstaatlichen Streitwertgrenzen hinsichtlich der Rechtsmittelmöglichkeit abhängt.[163] Im Verfahren nach Art. 68 Abs. 1 EGV tritt diese Gefahr noch deutlicher als beim Verfahren nach Art. 234 EGV zum Vorschein, denn bevor sich die Frage der Vorlagepflicht letztinstanzlicher Gerichte stellt, sind die unterinstanzlichen Gerichte, anders als im Verfahren nach Art. 68 Abs. 1 EGV, zumindest nach Art. 234 Abs. 2 EGV vorlagebefugt.[164]

---

157 Hess, RabelsZ 66 (2002), 470 (488).

158 Der Gerichtshof hatte noch keine Möglichkeit, diese Frage ausdrücklich zu entscheiden. Aus der Entscheidung Costa/ENEL (EuGH, Rs. 6/64, Slg. 1964, 1253 (1268) wird aber teilweise geschlossen, dass der Gerichtshof eher der konkreten Betrachtungsweise folgt, Vgl. Krück, in: G/T/E, Band 5, Art. 177 Rn. 67.

159 Krück, in: G/T/E, Band 5 , Art. 177 Rn. 67. Zum Meinungsstreit mit weiteren Literaturhinweisen, Hess, RabelsZ 66 (2002), Heft 2-3, 470 (488 ff.)

160 So für das Verfahren nach Art. 234 EG auch: Borchardt, in: Lenz, Art. 234 Rn. 36; Koenig/Sander, Rn. 483; Schima, S. 48; Rengelins/Middeke/Gellermann, Rn. 384.

161 Schima, S. 48; Dauses, S. 111; Krück, in: G/T/E, Band 5, Art. 177 Rn. 67.

162 Wegener, in: Calliess/Ruffert, Art. 234 Rn. 19; Schima, S. 48.

163 Vgl. Hess, RabelsZ 66 (2002), 470 (488 f.).

164 Ludwig, S. 126.

Innerhalb des Verfahrens nach Art. 68 Abs. 1 EGV würde die abstrakte Betrachtungsweise indirekt zu einem unterschiedlichen individuellen Rechtsschutz innerhalb der Gemeinschaft führen. Die konkrete Betrachtungsweise hat somit den Vorteil, dass sie den Rechtsschutz des Einzelnen auf allen Stufen der Gerichtshierachie sicherstellt.[165]

bb) Ergebnis

Als letztinstanzliches Gericht wird demnach das Gericht bezeichnet, gegen dessen Urteil kein Rechtsmittel mehr eingelegt werden kann.

b) Das Problem der Vorlagepflicht eines mitgliedsstaatlichen Instanzgerichts

Art. 68 Abs. 1 EGV sieht für unterinstanzliche mitgliedsstaatliche Gerichte kein Vorlagerecht vor,[166] so dass ihnen grundsätzlich auch keine Vorlagepflicht auferlegt werden kann.[167] In diesem Zusammenhang stellt sich dann aber die Frage, ob sich eine solche Verpflichtung aus der Foto-Frost Entscheidung des Gerichtshofes[168] ableiten lässt, wenn die Instanzgerichte eine auf Titel IV EGV gestützte Gemeinschaftsrechtsnorm für rechtswidrig halten oder eine Frage hinsichtlich der Auslegung einer solchen Norm haben.[169]

aa) Die Foto-Frost Entscheidung

Der Gerichtshof hat in seinem Urteil Foto Frost entschieden:[170]

„Dagegen sind die nationalen Gerichte, unabhängig davon, ob ihre Entscheidung selbst noch mit Rechtsmitteln des innerstaatlichen Rechts angefochten werde können, nicht befugt, selbst Handlungen der Gemeinschaftsorgane für ungültig zu erklären. Die Lösung ist erstens wegen des Erfordernisses der einheitlichen Anwendung des Gemeinschaftsrechts geboten. Meinungsverschiedenheiten der Gerichte der Mitgliedstaaten über die Gültigkeit von Gemeinschaftshandlungen wären geeignet, die Einheit der Gemeinschaftsrechtsordnung selbst aufs Spiel zu setzen und das grundlegende Erfordernis der Rechtssicherheit zu beeinträchtigen. Zweitens zwingt die notwendige Kohärenz des vom Vertrag geschaffenen Rechtsschutzsystems zu diesem Ergebnis…..“.

---

165 Rengeling/Middeke/Gellermann, Rn. 384
166 Vgl. o. unter Teil III, C, I, 3.
167 Harings, EuR 1998, Beiheft 2, 81 (87).
168 EuGH, Rs. C- 314/85, Slg. 1987, 4199 Rn. 14 ff. – Foto Frost.
169 Röben, in: Grabitz/Hilf, Band I, Art. 68 Rn. 4.
170 EuGH, Rs. 314/85, Slg. 1987, 4199 Rn. 11 – Foto Frost.

Damit hat der Gerichtshof entschieden, dass den mitgliedsstaatlichen Gerichten keine Kompetenz zur Nichtanwendung von Gemeinschaftsrecht zukommt und sie nicht befugt sind Handlungen der Gemeinschaftsorgane für ungültig zu erklären.[171] Das Verwerfungsmonopol soll demnach beim Gerichtshof liegen.[172] Dies bedeutet für das mitgliedsstaatliche Gericht, soweit es bei der Prüfung einer Vorschrift des Gemeinschaftsrechts zur Überzeugung von deren Ungültigkeit gelangt, dieses Recht nur unangewendet lassen kann, wenn die Ungültigkeit zuvor durch den Gerichtshof festgestellt worden ist.[173] Hält das unterinstanzliche Gericht dagegen die Gemeinschaftsrechtsnorm für rechtmäßig, kann es selbst entscheiden. Daher stellt sich die Frage, ob dieser im Rahmen des Verfahrens nach Art. 234 EGV ergangene Grundsatz der Foto-Forst- Entscheidung des Gerichtshofes auch auf das Verfahren nach Art. 68 Abs. 1 EGV anwendbar ist und in diesem Verfahren zu einer Vorlagepflicht von Instanzgerichten führt.

bb) Die Lösung

Die Lösung dieses Problems wird in der Literatur sehr kontrovers diskutiert und führt zu verschiedenen Lösungswegen. Zum einen besteht die Möglichkeit die Foto-Frost-Entscheidung auch auf das Verfahren nach Art. 68 Abs. 1 EGV zu übertragen, so dass auch Instanzgerichte zur Vorlage verpflichtet sind, wenn sie Rechtsakte der Gemeinschaftsorgane die innerhalb des Titels IV EGV ergangen sind für rechtswidrig und mithin unanwendbar halten.[174] Für eine solche Lösung wird angeführt, dass eine eigene Entscheidung der unterinstanzlichen Gerichte gegen das Gebot der alleinigen Verwerfungskompetenz des Gerichtshofes verstößt und nicht mit dem Rechtsstaatsprinzip und dem Gebot des effektiven Rechtsschutzes zu vereinbaren ist.[175] Des Weiteren soll dem auch nicht der Wortlaut des Art. 68 Abs. 1 EGV entgegenstehen, da dieser hinsichtlich der Vorlagepflicht von unterinstanzlichen Gerichten gerade keine Regelung enthält.[176]

Gegen eine Übertragung der Foto-Frost-Entscheidung und damit gegen eine Vorlagepflicht unterinstanzlicher mitgliedsstaatlicher Gerichte spricht aber der Wortlaut des Art. 68 Abs. 1 EGV, wonach nur letztinstanzliche Gerichte zur Vorlage befugt und unterinstanzliche Gerichte somit von der Vorlage ausgeschlossen sind.[177] Die Gründe für diese Einschränkung sind in der Entstehungs-

---

171 Schima, S. 45.
172 Schima, S. 45.
173 Krück, in: G/T/E, Art. 137-209a EGV, Art. 177 Rn. 75.
174 Brechmann, in: Calliess/Ruffert, Art. 68 Rn. 3; Schmahl, ZAR 2001, 3 (9 f.).
175 Knapp, DÖV 2001, 12 (14); Brechmann, in: Calliess/Ruffert, Art. 68 Rn. 3.
176 Knapp, DÖV 2001, 12 (14).
177 Dörr/Mager, AöR 2000, 386 (390); Röben, in: Grabitz/Hilf, Art. 68 Rn. 4; Harings, EuR 1998, Beiheft 2, 81 (87); Ludwig, S. 172; Classen, EuR 1999, Beiheft 1, 73 (75 f.).

geschichte der Norm zu finden.[178] Die Einführung einer gerichtlichen Kontrolle im Bereich des Titels IV EGV ist bis zum Zeitpunkt des In-Kraft-Tretens des Amsterdamer Vertrags sehr umstritten gewesen.[179] Eine Bedingung für die Einführung eines Vorabentscheidungsverfahrens ist die Einschränkung der Vorlagebefugnis auf letztinstanzliche Gerichte gewesen, um den Gerichtshof so vor einer Flut von Vorabentscheidungsersuchen aus dem Bereich des Titels IV EGV zu schützen.[180] Des Weiteren sollten die Verfahrensverzögerungen, welche durch eine Vorlage beim Gerichtshof eintreten, bei den unterinstanzlichen mitgliedsstaatlichen Gerichten vermieden werden.[181] Dieser Zweck der Vorlagebeschränkung kann aber nur erreicht werden, wenn die Foto-Frost-Rechtsprechung gerade nicht auf das Verfahren nach Art. 68 Abs. 1 EGV angewendet wird. Auch das Argument des Gerichtshofes, auf Grund der Formulierung in Art. 234 EGV[182] läge keine Entscheidung darüber vor, ob die fraglichen Gerichte befugt sind, selbst die Ungültigkeit von Handlungen der Gemeinschaftsorgane festzustellen, kann nicht auf das Verfahren nach Art. 68 Abs. 1 EGV übertragen werden, da eine Vorlagebefugnis von Instanzgerichten, anders als bei Art. 234 Abs. 2 EGV, fehlt.
Anschließend an diese Lösung stellt sich aber dann das Problem, ob die nationalen Instanzgerichte auch bei Zweifeln über die Rechtmäßigkeit eines Rechtsakts des Titels IV EGV diesen anzuwenden haben[183] oder ob sie dazu berechtigt sind diesen Rechtsakt bei ihrer Entscheidung außer Acht zu lassen und somit indirekt für ungültig erklären können.[184]
Für den aufgeworfenen zweiten Lösungsweg spricht vor allem das Argument, dass die mitgliedsstaatlichen Richter nicht gezwungen wären ihrer Ansicht nach rechtswidriges Gemeinschaftsrecht der Entscheidung zu Grunde zu legen und somit die Kontrollmöglichkeit der mitgliedsstaatlichen Instanzgerichte nicht unangemessen eingeschränkt wird. [185] Dem kann aber entgegengehalten werden, dass eine solche Lösung zum einen die Einheit des Gemeinschaftsrechts gefährdet und zum anderen dem zentralen Grundsatz des gemeinschaftlichen Rechtsschutzsystems, dass die Verwerfungskompetenz nur beim Gerichtshof liegt, entgegensteht.[186] Angesichts der grundsätzlichen Bedeutung dieser Regel, ist nicht ersichtlich, warum die mitgliedsstaatlichen unterinstanzlichen Gerichte

178 Bardenhewer, in: Lenz, Art. 68 Rn. 3.
179 Wiedmann, in: Schwarze, Art. 68 Rn. 4.
180 Bardenhewer, in: Lenz, Art. 68 Rn. 2.
181 Dörr/Mager, AöR 2000, 386 (390).
182 In dieser Entscheidung noch Art. 177 EGV / Maastricht.
183 Geiger, Art. 68 Rn. 1; Röben, in: Grabitz/Hilf, Band I, Art. 68 Rn. 4; Knapp, DÖV 2001, 12 (14)
184 Harrings, EuR 1998, Beiheft 2, 81 (87).
185 Classen, EuR 1999, Beiheft 1, 73 (75).
186 Knapp, DÖV 2001, 12 (14 f.).

über die Gültigkeit von Rechtsakten des Titels IV EGV entscheiden dürfen.[187] Durch die Beschränkung der Vorlageberechtigung auf letztinstanzliche Gerichte wollten die Mitgliedstaaten vielmehr einer Arbeitsüberlastung des Gerichtshofes entgegenwirken[188] und nicht die Einheit des Titels IV EGV gefährden. Außerdem kann nur wenn die mitgliedsstaatlichen Instanzgerichte verpflichtet sind, dass ihrer Ansicht nach rechtswidrige Gemeinschaftsrecht anzuwenden, dem Grundgedanken der Foto-Frost-Entscheidung Rechnung getragen werden.[189] Der Gerichtshof hat in seiner Foto-Frost-Entscheidung nämlich nicht ausdrücklich eine allgemeine Vorlagepflicht mitgliedsstaatlicher Instanzgerichte entwickelt, sondern den Grundsatz aufgestellt, dass nationale Gerichte nicht befugt sind, selbst Handlungen der Gemeinschaftsorgane für ungültig zu erklären.[190]
Wendet man diesen Grundsatz auf das Verfahren nach Art. 68 Abs. 1 EGV an, ist es nur folgerichtig, dass die mitgliedsstaatlichen Gerichte die nicht zur Vorlage berechtigt sind, die Rechtsakte des Titels IV EGV auch dann anzuwenden haben, wenn sie von deren Rechtswidrigkeit ausgehen. Außerdem ist es den Parteien auch zuzumuten, dass sie das Verfahren bis zur letzten Instanz durchführen, wenn sie sich auf die Ungültigkeit einer Maßnahme des Titels IV EGV stützen.[191] Der Richter kann zudem in den Urteilsgründen auf die vermeintliche Rechtswidrigkeit des Gemeinschaftsrechtsakts aufmerksam machen[192] und den Parteien eine Entscheidungshilfe im Bezug auf die Fortführung des Rechtsstreits zur Hand geben. Somit darf das mitgliedsstaatliche Gericht nicht von der Ungültigkeit einer betreffenden Maßnahme des Titels IV EGV ausgehen.

cc) Ergebnis

Die Foto-Frost-Entscheidung des Gerichtshofes führt im Verfahren nach Art. 68 Abs. 1 EGV nicht zu einer Vorlagepflicht mitgliedsstaatlicher unterinstanzlicher Gerichte, wenn diese eine Maßnahme des Titels IV EGV für ungültig halten. Darüber hinaus sind die unterinstanzlichen Gerichte aber aus den Grundsätzen der Foto-Frost-Entscheidung verpflichtet, die ihrer Ansicht nach rechtswidrige Maßnahme des Titels IV EGV anzuwenden und ihrer Entscheidung zu Grunde zu legen.

---

187 Geiger, Art. 68 Rn. 1.
188 Wiedmann, in: Schwarze, Art. 68 Rn. 4.
189 So auch Ludwig, S. 172, der aber im Ergebnis davon ausgeht, dass auch die mitgliedsstaatlichen Gerichte von der Ungültigkeit betreffender Maßnahmen ausgehen dürfen (S. 173).
190 Wiedmann, in: Schwarze, Art. 68 Rn. 4.
191 Röben, in: Grabitz/Hilf, Band I, Art. 68 Rn. 4; a.A. Ludwig, S. 173.
192 Dörr/Mager, AöR 2000, 386 (391).

c) Ergebnis

Eine Vorlageplicht und ein Vorlagerecht bestehen im Fall des Art. 68 Abs. 1 EGV somit nur für letztinstanzliche Gerichte. Die unterinstanzlichen nationalen Gerichte müssen auch bei Zweifeln über die Wirksamkeit des Gemeinschaftsrechtsaktes diesen anwenden und dürfen sich nicht mit einer Vorlagefrage an den Gerichtshof wenden. Die Foto-Frost-Entscheidung ist daher nur insoweit auf das Verfahren nach Art. 68 Abs. 1 EGV übertragbar, dass das mitgliedsstaatliche unterinstanzliche Gericht die Rechtswidrigkeit einer Maßnahme des Titels IV EG nicht feststellen darf, sondern dieses seiner Entscheidung zu Grunde zu legen hat. Eine Vorlagepflicht wie bei Art. 234 Abs. 2 EGV ergibt sich aus der Foto-Frost-Rechtsprechung aber nicht.

d) Vergleich zwischen Art. 68 Abs. 1 EGV und Art. 234 EGV

aa) Vorlagepflicht im Vorabentscheidungsverfahren nach Art. 234 Abs. 2 und 3 EGV

Art. 234 EGV differenziert grundlegend zwischen mitgliedsstaatlichen Gerichten die zur Vorlage verpflichtet sind, Art. 234 Abs. 3 EGV, und solchen Gerichten, die zur Vorlage berechtigt sind, Art. 234 Abs. 2 EGV.[193] Nach Art. 234 Abs. 3 EGV sind einzelstaatliche Gerichte, „deren Entscheidung selbst nicht mehr mit Rechtsmittel des nationalen Rechts angefochten werden können“, zur Vorlage verpflichtet.[194] Die unterinstanzlichen Gerichte sind nach Art. 234 Abs. 2 EGV zur Vorlage an den Gerichtshof lediglich ermächtigt, jedoch grundsätzlich nicht verpflichtet.[195] Der Gerichtshof hat hierzu in jüngster Zeit in der Rechtssache Kenny Roland Lyckeskog[196] ausgeführt, dass „ein nationales Gericht, gegen dessen Entscheidung unter Vorraussetzungen, wie sie für die Entscheidung des vorlegenden Gerichts gelten, Rechtsmittel beim obersten Gericht eingelegt werden können, nicht der Verpflichtung des Art. 234 Abs. 3 EGV unterliegt.“ Wie oben dargelegt besteht hierzu eine Ausnahme im Rahmen der Grundsätze der Foto Frost- Entscheidung, wenn das mitgliedsstaatliche Gericht von der Ungültigkeit des Gemeinschaftsrechtsakts überzeugt ist und diesen außer Anwendung lassen möchte.

193 Niedermühlbichler, S. 101 Rn. 279.
194 Dauses, in: Dauses, Band 2, P. II Rn. 63.
195 Oppermann, Rn. 761.
196 EuGH, Urteil v. 04.06.2002 - Rs. C-99/00 – Kenny Roland Lyckeskog = EuZW 2002, 476.

bb) Parallelen und Unterschiede

Vergleicht man das Verfahren nach Art. 68 Abs. 1 EGV und Art. 234 EGV miteinander, so ergeben sich, bezogen auf die letztinstanzlichen Gerichte, keine Unterschiede. Auch wenn beide Verfahren vom Wortlaut voneinander abweichen, so heißt es in Art. 234 Abs. 3 EGV „ …so ist dieses Gericht zur Anrufung des Gerichtshofes verpflichtet.“, und in Art. 68 Abs. 1 EGV „…so legt dieses Gericht dem Gerichtshof die Frage zur Entscheidung vor, wenn es eine Entscheidung darüber zum Erlass seines Urteils für erforderlich[197] hält“, bestehen inhaltlich keine Unterschiede.
Bei beiden Verfahren ist das letztinstanzliche Gericht zu Vorlage verpflichtet.[198] Der in Art. 68 Abs. 1 EGV hinzugefügte Bedingungssatz bedeutet keinen Unterschied, sondern die konsequente Umsetzung der Rechtsprechung des Gerichtshofes hinsichtlich der Einschätzungsprärogative, die jedem nationalen Gericht im Bezug auf die Entscheidungserheblichkeit zukommt.[199] Der wesentliche Unterschied zwischen beiden Verfahren zeigt sich hinsichtlich der unterinstanzlichen mitgliedsstaatlichen Gerichte. Für unterinstanzliche Gerichte besteht im Verfahren nach Art. 68 Abs. 1 EGV keine Möglichkeit der Vorlage zum Gerichtshof. Im Gegensatz hierzu sind nach Art. 234 Abs. 2 EGV unterinstanzliche Gerichte zur Vorlage berechtigt, wenn das Erforderlichkeitskriterium erfüllt ist. Diese Möglichkeit des Vorlagerechts kann sich im Gegensatz zum Verfahren nach Art. 68 Abs. 1 EGV auf Grund der Foto-Frost Entscheidung zu einer Vorlagepflicht ausweiten.[200] Alles in allem lässt sich daher festhalten, dass das modifizierte Vorabentscheidungsverfahren im Gegensatz zum Vorabentscheidungsverfahren nach Art. 234 EGV auf die Vorlagepflicht letztinstanzlicher Gerichte beschränkt ist.

5) Verfahrensgegenstand

Verfahrensgegenstand des modifizierten Vorabentscheidungsverfahrens nach Art. 68 Abs. 1 EGV können „…Fragen der Auslegung dieses Titels sowie der Gültigkeit oder Auslegung von auf diesen Titel gestützten Rechtsakten der Organe der Gemeinschaft…“ sein. Somit kann der Gerichtshof zum einen das Primärrecht des Titels IV EGV auslegen und zum anderen auch Sekundärrechtsakte, welche auf Titel IV EGV beruhen, entweder auslegen oder auf ihre Gültigkeit hin überprüfen.[201]

---

[197] Bedeutet entscheidungserheblich; vgl. EuGH, Rs. 283/81, Slg. 1982, S. 3415 – C.I.L.F.I.T.
[198] Brechmann, in: Calliess/Ruffert, Art. 68 Rn. 2.
[199] Dörr/Mager, AöR 2000, 386 (390).
[200] Vgl. o. unter Teil III, C, 4., b), aa).
[201] Wegener, in: Calliess/Ruffert, Art. 234 Rn. 2.

a) Auslegung von Primärrecht und Sekundärrecht des Titels IV EGV

Der Gerichtshof entscheidet über Fragen, die ihm von einem letztinstanzlichen-nationalen Gericht hinsichtlich der Auslegung von Primärrecht des Titels IV EGV gestellt wird. Unter den Begriff des Primärrechts des Titel IV EGV fallen die gesamten Art. 61 bis Art. 69 EGV sowie die dazu ergangenen Zusatzprotokolle. Dagegen versteht man unter den Rechtsakten der Organe, das gesamte ergangene sekundäre Gemeinschaftsrecht welches auf Titel IV EGV beruht.[202] Durch die Zuständigkeitsverteilung zwischen dem Gerichtshof und den nationalen Gerichten, ist lediglich der Gerichtshof zur Auslegung befugt. Dabei kann Gegenstand der Auslegung durch den Gerichtshof innerhalb des Verfahrens nach Art. 68 Abs. 1 EGV nur das auf Titel IV EGV beruhende Gemeinschaftsrecht sein.[203] Der Gerichtshof entscheidet die Vorlagefrage abstrakt, d.h. losgelöst vom Einzelfall.[204] Dies bedeutet bereits für das vorlegende nationale Gericht, dass es die Vorlagefrage losgelöst vom nationalen Sachverhalt zu stellen hat.[205] Bei Falsch oder unvollständig gestellter Fragen wird die Frage vom Gerichtshof jedoch nicht als unzulässig verwiesen, sondern entsprechend umformuliert.[206]

b) Gültigkeit von Sekundärrecht des Titels IV EGV

Neben der Auslegung von Sekundärrechtsakten des Titels IV EGV können diese, im Gegensatz zum Primärrecht, auch auf ihre Gültigkeit überprüft werden. Gegenstand der Gültigkeitsprüfung sind die Rechtsakte der Gemeinschaftsorgane.[207] Unter der Gültigkeitsprüfung versteht man eine umfassende Rechtmäßigkeitskontrolle der Handlungen der Gemeinschaftsorgane, die nicht an das Vorbringen von Klagegründen gebunden ist.[208]

c) Ergebnis

Verfahrensgegenstand des modifizierten Vorabentscheidungsverfahrens nach Art. 68 Abs. 1 EGV kann zum einen die Auslegung des Primärrecht des Titels IV EG und zum anderen die Auslegung und Gültigkeitsprüfung von Sekundärrechtsakte, welche auf Titel IV EGV beruhen, sein.

---

202 Vgl. Krück, in: G/T/E, Band 4, Art. 177 Rn. 21.
203 Röben, in: Grabitz/Hilf, Band I, Art. 68 Rn. 3.
204 Koenig/Sander, Rn. 490.
205 Schima, S. 17.
206 Oppermann, Rn. 766.
207 Verordnung, Richtlinie, Entscheidung, Art. 249 EG.
208 Borchardt, in: Lenz, Art. 234 Rn. 12.

d) Vergleich zwischen Art. 68 Abs. 1 EGV und Art. 234 EGV

aa) Verfahrensgegenstand des Vorabentscheidungsverfahrens nach Art. 234 Abs. 1 EGV

Der Gegenstand des Vorabentscheidungsverfahrens ist in Art. 234 Abs. 1 lit. a) bis c) EGV abschließend aufgeführt.[209] Danach entscheidet der Gerichtshof u.a. „über die Auslegung dieses Vertrags“. Unter den Begriff des Vertrags fallen neben dem EG-Vertrag auch die dem Vertrag zugeordneten Anhänge und Protokolle sowie die allgemeinen Rechtsgrundsätze.[210] In diesem Bereich ist der Gerichtshof zur Auslegung befugt, d.h. er kann den Inhalt und die Tragweite des Primärrechts bestimmen.[211] Des Weiteren entscheidet der Gerichtshof „über die Gültigkeit und Auslegung der Handlungen der Organe der Gemeinschaft und der EZB“. Hierunter ist das gesamte sekundäre Gemeinschaftsrecht zu verstehen. Zu den Handlungen können zum einen die in Art. 249 EGV aufgeführten Rechtsakte und zum anderen alle Rechtsakte gezählt werden, die einem Gemeinschaftsorgan zugerechnet werden können und geeignet sind, Rechtswirkung zu erzeugen.[212] Der Begriff der Gültigkeit bestimmt sich dabei nach den in Art. 230 Abs. 2 EGV genannten Nichtigkeitsgründen und sieht somit eine umfassende Rechtmäßigkeitskontrolle vor.[213] Nach Art. 234 Abs. 1 lit. c) EGV kann der Gerichtshof auch, „über die Auslegung der Satzungen der durch den Rat geschaffenen Einrichtungen, soweit diese Satzungen dies vorsehen“, entscheiden. Diese Variante ist jedoch derzeit ohne praktische Bedeutung.[214]

bb) Parallelen und Unterschiede

Hinsichtlich des Verfahrensgegenstands ergeben sich zwischen dem Vorabentscheidungsverfahren nach Art. 234 EGV und dem modifizierten Vorabentscheidungsverfahren nach Art. 68 Abs. 1 EGV keine grundsätzlichen Unterschiede. Von der Begrifflichkeit der Auslegung und Gültigkeit besteht zwischen beiden Verfahren kein Unterschied. Lediglich der Prüfungsumfang der Auslegung und Gültigkeit ist in Art. 234 EGV erheblich weiter. Unter den Begriff des Vertrags fällt das gesamte Primärrecht und in Bezug auf „die Handlungen der Organe“ das gesamte Sekundärrecht.[215] Des Weiteren können auch Handlungen der EZB und in dem in Art. 234 Abs. 1 lit. c) EGV vorgesehenen Bereichen eine Ausle-

---

209 Koenig/Sander, Rn. 459.
210 Krück, in: G/T/E, Band 4, Art. 177 Rn. 19.
211 Borchardt, in: Lenz, Art. 234 Rn. 5.
212 Krück, in: G/T/E, Band 4, Art. 177 Rn. 21 ff.
213 Borchardt, in: Lenz, Art. 234 Rn. 12.
214 Wegener, in: Calliess/Ruffert, Art. 234 Rn. 8.
215 Niedermühlbichler, Rn. 268 ff.

gung, bzw. Gültigkeitsprüfung stattfinden.[216] Im Gegensatz dazu beschränkt sich der Prüfungsumfang im Bereich des Art. 68 Abs. 1 EGV nur auf den Titel IV EGV sowie auf diesen gestützten Rechtsakten der Gemeinschaftsorgane, was sich aus dem Status als Sonderregelung für den Bereich des Titels IV EGV ergibt.

6. Bindungswirkung der Entscheidung

Die Sonderregelung des Art. 68 Abs. 1 EGV enthält hinsichtlich der Bindungswirkung der Entscheidung des Gerichtshofes keine Regelungen, so dass sich diese nach den allgemeinen Verfahrensregelungen für das Vorabentscheidungsverfahren nach Art. 234 EGV richtet.[217]

a) Inhalt der Verfahrensregelungen in Art. 234 EGV

Auch Art. 234 EGV enthält für die rechtliche Bindungswirkung der Entscheidung keine eigene Regelung.[218] Diese ergeben sich daher aus der Rechtsprechung des Gerichtshofes. Das Urteil im Vorabentscheidungsverfahren nach Art. 234 EGV und somit auch im modifizierten Vorabentscheidungsverfahren nach Art. 68 Abs. 1 EGV erwächst in materieller und formeller Hinsicht, als abschließende Entscheidung in Rechtskraft.[219] Bei Auslegungsfragen entfaltet die Entscheidung nur für den konkreten Rechtsstreit im Ausgangsstreitverfahren bindende Wirkung (inter partes).[220] Dies gilt dann sowohl für das vorlegende Gericht, als auch die Instanzgerichte.[221] Eine erga omnes–Wirkung kommt der Entscheidung dagegen nur ausnahmsweise dann zu, wenn der Gerichtshof die Ungültigkeit des Gemeinschaftsrechts festgestellt hat.[222] Das zuständige Gericht hat bei seiner nationalen Entscheidungsfindung die Entscheidung des Gerichtshofes zu Grunde zu legen.[223] Auf Grund der fehlenden Bindungswirkung an die frühere Auslegungsentscheidung kann das nationale Gericht einen vergleichbaren Sachverhalt auch nochmals vorlegen, wenn dieser bereits entschieden worden ist und von der bisherigen Auslegung des Gerichtshofes abgewichen werden soll oder die Entscheidung keine eindeutige Klarheit gebracht hat.[224] In zeitlicher Hinsicht wirken die Entscheidungen des Gerichtshofes grundsätzlich ex

---

[216] ausführlich zum Verfahrensgegenstand im Bereich des Art. 234 EGV : Wegener, in: Calliess/Ruffert, Art. 234 Rn. 2 ff.

[217] Wiedmann, in: Schwarze, Art. 68 Rn. 2.

[218] Niedermühlbichler, Rn. 296.

[219] Schwarze, in: Schwarze, Art. 234 Rn. 63.

[220] Dauses, in: Dauses, Band 2, P. II Rn. 137.

[221] EuGH, Rs. 29/68, Slg. 1969, 165, Rn. 3 – Deutsche Milchkontor.

[222] EuGH, Rs. 66/80, Slg. 1981, 1191 – International Chemical.

[223] Wegener, in: Calliess/Ruffert, Art. 234 Rn. 32.

[224] Borchardt, in: Lenz, Art. 234 Rn. 51.

tunc.[225] Da dies jedoch teilweise zu erheblichen Problemen bei der Abwicklung der Entscheidungen führt, kann der Gerichtshof in Analogie zu Art. 231 Abs. 2 EGV die Rückwirkung zeitlich begrenzen.[226] Erforderlich ist ein Vertrauenstatbestand, als auch die Gefahr unerwarteter und erheblicher finanzieller Auswirkungen.[227] Außerdem ist es erforderlich, dass die zeitliche Beschränkung in der Entscheidung selbst hervorgehoben wird.[228]

b) Parallelen und Unterschiede

Da sich die Rechtswirkung der Entscheidung im Verfahren nach Art, 68 Abs. 1 EGV nach den Grundsätzen des Vorabentscheidungsverfahrens nach Art. 234 EGV richtet, bestehen keine Unterschiede zwischen beiden Verfahren.

7. Verfahren[229]

Auch hinsichtlich des Verfahrensablaufs trifft Art. 68 Abs. 1 EGV keine eigenständige Regelung. Daher finden die Verfahrensordnung[230] und die Satzung des Gerichtshofes auch im Bereich des Art. 68 Abs. 1 EGV allgemein Anwendung. Durch die Reform des Europäischen Gerichtssystems ist es nach dem Erlass der Sondervorschrift des Art. 68 Abs. 1 EGV, im Bereich der Verfahrensregelungen zu einer umfangreichen Reform gekommen. Diese ist bereits vor dem Vertrag von Nizza eingeleitet worden, um das Problem der langen Verfahrensdauer[231] und der Überlastung der Gemeinschaftsgerichte einzudämmen. Sie gelten sowohl für das modifizierte Vorabentscheidungsverfahren nach Art. 68 Abs. 1 EGV, als auch für das Vorabentscheidungsverfahren nach Art. 234 EGV. Im Einzelnen werden nun die Verfahrensreformen dargestellt.

---

225 Ferrand, RabelsZ 2002, 391 (410); Dauses, in: Dauses, Band 2, P. II Rn. 127.
226 Dauses, in: Dauses, Band 2, P. II Rn. 127; Ferrand, RabelsZ 2002, 391 (410).
227 Wegener, in, Calliess/Ruffert, Art. 234 Rn. 36.
228 EuGH, Rs. 43/75, Slg. 1976, 455 Rn. 69 ff. – Defrenne.
229 Es werden hier nur die Verfahrensfragen erörtert, die sich durch die Änderung der Verfahrensordnung stellen. Ausführlich zum Verfahrensablauf in: Borchardt, in: Lenz, , Art. 234 Rn. 58 ff.
230 ABl. EG L 122/43 ff. v. 16. Mai 2000 sowie letzte Änderung ABl. EG L 119/1 ff. v. 3. April 2001.
231 Die Verfahrensdauer im Vorabentscheidungsverfahren nach Art. 234 EG hat im Jahr 2001 22,7 Monate betragen, Rechtsprechungsstatistiken, Gesamtübersicht über die Tätigkeit des Gerichtshofes im Jahr 2001 unter: www.curia.eu.int/de/instit/presentationfr/rapport/stat/st01cr.pdf, S. 12; Zu den Reformvorschlägen: Die Zukunft des Gerichtssystems der Europäischen Union/Reflexionspapier in: EuGRZ 2000, 101 (103 ff.).

a) Beschlussfassung / vereinfachtes Verfahren

aa) Inhalt

Bereits vor dem Vertrag von Nizza, in der Neufassung der Verfahrensordnung[232] des Gerichtshofes vom 16. Mai 2000[233], besteht die Möglichkeit Vorabentscheidungen anstatt durch Urteil, nach Anhörung der Beteiligten nach Art. 103 § 2 der Verfahrensordnung des Gerichtshofes, durch Beschluss, d.h. ohne mündliche Verhandlung, in einem sog. vereinfachten Verfahren zu entscheiden.[234] Hierzu sieht Art. 104 § 3 der Verfahrensordnung des Gerichtshofes vor, dass zum einen durch Beschluss entschieden werden kann, wenn der Gerichtshof die vorgelegte Frage bereits einmal entschieden hat[235] und zum anderen, wenn die Antwort auf eine Vorlagefrage klar aus der bisherigen Rechtsprechung abgeleitet werden kann oder die Antwort auf die Frage keinen Raum für vernünftige Zweifel lässt.[236] Der Gerichtshof kann in einem solchen Fall nach Art. 104 § 3 der Verfahrensordnung des Gerichtshofes auch in den Gründen pauschal auf seine frühere Rechtsprechung verweisen.[237]

bb) Bewertung

Der Gerichtshof hat im Jahr 2001 und 2002 mehrfach von der Möglichkeit, durch Beschluss zu entscheiden, Gebrauch gemacht. Hinsichtlich der Fallgruppe, dass der Gerichtshof die vorgelegte Frage bereits schon einmal entschieden hat, gibt es zwei Beschlüsse in denen der Gerichtshof im vereinfachten Verfahren entschieden hat. So hat der Gerichtshof in der Rechtssache Monnier u.a.[238] nur fünf Monate nach dem Eingang des Vorabentscheidungsersuchens seine frühere Rechtsprechung bekräftigt und die Rechtssache durch Beschluss entschieden.[239] In anderen Fällen ist das vereinfachte Verfahren bereits genutzt worden, um eine Rechtssache zügig abzuschließen, deren Entscheidung bis zum Abschluss eines Musterverfahrens ausgesetzt worden war. Der Gerichtshof hat

---

232 Zu den Änderungen der VerfO des Gerichtshofes und des Gerichts vgl.: Lenz, EuGRZ 2001, 433 (435 ff.).

233 ABl. EG 2000 L 122, S. 43

234 Hess, RabelsZ 66 (2002), 470 (493).

235 Nach Art. 20 Abs. 5 Satzung des Gerichtshofes i.d.F. des Vertrags von Nizza können Rechtssachen die keine neuen Rechtsfragen aufwerfen ohne Beteiligung des Generalanwalts entschieden werden.

236 Lenz, EuGRZ 2001, 433 (435).

237 Hess, RabelsZ 66 (2002), 470 (493.)

238 Beschluss v. 19. Juni 2001 in der Rs. C-9/01 bis C-12/01, nicht in der amtl. Sammlung veröffentlicht.

239 EuGH, Rs. C-144/99, Slg. 2001, I-3541-Kommission./.Niederlande, in der der Gerichtshof auf die Schlussanträge des Generalanwalts Bezug genommen hat.

in der Rechtssache Hung[240] eine Frage durch Beschluss entschieden, die ihm zwei Jahre zuvor, im April 1999, vorgelegt worden ist. Der Grund für die lange Verfahrensdauer lag darin, dass der Gerichtshof die Entscheidung in der Rechtssache bis zum Abschluss der gleich gelagerten Rechtssache Kaur[241] ausgesetzt hat. Das vorlegende Gericht ist dann über das Urteil im Musterverfahren ordnungsgemäß unterrichtet worden, hat jedoch die vorgelegte Frage nicht zurückgezogen, so dass der Gerichtshof sich veranlasst sah, einen inhaltsgleichen Beschluss zu fassen.
Des Weiteren sind vom Gerichtshof weitere zehn Beschlüsse erlassen worden, in denen er der Auffassung gewesen ist, dass die Antwort auf die vorgelegte Frage klar aus seiner bisherigen Rechtsprechung abgeleitet werden kann.[242] Auch hat der Gerichtshof schon hinsichtlich der Feststellung seiner Unzuständigkeit innerhalb von nur drei Wochen durch Beschluss entschieden.[243] Wie aus der Praxis ersichtlich, macht der Gerichtshof vor allem, wenn er bestätigen möchte, dass eine bereits früher begründete Rechtsprechung gültig bleibt, von der Möglichkeit einen Beschluss zu fassen Gebrauch.[244] Insgesamt führt das vereinfachte Verfahren daher zu einer wesentlichen und sinnvollen Arbeitserleichterung des Gerichtshofes, sowohl im Verfahren des Art. 234 EGV, als auch im Verfahren nach Art. 68 Abs. 1 EGV.[245]

b) beschleunigtes Verfahren

aa) Inhalt

Des Weiteren kann auf Antrag des nationalen vorlegenden Gerichts der Präsident des Gerichtshofes beschließen, dass bei außerordentlicher Dringlichkeit das Vorabentscheidungsersuchen[246] einem beschleunigten Verfahren unterworfen wird, Art. 104 a der Verfahrensordnung des Gerichtshofes.[247] Dem Begriff der

---

240 Beschluss v. 12. Juli 2001 in der Rs. C-256/99, nicht in der amtl. Sammlung veröffentlicht.

241 Urteil v. 20. Februar 2001 in der Rs. C-192/99, Slg. 2001, I-1237 – Kaur.

242 Iglesias, in: Die Tätigkeit des Gerichtshofes im Jahr 2001, 1 (2 f.), unter www.curia.eu.int/de//instit/presentationfr/rapport/pei/cj2001.pdf.

243 EuGH, Beschluss vom 22.03.2002, Rs. C-24/02, noch nicht in der amtlichen Sammlung der Entscheidungen.

244 Beschluss v. 2. Mai 2001 in der Rs. C-307/99, Slg. 2001, I-3159 – OGT Fruchthandelsgesellschaft.

245 Im Jahr 2001 hat der Gerichtshof insgesamt in 41 Vorabentscheidungsersuchen in Form eines Beschlusses entschieden und in 113 Fällen in Form eines Urteils, Rechtsprechungsstatistiken, Gesamtübersicht über die Tätigkeit des Gerichtshofes, www.curia.eu.int/de /instit/presentationfr/rapport/stat/st01cr.pdf, S. 5.

246 (Art. 62 a) VerfO für direkte Klagen.

247 Lenz, EuGRZ 2001 433 (435).

außerordentlichen Dringlichkeit kommt dabei eine entscheidende Bedeutung zu. Da der Begriff gemeinschaftsrechtlicher Natur ist, ist er vom Gerichtshof autonom auszulegen.[248] Der Gerichtshof hat in seiner Rechtsprechung zu dem Begriff der Dringlichkeit im beschleunigten Verfahren noch keine Ausführungen gemacht. Vor dem Hintergrund der Einheit der Gemeinschaftsrechtsordnung erscheint es sinnvoll die „Dringlichkeit" in Anlehnung an den Begriff der Dringlichkeit bei einstweiligen Abordnungen nach Art. 243 EGV zu definieren.
Nach st. Rechtsprechung[249] beurteilt sich die Dringlichkeit bei der einstweiligen Anordnung danach, ob der Antragssteller zur Überzeugung des Gemeinschaftsrichters darlegen kann, dass er des vorläufigen Rechtsschutzes bedarf, weil ihm anderenfalls ein schwerer nicht wieder gutzumachender Schaden droht und er deshalb eine Entscheidung im Verfahren der Hauptsache nicht abwarten kann. Überträgt man diesen Grundsatz auf das beschleunigte Verfahren, liegt außerordentliche Dringlichkeit für ein beschleunigtes Verfahren vor, wenn das antragsstellende Gericht zur Überzeugung des Präsidenten des Gerichtshofes darlegen kann, dass es des beschleunigten Verfahrens bedarf, weil anderenfalls den Parteien im nationalen Rechtsstreit ein schwerer nicht wieder gutzumachender Schaden droht und deshalb eine Entscheidung im normalen Verfahren nicht abgewartet werden kann.
Liegt nach der Auffassung des Präsidenten des Gerichtshofes eine außerordentliche Dringlichkeit vor, wird die Verfahrensdauer beim beschleunigten Verfahren dadurch reduziert, dass eine sofortige Terminierung stattfindet, die Schriftsatzfrist von zwei Monaten auf zwei Wochen reduziert wird und lediglich mündliche Schlussanträge[250] des Generalanwalts vorgesehen sind.[251] Des Weiteren besteht Anwaltszwang nach Art. 104 § 2 der Verfahrensordnung des Gerichtshofes lediglich entsprechend den Bestimmungen des nationalen Prozessrechts.[252] Daneben besteht auch die Möglichkeit nach Art. 62 a der Verfahrensordnung des Gerichtshofes auf die Vorlage eines zweiten Schriftsatzes zu verzichten. Dies erscheint sehr sinnvoll, da sich in den meisten Fällen aus dem zweiten Schriftsatz keine verfahrensrelevanten Neuigkeiten ergeben.[253] Nach einer Erklärung Nr. 15[254] zum Vertrag von Nizza, soll ein solches beschleunigtes Verfahren prinzipiell auch im Verfahren möglich sein, in dem der Gerichtshof künftig Vorabentscheidungen des Gerichts überprüft.[255]

---

248 Streinz/Leible, EWS 2001, 1 (9).
249 vgl. EuGH, Rs. 152/88, Slg. 1988, 2931 Rn. 26-Sofrimport; EuGEI, T-168/95 R, Slg, II-2817 Rn. 33-Eridania u.a./Rat.
250 Art. 62a § 4 VerfO
251 Lenz, EuGRZ 2001, 433 (435).
252 Wegener, in: Calliess/Ruffert, Art. 234 Rn. 29.
253 Lenz, EuGRZ 2001, 433 (439).
254 Erklärung Nr. 15 zu Art. 225 Abs. 3 des Vertrags zur Gründung der Europäischen Gemeinschaft, ABl. Nr. C 80 vom 10.3.2001, S. 80.
255 Kamann, ZEuS 2001, 627 (643).

bb) Bewertung

Erstmals hat der Gerichtshof vom beschleunigten Verfahren in der Rechtssache Jippes u.a.[256] Gebrauch gemacht. Der Gerichtshof, der in dieser Rechtssache am 27. April 2001 vom vorlegenden niederländischen Gericht angerufen worden ist, konnte die vorgelegte Frage bereits am 12. Juli 2001 beantworten. In allen anderen fünf Vorabentscheidungsersuchen und zwei Rechtsmittelverfahren, bei denen das beschleunigte Verfahren beantragt worden ist, sind die Anträge zurückgewiesen worden.[257] Für eine dauerhafte erhebliche Verkürzung der Verfahrensdauer durch das beschleunigte Verfahren wird vor allem nötig sein, dass auch innerhalb des Gerichtshofes den Rechtssachen die einem beschleunigten Verfahren unterworfen werden Vorrang eingeräumt wird, in dem es z.B. zu einer schnellen Übersetzung kommt und Beratungen vorrangig terminiert werden.[258] Wann im konkreten Fall eine „Dringlichkeit" gegeben ist, hat der Gerichtshof im Einzelfall zu entscheiden. Dabei ist zu beachten, dass der Gerichtshof die Dringlichkeit restriktiv auslegen sollte, um so die Entscheidung der anderen Rechtssachen nicht zu beeinträchtigen, welche bei einer zu hohen Anzahl von beschleunigten Verfahren noch weiter verlangsamt werden könnten.[259] Nicht jede Vorlage in einem mitgliedsstaatlichen Verfahren des einstweiligen Rechtsschutzes wird daher das gemeinschaftsrechtliche Kriterium der außerordentlichen Dringlichkeit erfüllen.[260]
Für das Gericht lässt sich für das Jahr 2001 feststellen, dass insgesamt 12 Anträge auf eine Entscheidung im beschleunigten Verfahren gestellt, jedoch insgesamt nur zwei Anträgen stattgegeben worden ist.[261] Einen Erlass eines Beschlusses des Gerichtshofes bzgl. eines Urteils des Gerichts erster Instanz, hat es bis dato noch nicht gegeben. Ob diese Möglichkeit also helfen wird, Verzögerungen des Verfahrens zu vermeiden, kann bezweifelt werden. Diese Skepsis folgt aus dem Umstand, dass es sich bei der Überprüfung der Entscheidungen des Gerichts erster Instanz in der Regel um Fälle handeln wird, die eine prinzipielle Bedeutung haben, weil sie die Kohärenz und Einheit des Gemeinschaftsrechts betreffen.[262] Daher werden eine genaue Analyse der rechtlichen Voraussetzungen der Entscheidung und eine genaue Abschätzung ihrer Folgen nötig sein.

256 EuGH in der RS. C – 189/01, Slg. 2001, I-5689 – Jippes u.a.
257 Iglesias, Die Tätigkeit des Gerichtshofes im Jahr 2001, www.curia.eu.int.de/instit /presentationfr/rapport/pei/cj2001.pdf, 1 (3).
258 Lenz, EuGRZ 2001, 433 (438).
259 Iglesias, Die Tätigkeit des Gerichtshofes im Jahr 2001,www.curia.eu.int/de /instit/presentationfr/rapport/pei/cj2001.pdf, 1 (3).
260 Streinz/Leible, EWS 2001, 1 (9).
261 Vesterdorf, Die Tätigkeit des Gerichts im Jahr 2001, www.curia.eu.int/de/instit /presentationfr/rapport/pei/tp2001.pdf, 1 (1).
262 Hatje, EuR 2001, 143 (167).

Eilverfahren werden dem oftmals nicht genügen.[263] Eine Verfahrensverzögerung wird sich daher in diesen Fällen kaum vermeiden lassen. Dies ist jedoch hinzunehmen, wenn man bedenkt, dass durch eine Kompetenzverlagerung auf das Gericht der Gerichtshof teilweise von der Auseinandersetzung mit Vorlagen aus Spezialgebieten verschont bleiben wird.[264]
Alles in allem bietet sich die Anwendung des beschleunigten Verfahrens auf die teilweise sensiblen Bereiche des Titels IV EGV und der dritten Säule an.[265] Gerade im Hinblick auf modifizierte Vorabentscheidungsverfahren nach Art. 68 Abs. 1 EGV erscheint das beschleunigte Verfahren als überaus sinnvoll. Wegen der Eigenart der in Titel IV EGV geregelten Bereiche ist oftmals eine besonders schnelle Bearbeitung nötig, um Nachteile der einzelnen Parteien zu vermeiden. Besonders bei der Anerkennung und Vollstreckung von Entscheidungen in Statussachen ist eine Verfahrensdauer von bis zu drei Jahren[266] schlicht unakzeptabel und kaum mit Art. 6 EMRK zu vereinbaren.[267] Darüber hinaus dürfte das beschleunigte Verfahren die Vorlagebereitschaft in Dringlichkeitsfällen erhöhen[268] und daher zu einer einheitlichen Auslegung des Gemeinschaftsrechts beitragen.

c) mündliche Verhandlung / Anweisungen und Auskünfte

aa) Inhalt

Grundsätzlich umfasst das Verfahren vor dem Gerichtshof neben einem schriftlichen Teil auch eine mündliche Verhandlung.[269] Hiervon kann jedoch gemäß Art. 44a und Art. 104 § 4 der Verfahrensordnung des Gerichtshofes abgesehen werden, wenn keiner der Beteiligten einen Antrag stellt, in dem die Gründe aufgeführt worden sind, aus denen sich ergibt, warum er gehört werden möchte. Der Antrag muss innerhalb eines Monats nach der Mitteilung an die Partei, dass das schriftliche Verfahren abgeschlossen ist, gestellt werden.[270] Des Weiteren kann der Gerichtshof den Beteiligten auch praktische Anweisungen, insbesondere zur Vorbereitung und zum Ablauf der Sitzungen, sowie zur Einreichung von Schriftsätzen oder schriftlichen Erklärungen erteilen, Art. 125 a der Verfahrensordnung des Gerichtshofes und nach Art. 104 § 5 der Verfahrensordnung des

263 Hatje, EuR 2001, 143 (167).
264 Hatje, EuR 2001, 143 (167).
265 Die Zukunft des Gerichtssystems der Europäischen Union / Reflexionspapier, EuGRZ 2000, 101 (103).
266 Vgl. EuGH, Rs. C-391/95, Slg. 1998, I-7091-van Uden/Deco-Line; EuGH, Rs. C-99/96, Slg. 1999, I-2277-Mietz/Intership Yachting.
267 Streiz/Leible, EWS 2001, 1 (9).
268 Streiz/Leible, EWS 2001, 1 (11).
269 Lenz, EuGRZ 2001, 433 (436).
270 Art. 44a der Verfahrensordnung des Gerichtshofes.

Gerichtshofes das vorlegende Gericht um Klarstellung ersuchen.[271] Darüber hinaus hat der Berichterstatter und/oder der Generalanwalt die Möglichkeit die Parteien aufzufordern, alle von ihnen für relevant gehaltenen Auskünfte zum Sachverhalt, Schriftstücke oder sonstige Angaben zum Sachverhalt zu übermitteln.[272]

bb) Bewertung

Diese Neuerungen haben ihren Ursprung im Bestreben das Verfahren zu beschleunigen. Der Gerichtshof hat im Jahr 2001 regelmäßig von Art. 104 § 5 VerfO Gebrauch gemacht und das vorlegende Gericht um Klarstellung ersucht.[273] Ein solches Ersuchen ist auf den ersten Blick kontraproduktiv im Hinblick auf die Verkürzung der Verfahrensdauer. Es ermöglicht dem Gerichtshof aber auch ein korrektes Verständnis der in den Verfahren aufgeworfenen Rechtsprobleme und kann daher zu einer schnelleren und dem Einzelfall entsprechenden genaueren Lösung beitragen.[274] Durch die Möglichkeit der Anweisung und Auskunftserteilung wird das Verfahren insgesamt deutlich effizienter ausgestaltet und besser an die Umstände jedes Einzelfalls angepasst.[275]
Das Absehen von einer mündlichen Verhandlung erscheint im Zuge dessen, dass die Parteien entscheiden können, ob sie mit oder ohne mündliche Verhandlung das Verfahren abschließen möchten grundsätzlich als äußerst sinnvoll. Dabei ist jedoch zu beachten, dass dieser Fall grundsätzlich nur eintreten wird, wenn beide Parteien die gleiche Erklärung abgegeben haben, denn eine Erwiderung auf den Schriftsatz der anderen Partei ist im Vorabentscheidungsverfahren gerade nicht vorgesehen. Es fehlt an einem kontradiktorischen Verfahren[276], so dass der Wegfall der mündlichen Verhandlung in der Praxis eher die absolute Ausnahme sein wird. Im übrigen führt diese Neuregelung zu einer Aufwertung der mündlichen Verhandlung, denn durch die Pflicht zur Beantragung der mündlichen Verhandlung werden die beteiligten Parteien sich genauer auf die mündliche Verhandlung vorbereiten und sich mit dem auseinandersetzen, was sie in der Sitzung vortragen möchten.[277]

---

271 Lenz, EuGRZ 2001, 433 (435 f.).

272 Art. 54a der Verfahrensordnung des Gerichtshofes.

273 Iglesias, Die Tätigkeit des Gerichtshofes im Jahr 2001, www.curia.eu.int/de/instit /presentationfr/rapport/pei/cj2001.pdf, 1 (3).

274 Iglesias Die Tätigkeit des Gerichtshofes im Jahr 2001, www.curia.eu.int/de/instit /presentationfr/rapport/pei/cj2001.pdf, 1 (3).

275 Die Zukunft des Gerichtssystems der Europäischen Union / Reflexionspapier, EuGRZ 2001, 101 (104).

276 Niedermühlbichler, Rn. 394 ff.

277 Die Zukunft des Gerichtssystems der Europäischen Union / Reflexionspapier, EuGRZ 2001, 101 (104).

d) moderne Kommunikationsmittel und Entfernungsfristen

aa) Inhalt

Nach der Änderung der Verfahrensordnung des Gerichtshofes können Schriftstücke mit fristwahrender Wirkung durch Zusendung einer Kopie der unterzeichneten Urschrift mittels Fernkopie oder im Anhang zu einer E-Mail eingereicht werden, sofern die Urschrift spätestens 10 Tage danach bei der Kanzlei eingeht.[278] Sollte sich der Anwalt oder Bevollmächtigte damit einverstanden erklären, so bewirkt auch der Kanzler die Zustellung per Fernkopie oder per E-Mail.[279]

bb) Bewertung

Damit sind die Handlungsmöglichkeiten bzgl. der Fristwahrung oder des Dokumentenaustausch den modernen und gängigen Kommunikationsformen in Europa angepasst worden. Im Übrigen gilt eine pauschale Entfernungsfrist von zehn Tagen und bedingt daher eine allgemeine Verlängerung der Frist.[280]

e) Generalanwalt

aa) Inhalt

Eine besondere Bedeutung im Verfahren kommt den Generalanwälten zu. Vor der Änderung der Verfahrensordnung des Gerichtshofes ist die Teilnahme eines Generalanwalts an der mündlichen Verhandlung zwingend vorgeschrieben gewesen.[281] Der Generalanwalt hat als Teil der Verhandlung seine Schlussanträge in öffentlicher Sitzung gehalten und einen unverbindlichen Entscheidungsvorschlag gestellt.[282]
Nach der Reform von Nizza ist der Schlussantrag des Generalanwalts nicht mehr zwingend, Art. 222 Abs. 2 EGV. Die Generalanwälte haben nach Art. 222 Abs. 2 EGV nur noch dann Schlussanträge zu stellen, in denen nach der Satzung des Gerichtshofes ihre Mitwirkung erforderlich ist.[283] Zwar gehört nach Art. 20 Abs. 4 der Satzung des Gerichtshofes die Verlesung der Schlussanträge immer noch zum regelmäßigen Bestandteil der mündlichen Verhandlung, wovon Art. 20 Abs. 5 Satzung des Gerichtshofes aber Ausnahmen vorsieht. Demnach kann

278 Art. 37 § 6 der Verfahrensordnung des Gerichtshofes.
279 Art. 38 § 2 und Art. 79 § 2 der Verfahrensordnung des Gerichtshofes.
280 Für Deutschland vorher 6 Tage.
281 Kamann, ZEuS 2001, 627 (645 f.).
282 Kamann, ZEuS 2001, 627 (645 f.).
283 Wegener, in: Calliess/Ruffert, Art. 222 Rn. 3.

der Gerichtshof nach Anhörung des Generalanwalts die Mitwirkung des Generalanwalts ausschließen, wenn die Rechtssache nach Auffassung des Generalanwalts keine neuen Rechtsfragen aufwirft.[284]
Des Weiteren hat der erste Generalanwalt durch den Vertrag von Nizza eine Aufwertung erfahren. So ist der erste Generalanwalt allein dazu befugt worden, eine Überprüfung eines im Rechtsmittel- oder Vorabentscheidungsverfahren ergangenes Urteil des Gericht durch den Gerichtshof zu beantragen, Art. 62 Abs. 1 Satzung des Gerichtshofes.[285]

bb) Bewertung

Nach den neuen Regelungen bleiben die Schlussanträge des Generalanwalts zwar die Regel, sind aber nicht mehr zwingend vorgeschrieben. Durch die Möglichkeit der Beantragung nach Art. 62 Abs. 1 Satzung des Gerichtshofes wacht der Generalanwalt ständig über die Rechtsprechung des Gericht und sichert die Rechtseinheit und Geschlossenheit des Gemeinschaftsrechts. [286] Der Schlussantrag des Generalanwalts ist vor allem früher, als der Gerichtshof seine Entscheidungen noch nicht so ausführlich wie heute begründet hat, unentbehrlich für das Verständnis, aber auch die Fortbildung des Gemeinschaftsrechts gewesen.[287] Diese Funktion ist auch nicht durch die Neuregelung wesentlich verändert worden. Lediglich in Fällen, in denen die Rechtssache keine neuen Rechtsfragen aufwirft, ist ein Absehen vom Schlussantrag möglich.
Dies erscheint auch durchaus sinnvoll, da in solchen Rechtssachen auch durch den Generalanwalt keine neuen Impulse und Sichtweisen zum in Frage stehenden Gemeinschaftsrecht zu erwarten sind. In diesen Fällen führt ein Schlussantrag des Generalanwalts in einem gesonderten mündlichen Termin nur zur unnötigen Verfahrensverlängerung und damit auch Arbeitsbelastung des Gerichtshofes durch administrative Aufgaben.[288] In allen übrigen Rechtssachen wird es auch nach der Änderung bei einem zwingenden Schlussvortrag des Generalanwalts bleiben, so dass sie auch weiterhin eine wichtige Grundlage für die Fortbildung und das Verständnis des Gemeinschaftsrechts darstellen werden. [289]

---

284 Wegener, in: Calliess/Ruffert, Art. 222 Rn. 3.
285 Wegener, in: Calliess/Ruffert, Art. 222 Rn. 3.
286 Kamann, ZEuS 2001, 627 (646).
287 Lenz, EuGRZ 2001, 433 (439).
288 Bericht der Reflexionsgruppe über die Zukunft des Gerichtssystems der Europäischen Gemeinschaften / Due-Report, EuGRZ 2001, 523 (533).
289 Kamann, ZEuS 2001, 627 (645).

8. Abgrenzung zwischen dem Verfahren nach Art. 68 Abs. 1 EGV und Art. 234 EGV

Die Kompetenz der Gemeinschaft Rechtsakte im Bereich des Internationalen Privat- und Verfahrensrechts zu erlassen ergeben sich nicht nur aus Art. 65 EGV, sondern auch aus der allgemeinen Binnenmarktkompetenz nach Art. 94 f. EGV, sowie der Zuständigkeit im Verbraucherschutz nach Art. 153 EGV.[290] In der Literatur wird daher teilweise, auf Grund der Beschränkung des Verfahrens nach Art. 68 Abs. 1 EGV, vorgeschlagen, Rechtsakte im Bereich des Internationalen Privat- und Verfahrensrechts so oft wie möglich auf Art. 94 f. EGV zu stützen, damit den Prozessparteien der Zugang zum Gerichtshof über Art. 234 EGV offen gehalten wird.[291]

Dies ist aber grundlegend abzulehnen, denn zum einen besteht mit Art. 65 EGV eine Sondervorschrift für den Bereich der justiziellen Zusammenarbeit in Zivilsachen und zum anderen würde dies eine Abgrenzung zwischen Art. 234 EGV und Art. 68 EGV nur unnötig verstärken.[292] Trotzdem gibt es immer wieder Rechtsakte, die auf verschiedene Rechtsgrundlagen gestützt werden können und eine Abgrenzung hierbei Schwierigkeiten bereitet.[293] Als Abgrenzungskriterium wird allgemein auf den Schwerpunkt und das Ziel der Maßnahme abgestellt.[294] Detaillierte Rechtsakte, die im Schwerpunkt das grenzüberschreitende Zivilprozessrecht im europäischen Justizraum betreffen, werden auf Art. 65 EGV gestützt, so dass bzgl. des Rechtsschutzes Art. 68 EGV gilt.[295] Rechtsakte die dagegen lediglich Mindestharmonisierungen im Binnenmarkt statuieren, ohne konkrete Vorgaben zur Verfahrensausgestaltung zu enthalten, können auf der Grundlage des Art. 95 EGV ergehen, so dass Rechtsschutz nach Art. 234 EGV möglich ist.[296]

Eine eindeutige Abgrenzung zwischen Art. 65 EGV und Art. 153 EGV ist dagegen schwierig. Auf Grund der Querschnittsklausel des Art. 153 Abs. 2 EGV ist aber davon auszugehen, dass der Verbraucherschutz in Art. 65 EGV bereits zu beachten ist und Art. 153 EGV daher gegenüber Art. 65 EGV subsidiär ist.[297] Die gleichen Abgrenzungsschwierigkeiten ergeben sich auch, wenn Maßnahmen

---

290 Heß, JZ 2001, 573 (574).

291 Basedow, ZEuP 2001, 437 (437 ff.), der Art. 65 EGV lediglich als Ergänzung der Binnenmarktkompetenz mit klarstellender Funktion sieht.

292 Hess, RabelsZ 66 (2002), Heft 2-3, 470 (490).

293 Hess, RabelsZ 66 (2002), Heft 2-3, 470 (490 f.); Heß, JZ 2001, 573 (574 ff.).

294 Classen, EuR 1999, Beiheft 1, 73 (80); Heß, JZ 2001, 573 (574); vgl. auch EuGH, Rs. C-300/89, Slg. 1991, I-2898 ff.- Kommission/Rat; EuGH, Rs. C-70/89, Slg. 1991, I-4566 f.-Parlament/Rat; EuGH, Rs. C-187/93, Slg. 1994, I-2882-Parlament/Rat.

295 Heß, JZ 2001, 573 (574).

296 Art. 5 RiL. 2000/35/EG vom 26.6.2000 zur Bekämpfung des Zahlungsverzugs im Handelsverkehr, ABl. EG L 2000, S. 35 ff.

297 Heß, JZ 2001, 573 (575).

nach Art. 62 Nr. 1 EGV, für die der Gerichtshof nach Art. 68 Abs. 2 EGV nicht zuständig ist, mit anderen Maßnahmen verbunden werden, sowie wenn Vorlagen von unterinstanzlichen Gerichten im Rahmen des Art. 14 EGV auftreten.[298] Insgesamt lässt sich daher festhalten, dass sich die Trennung zwischen dem Titel IV EGV und dem restlichen Gemeinschaftsrecht teilweise nicht eindeutig gezogen werden kann. Es erscheint daher nicht ausgeschlossen, dass der Gerichtshof sich in einem Verfahren nach Art. 234 EGV auch mit dem Titel IV EGV und den auf diesen Titel gestützten Maßnahmen beschäftigen muss, obwohl das Vorlageersuchen von einem unterinstanzlichen Gericht stammt.[299]

II. Das abstraktes Auslegungsverfahren[300] nach Art. 68 Abs. 3 EGV

1. Inhalt

Art. 68 Abs. 3 EGV hat folgende Formulierung:

„Der Rat, die Kommission oder ein Mitgliedsstaat können dem Gerichtshof eine Frage der Auslegung dieses Titels oder von auf diesen Titel gestützten Rechtsakten der Organe der Gemeinschaft zur Entscheidung vorlegen. Die Entscheidung, die der Gerichtshof auf dieses Ersuchen hin fällt, gilt nicht für Urteile von Gerichten der Mitgliedstaaten, die rechtskräftig geworden sind.“

Durch Art. 68 Abs. 3 EGV ist eine neue Verfahrensart in das Gemeinschaftsrecht eingeführt worden, die ihr Vorbild in der sog. Divergenzvorlage nach Art. 4 des Auslegungsprotokolls zum EuGVÜ hat.[301] Im Verfahren nach Art. 68 Abs. 3 EGV besteht die Möglichkeit, Fragen der Auslegung der Bestimmungen des Titels IV EGV oder der darauf gestützten Sekundärrechtsakte durch den Gerichtshof abstrakt, d.h. ohne einen Bezug zu einem konkreten Rechtsstreit, klären zu lassen.[302] Damit unterscheidet sich das abstrakte Auslegungsverfahren nach Art. 68 Abs. 3 EGV wesentlich vom konkret ausgestalteten Streitbeilegungsverfahren nach Art. 35 Abs. 7 EUV.[303] Das abstrakte Auslegungsverfahren dient dem Bedürfnis einer einheitlichen Auslegung und der schnellen Klärung

298 Ludwig, S. 174.
299 Ludwig, S. 173 f.
300 Für das Verfahren nach Art. 68 Abs. 3 EGV werden in der Literatur verschiedene Formulierungen gebraucht: Gutachterverfahren, neuartiges Vorlageverfahren, spezielles Vorlageverfahren, Vorlageverfahren, abstraktes Vorlageverfahren.
301 Dieses ermöglicht für den Fall, dass eine Entscheidung eines nationalen Gerichts der Auslegung des EuGVÜ durch den Gerichtshof oder durch ein Gericht eines Mitgliedsstaats widerspricht, eine Stellungnahme des Gerichtshofes einzuholen, Wiedmann, in: Schwarze, Art. 68 Rn. 7.
302 Knapp, DÖV 2001, 12 (15).
303 Classen, EuR 1999, Beiheft 1, 73 (84).

von Rechtsfragen hinsichtlich der Bestimmungen des Titels IV EGV.[304] Es enthält eine Mischung aus verschiedenen Elementen der allgemeinen Verfahren nach Art. 220 ff. EGV.[305] Hervorzuheben sind besonders die Ähnlichkeit in Teilbereichen mit der Nichtigkeitsklage nach Art. 230 EGV, dem Gutachtenverfahren nach Art. 300 Abs. 6 EGV und dem Vorabentscheidungsverfahren nach Art. 234 EGV.
Das Verfahren nach Art. 68 Abs. 3 EGV hat zwei wesentliche Funktionen. Zum einen dient es zur Klärung von Auslegungsstreitigkeiten[306] und zum anderen als Kompensation der Beschränkung des Art. 68 Abs. 1 EGV[307], so dass es dem allgemeinen Bedürfnis nach einheitlicher Auslegung und frühzeitiger Rechtsklarheit Rechnung tragen soll.[308]

2. zuständiges Gericht

Im Bezug auf das zuständige Gericht innerhalb des abstrakten Auslegungsverfahrens nach Art. 68 Abs. 3 EGV heißt es, „....können dem Gerichtshof eine Frage....vorlegen." Daraus folgt, dass grundsätzlich der Gerichtshof zuständig ist.
Wie bereits beim modifizierten Vorabentscheidungsverfahren ausgeführt,[309] besteht seit dem Vertrag von Nizza faktisch die Möglichkeit, dass das Gericht nach Art. 225 Abs. 3 EGV i.V.m. der Satzung des Gerichtshofes auch für andere Verfahren erstinstanzlich zuständig sein kann, wenn die Satzung des Gerichtshofes dies vorsieht.[310] Daneben ist auch eine Übertragung auf die zu errichtenden gerichtlichen Kammern nach Art. 225 a EGV möglich. Auf Grund der fehlenden Verfahrensregelungen in Art. 68 EGV, finden die allgemeinen Vorschriften über das Verfahren und die Aufteilung der sachlichen Zuständigkeit zwischen dem Gerichtshof und dem Gericht auch auf das abstrakte Auslegungsverfahren nach Art. 68 Abs. 3 EGV Anwendung. Da bis zum jetzigen Zeitpunkt noch keine Zuständigkeitsübertragung im Verfahren des Art. 68 Abs. 3 EGV getroffen worden ist, bleibt es aber derzeit nur bei der Möglichkeit, dass auch das Gericht oder die gerichtlichen Kammern im Verfahren nach Art. 68 Abs. 3 EGV zuständig sein können. Somit ist der Gerichtshof im abstrakten Auslegungsverfahren nach Art. 68 Abs. 3 EGV zuständig.

304 Hailbronner, in: Hummer, S. 192.
305 Röben, in: Grabitz/Hilf, Band I, Art. 68 Rn. 15.
306 Thun-Hohenstein, S. 40
307 Hailbronner, CML Rev. 1998, 1047 (1055).
308 Röben, in: Grabitz/Hilf, Band I, Art. 68 Rn. 15.
309 Vgl. o unter Teil III, C, I, 2.
310 Ausführlich zu den Änderungen vgl. o. unter Teil III, C., I., 2.

3. Vorlageberechtigung

Im abstrakten Auslegungsverfahren nach Art. 68 Abs. 3 EGV sind dem Wortlaut entsprechend entweder der Rat, die Kommission oder ein Mitgliedsstaat vorlageberechtigt.[311] Eine Vorlageberechtigung besteht somit, anders als bei der Divergenzvorlage nach Art. 4 des Auslegungsprotokolls zum EuGVÜ[312], nicht nur für die einzelnen Mitgliedstaaten, sondern auch für den Rat und die Kommission. Die Frage wer innerhalb eines Mitgliedsstaates zur Vorlage an den Gerichtshof berechtigt ist, wird in Art. 68 abs. 3 EGV nicht ausdrücklich geregelt. Die Beantwortung der Frage ist nicht dem nationalen Recht vorbehalten, sondern durch eine gemeinschaftskonforme Auslegung zu lösen. [313] Der Gerichtshof praktiziert bereits über mehrere Jahrzehnte eine eigene gemeinschaftliche Interpretation, die an die allgemein bekannten Auslegungsarten[314] anknüpft und diese in einer gemeinschaftsrechtlich spezifischen Weise gewichtet.[315] Nach dem Sinn und Zweck des Art. 68 Abs. 3 EGV sind unter den vorlageberechtigten Mitgliedstaaten nur die Legislativ- und Exekutivorgane, aber nicht die Judikative der Mitgliedstaaten gemeint.[316] Dies folgt aus einem Vergleich zu Art. 68 Abs. 1 EGV. Dort sind nur die letztinstanzlichen Gerichte zur Vorlage berechtigt. Würde man unter dem Begriff des Mitgliedsstaates in Art. 68 Abs. 3 EGV auch die Gerichte der Mitgliedstaaten verstehen und zur Vorlage berechtigen, hätte dies eine Umgehung der strengen Vorschrift des Art. 68 Abs. 1 EGV zur Folge.[317] Bei der Schaffung des Art. 68 EGV ist sehr großer Wert darauf gelegt worden, dass nur letztinstanzliche Gerichte zur Vorlage befugt sind. Die gemeinschaftsrechtskonforme Auslegung des Art. 68 Abs. 3 EGV kann daher nur zu dem Ergebnis führen, dass ausschließlich Legislativ- und Exekutivorgane im abstrakten Auslegungsverfahren zur Vorlage berechtigt sind.[318]

a) Das Problem im Hinblick auf das Europäische Parlament

Fraglich ist, ob auch das Europäische Parlament nach Art. 68 Abs. 3 EGV zur Vorlage berechtigt ist, obwohl es in Art. 68 Abs. 3 EGV nicht ausdrücklich erwähnt worden ist.[319]

---

311 Bardenhewer ,in: Lenz, Art. 68 Rn. 7.

312 Wiedmann, in: Schwarze, EU-Kommentar, Art. 68 Rn. 7.

313 a.A. Classen, EuR 1999, Beiheft 1, 73 (77).

314 Diese sind u.a. die wörtliche, systematische, historische und die Sinnauslegung.

315 Oppermann, Rn. 681.

316 Röben, in: Grabitz/Hilf, Band I, Art. 68 Rn. 17.

317 Classen, EuR 1999, Beiheft 1, 73 (77).

318 Bardenhewer ,in: Lenz, Art. 68 Rn. 8.

319 Vgl. zum Rechtsstreit auch Ludwig, S. 179 f.

aa) Änderungen für das Europäische Parlament durch den Vertrag von Nizza

Zur Lösung dieses Problems sind vorab die Änderungen durch den Vertrag von Nizza darzustellen. Danach hat das Europäische Parlament hinsichtlich seiner Organstellung und Klagebefugnis in einzelnen Verfahren eine Aufwertung und grundsätzliche Änderung erfahren.[320]
Durch den Vertrag von Nizza ist das Europäische Parlament im Gutachtenverfahren nach Art. 300 Abs. VI EGV in den Kreis der Antragsberechtigten aufgenommen worden, so dass neben der Kommission und dem Rat auch das Europäische Parlament ein Gutachten über die Vereinbarkeit eines internationalen Abkommens mit dem EG-Vertrag beim Gerichtshof einholen kann.[321] Darüber hinaus ist das Europäische Parlament auch innerhalb der Nichtigkeitsklage nach Art. 230 Abs. 2 EGV in den Kreis der privilegierten Klageberechtigten aufgenommen worden, so dass es in diesen Bereichen nicht mehr die Verletzung eigener Rechte geltend machen muss.[322] Nach jahrzehntelangem Ringen um eine Angleichung im Rechtsschutzsystem der Gemeinschaft an die anderen Gemeinschaftsorgane, hat das Europäische Parlament nun durch den Vertrag von Nizza dieses Ziel erreicht.[323] Dadurch ist der Forderung des Europäischen Parlaments nach Gleichstellung mit den anderen Gemeinschaftsorganen entsprochen und der politische und rechtliche Handlungsspielraum erheblich erweitert worden.[324]
Die Verschiebung der „Gewaltenbalance“ innerhalb der EU in Richtung des Europäischen Parlaments, ist somit auch auf der Rechtsschutzebene anerkannt und vollzogen worden.[325]

bb) Lösung

Ausgehend vom Wortlaut des Art. 68 Abs. 3 EGV sind nur der Rat, die Kommission und die Mitgliedstaaten in diesem Verfahren Vorlageberechtigt, so dass aus der Nichterwähnung des Europäischen Parlaments geschlossen werden kann, dass das Europäische Parlament keine Vorlageberechtigung hat. [326] Das gleiche ergibt sich auch aus Art. 109a § 1 der Verfahrensordnung des Gerichtshofes. Auch dort ist nur die Zustellung eines Auslegungsersuchens des Rates,

---

320 Hatje, EuR 2001, 143 (176).
321 Pache/Schorkopf, NJW 2001, 1377 (1379).
322 Cremer, in: Calliess/Ruffert, Art. 230 Rn. 19.
323 Hatje, EuR 2001, 143 (176).
324 Fischer, S. 145.
325 Hatje, EuR 2001, 143 (176).
326 Heß, NJW 2000, 23 (29); Knapp, DÖV 2001, 12 (15); Ludwig, S. 179; Brechmann, in: Calliess/Ruffert, Art. 68 Rn. 8; Classen, EuR 1999, Beiheft 1, 73 (77); Hailbronner/Thiery, EuR 1998, 583 (596).

der Kommission und eines Mitgliedsstaats geregelt und das Europäische Parlament nicht aufgeführt. Dem kann auch nicht entgegengehalten werden, dass das Europäische Parlament bei der Verletzung eigener Rechte auf Grund des verfassungsrechtlichen Demokratieprinzips zur Vorlage befugt sein muss. [327] Zwar besteht beim Erlass von Maßnahmen nach Titel IV EGV eine Anhörungspflicht des Europäischen Parlaments nach Art. 67 Abs. 1 EGV. [328] Das abstrakte Auslegungsverfahren nach Art. 68 Abs. 3 EGV dient aber gerade nicht dem Rechtsschutz, sondern stellt ein objektives Verfahren dar.[329] Dies ist auch der Unterschied zum Verfahren nach Art. 230 Abs. 3 EGV a.F.. Danach konnte das Europäische Parlament nur wegen der Verletzung eigener Rechte klagen und eine solche Klage nur die Gültigkeit, aber niemals die Auslegung eines Rechtsaktes betreffen.[330] Aus diesem Grund kommt auch eine Übertragung der Entscheidung in der Rechtssache Tschernobyl I des Gerichtshofes hinsichtlich der Klagebefugnis des Europäischen Parlaments im Verfahren nach Art. 173 EWG-Vertrag nicht in Betracht.[331]

Des Weiteren ist zu beachten, dass mit Art. 230 EGV ausreichend Rechtsschutz für das Europäische Parlament besteht, um eine Verletzung des Mitwirkungsrechts nach Art. 67 Abs. 1 EGV geltend zu machen, denn Art. 230 EGV findet auch im Bereich des Titels IV EGV Anwendung.[332] Des Weiteren kann auch die Aufwertung des Europäischen Parlaments durch den Vertrag von Nizza zu keinem anderen Ergebnis führen. Diese Änderungen beziehen sich nur auf das Verfahren nach Art. 300 Abs. 6 EGV und die Nichtigkeitsklage nach Art. 230 Abs. 2 EGV. Weitere Änderungen sind hingegen nicht vorgenommen worden, so dass auch dies dafür spricht, dass eine Vorlagebefugnis des Europäischen Parlaments im Verfahren nach Art. 68 Abs. 3 EGV gerade nicht gewollt gewesen ist. Außerdem darf nicht vergessen werden, dass Art. 68 EGV als Übergangsregelung ausformuliert und eine Angleichung an die allgemeinen Vorschriften seit 1. Mai 2004 möglich ist. Vor diesem Hintergrund sollte die Übergangsregelung nicht verändert werden und als Erfahrungswert unangetastet bleiben.

cc) Ergebnis

Somit hat das Europäische Parlament im abstrakten Auslegungsverfahren keine Vorlageberechtigung.

---

327 Röben, in: Grabitz/Hilf, Band I, Art. 68 Rn. 17.
328 Röben, in: Grabitz/Hilf, Band I, Art. 68 Rn. 17.
329 Ludwig, S. 179.
330 Ludwig, S. 179.
331 Vgl. EuGH, Rs. C-70/88, Slg. 1990, I-2041 Rn. 24 f. – Tschernobyl I.
332 Vgl. Röben, in: Grabitz/Hilf, Band I, Art. 68 Rn. 19.

b) Ergebnis

Im abstrakten Auslegungsverfahren nach Art. 68 Abs. 3 EGV besteht eine Vorlageberechtigung ausschließlich für den Rat, die Kommission und die Mitgliedstaaten.

4. Auslegungsgegenstand

Nach Art. 68 Abs. 3 EGV kann Gegenstand des abstrakten Auslegungsverfahrens, „eine Frage der Auslegung dieses Titels oder von auf diesen Titel gestützten Rechtsakten der Organe der Gemeinschaft…“ sein.
Dem Gerichtshof können daher nur Fragen der Auslegung des Primärrechts des Titels IV EGV sowie der auf Titel IV EGV beruhenden sekundären Rechtsakte vorgelegt werden.[333] Über die Frage der Gültigkeit eines Rechtsakts kann der Gerichtshof daher nicht entscheiden.[334] Hierfür steht vielmehr das Verfahren nach Art. 230 EGV zur Verfügung.[335] Da es sich um ein abstraktes Verfahren handelt, entscheidet der Gerichtshof nur über abstrakte und nicht in einem konkreten Rechtsstreit auftretenden Fragen.[336] Somit können Auslegungsgegenstand des abstrakten Auslegungsverfahrens nach Art. 68 Abs. 3 EGV Fragen der Auslegung des Titels IV EGV oder von auf diesen Titel gestützten Rechtsakte der Organe sein.

5. Verfahren

Genau wie das modifizierte Vorabentscheidungsverfahren nach Art. 68 Abs. 1 EGV enthält auch das abstrakte Auslegungsverfahren nach Art. 68 Abs. 3 EGV keine Regelungen hinsichtlich des Verfahrensablaufs. Aus diesem Grund findet die Verfahrensordnung des Gerichtshofes Anwendung. Dabei enthält das zwölfte Kapitel mit Art. 109a der Verfahrensordnung des Gerichtshofes hinsichtlich der Zustellung[337], der internen Verteilung[338] und des Verfahrensablaufs[339] eine explizite Regelung für Auslegungsersuche gemäß Art. 68 Abs. 3 EGV. Ein Rückgriff auf die anderen Bestimmungen der Verfahrensordnung wie z.B. die Regelung über das beschleunigte Verfahren ist somit anders als beim modifizierten Vorabentscheidungsverfahren nicht möglich. Im Einzelnen beinhaltet Art. 109a der Verfahrensordnung des Gerichtshofes folgende Regelungen:

---

[333] Röben, in: Grabitz/Hilf, Band I, Art. 68 Rn. 16.
[334] Harings, EuR 1998, Beiheft 2, 81 (88).
[335] Brechmann, in: Calliess/Ruffert, Art. 68 Rn. 8.
[336] Wiedmann, in: Schwarze, Art. 68 Rn. 7.
[337] Art. 109a § 1 der Verfahrensordnung des Gerichtshofes.
[338] Art. 109a § 2 der Verfahrensordnung des Gerichtshofes.
[339] Art. 109a § 3 der Verfahrensordnung des Gerichtshofes.

a) Zustellung

Art. 109a § 1 der Verfahrensordnung des Gerichtshofes unterscheidet hinsichtlich der Zustellung danach, wer den Gerichtshof mit einer Auslegungsfrage gemäß Art. 68 Abs. 3 EGV befasst. Ersucht der Rat um eine Auslegungsentscheidung, wird diese der Kommission und den Mitgliedstaaten zugestellt. Bei einem Auslegungsersuchen der Kommission, wird diese dem Rat und den Mitgliedstaaten zugestellt und im Fall eines Auslegungsersuchens eines Mitgliedsstaats, wird dem Rat, der Kommission und den anderen Mitgliedstaaten diese zugestellt. Den Organen und den Mitgliedstaaten, denen das Auslegungsersuchen zugestellt wird, setzt der Präsident des Gerichtshofes eine Frist zur schriftlichen Stellungnahme.

b) interne Verteilung

Der Präsident bestimmt unmittelbar nach Eingang des Auslegungsersuchens den Berichterstatter und der erste Generalanwalt weist das Ersuchen sogleich einem Generalanwalt zu.

c) Verfahrensablauf

Die Entscheidung des Gerichtshofes über das Auslegungsersuchen ergeht nach der Stellung der Schlussanträge des Generalanwalts in Form eines Urteils. Dabei beinhaltet das Verfahren vor dem Gerichtshof auch eine mündliche Verhandlung soweit diese von einem Mitgliedsstaat oder eines in Art. 109a § 1 der Verfahrensordnung des Gerichtshofes genannten Organs beantragt wird.

d) Ergebnis

Für das abstrakte Auslegungsverfahren nach Art. 68 Abs. 3 EGV besteht mit Art. 109a der Verfahrensordnung des Gerichtshofes eine abschließende Regelung des Verfahrensablaufs. Ein Rückgriff auf die sonstigen Regelungen der Verfahrensordnung des Gerichtshofes, wie z.B. das beschleunigte Verfahren ist daher ausgeschlossen.

6. Bindungswirkung der Entscheidung

Der Gerichtshof entscheidet durch Urteil.[340] Dabei ist die Entscheidung des Gerichtshofes verbindlich und entfaltet eine erga omnes Wirkung.[341] Die Ver-

---

340 Art. 109a § 3 der Verfahrensordnung des Gerichtshofes.

341 Knapp, DÖV 2001, 12 (15); Röben in: Grabitz/Hilf, Band I, Art. 68 Rn. 18.

bindlichkeit ergibt sich aus dem Wortlaut des Art, 68 Abs. 3 EGV. Danach ist der Gerichtshof zur „Entscheidung“ berufen, woraus auf die Verbindlichkeit geschlossen werden kann.[342] Daneben ergibt sich die erga omnes Wirkung der Entscheidung und deren Verbindlichkeit aus dem Umstand, dass das Vereinigte Königreich Großbritannien (VK), Irland (IRL) und Dänemark (Dän) sich ausdrücklich vorbehalten haben, durch die Entscheidungen des Gerichtshofes, im Bezug auf den Titel IV EGV, nicht gebunden zu sein.[343]
Aber auch aus dem Sinn und Zweck des abstrakten Auslegungsverfahrens ergibt sich die erga omnes Wirkung der Entscheidung des Gerichtshofes. Durch dieses Verfahren sollen möglichst frühzeitig einzelne Streitfragen geklärt werden und somit eine Überhäufung des Gerichtshofes mit Vorabentscheidungsersuchen von letztinstanzlichen mitgliedsstaatlichen Gerichten im Rahmen des Art. 68 Abs. 1 EGV verhindert werden.[344] Außerdem sollen Rechtsschutzlücken durch die Beschränkung auf letztinstanzliche Gerichte durch Art. 68 Abs. 3 EGV vermieden werden.[345] Des Weiteren ergibt sich die Verbindlichkeit der Entscheidung des Gerichtshofes auch aus einem Vergleich mit dem Verfahren nach Art. 300 Abs. 6 EGV, da auch dort das Gutachten des Gerichtshofes eine gewisse Bindungswirkung entfaltet.[346] Die Entscheidung des Gerichtshofes bindet neben den Gemeinschaftsorganen und den Mitgliedstaaten auch die einzelnen nationalen Behörden und Gerichte der Mitgliedstaaten.[347] Dies wird aus dem Wortlaut der Bindungsbeschränkung nach Art. 68 Abs. 3 S. 2 EGV und einer daraus resultierenden e-contrario-Schlussfolgerung bejaht.[348] Der Bindungswirkung sind aber auch Grenzen gesetzt, in dem die Obergerichte natürlich nicht daran gehindert sind, eine vom Gerichtshof im Verfahren nach Art. 68 Abs. 3 EGV entschiedene Frage, erneut nach Art. 68 Abs. 1 EGV in Verbindung mit einem konkreten Rechtsstreit dem Gerichtshof zur Entscheidung vorzulegen.[349]

a) Beschränkung der Bindungswirkung

Die Bindungswirkung ist aber nicht umfassend, sondern wird durch die Regelung des Art. 68 Abs. 3 S. 2 EGV eingeschränkt.
Dort heißt es:

---

342 Classen, EuR 1999, Beiheft 1, 73 (78).
343 Röben, in: Grabitz/Hilf, Band I, Art. 68 Rn. 18.
344 Knapp, DÖV 2001, 12 (15).
345 Wiedmann, in: Schwarze, Art. 68 Rn. 7.
346 Classen, EuR 1999, Beiheft 1, 73 (78).
347 Labayle, RTDE 1997, 813 (863).
348 Classen, EuR 1999, Beiheft 1, 73 (78).
349 Classen, EuR 1999, Beiheft 1, 73 (79).

„ Die Entscheidung, die der Gerichtshof auf dieses Ersuchen hin fällt, gilt nicht für Urteile von Gerichten der Mitgliedstaaten, die rechtskräftig geworden sind."

Art. 68 Abs. 3 S. 2 EGV umschreibt die Bindungswirkung der Entscheidung des Gerichtshofes somit in negativer Form.[350] Die Entscheidung des Gerichtshofes gilt daher nicht für Urteile von Gerichten der Mitgliedstaaten welche rechtskräftig geworden sind.[351] Solche Entscheidungen sind als nicht gemeinschaftswidrig einzustufen und bleiben von dem Urteil des Gerichtshofes unberührt.[352] Auf Grund der gleichen Interessenlage muss dies auch für bestandskräftige Verwaltungsakte der mitgliedsstaatlichen Behörden gelten, so dass auch sie von der Bindungswirkung ausgenommen sind.[353]

b) Das Problem der Nichtigkeitserklärung eines Rechtsakts

Nach Art. 68 Abs. 3 EGV kann dem Gerichtshof nur eine Frage der Auslegung vorgelegt werden. Im Gegensatz zum Vorabentscheidungsverfahren nach Art. 234 EGV ist der Gerichtshof im abstrakten Auslegungsverfahren daher nicht zur Gültigkeitsprüfung befugt. Somit stellt sich das Problem, ob der Gerichtshof trotzdem auch die Nichtigkeit eines Rechtsaktes feststellen kann.

aa) Lösung

Das der Gerichtshof auch im Verfahren nach Art. 68 Abs. 3 EGV die Nichtigkeit eines auf den Titel IV EGV gestützten Rechtsakt feststellen kann, weil der Wortlaut des Art. 68 Abs. 3 EGV die Prüfung der Gültigkeit gerade nicht ausschließt und somit eine diesbezügliche Entscheidung möglich ist , kann nicht überzeugen.[354] Vielmehr ergibt sich aus dem Wortlaut des Art. 68 Abs. 3 EGV und der grundsätzlichen Möglichkeit bei Sekundärrechtsakten auf das allgemeine Nichtigkeitsverfahren nach Art. 230 EGV zurück zugreifen,[355] dass der Gerichtshof innerhalb des abstrakten Auslegungsverfahren nach Art. 68 Abs. 3 EGV lediglich Fragen über die Auslegung und nicht der Gültigkeit, d.h. Nichtigkeit beantworten kann.
Selbst wenn man davon ausgeht, dass bei der Prüfung einer Frage nach der Auslegung, diese teilweise mit Ausführungen zur Gültigkeit vermischt werden[356], so

[350] Wiedmann, in: Schwarze, Art. 68 Rn. 10.
[351] Classen, EuR 1999, Beiheft 1, 73 (78).
[352] Thun-Hohenstein, S. 40.
[353] Knapp, DÖV 2001, 12 (15).
[354] So aber Knapp, DÖV 2001, 12 (15); Thun-Hohenstein, S. 201; Brechmann, in: Calliess/Ruffert, Art. 68 Rn. 8 sowie
[355] Brechmann, in: Calliess/Ruffert, Art. 68 Rn. 8.
[356] Krück, in: G/T/E, Band 4, Art. 177 Rn. 4.1.

bedeutet dies noch nicht, dass der Gerichtshof auch die Nichtigkeit innerhalb des Art. 68 Abs. 3 EGV feststellen darf. Der Wortlaut begrenzt die Kompetenz des Gerichtshofes ausdrücklich nur auf die Auslegung.[357]

bb) Ergebnis

Der Gerichtshof kann im abstrakten Auslegungsverfahren nach Art. 68 Abs. 3 EGV nicht die Nichtigkeit eines Rechtsakts feststellen.

c) Ergebnis

Die Entscheidung des Gerichtshofes im abstrakten Auslegungsverfahren nach Art. 68 Abs. 3 EGV ist für die Gemeinschaftsorgane und die Mitgliedstaaten verbindlich. Des Weiteren wirkt die Entscheidung auch erga omnes, wobei rechtskräftige mitgliedsstaatliche Urteile und bestandskräftige Verwaltungsakte von der Bindungswirkung ausgenommen sind. Darüber hinaus kann der Gerichtshof, durch den eindeutigen Wortlaut des Art. 68 Abs. 3 EGV belegt, nicht die Nichtigkeit eines Rechtsakts feststellen und ist somit in seiner Entscheidung auf die Auslegung beschränkt.

d) Vergleich zu den Verfahren nach Art. 220 ff. EGV

Das durch den Vertrag von Amsterdam eingeführte abstrakte Auslegungsverfahren nach Art. 68 Abs. 3 EGV besteht teilweise aus Elementen der bekannten gemeinschaftsrechtlichen Verfahren, ist aber in seiner Gesamtheit mit keinem dieser Verfahren vergleichbar. In formaler Hinsicht scheint das abstrakte Auslegungsverfahren hinsichtlich der Antragssteller eine gewisse Ähnlichkeit zur Nichtigkeitsklage[358] und dem Gutachtenverfahren aufzuweisen. Der wesentliche Unterschied zwischen diesen Verfahren liegt aber in der Nichtaufführung des Europäischen Parlaments als Verfahrensberechtigtes Gemeinschaftsorgan und damit fehlenden Vorlagebefugnis zum Gerichtshof. Der Vertrag von Nizza hat das Europäische Parlament bei der Nichtigkeitsklage mit in den Kreis der privilegierten Kläger aufgenommen.
Das gleiche gilt auch für das Gutachtenverfahren, wo das Europäische Parlament seit dem Vertrag von Nizza neuerdings neben dem Rat, der Kommission und den Mitgliedstaaten ein Gutachten über ein geplantes Übereinkommen beim Gerichtshof einholen kann.[359] Im Gegensatz hierzu kam es im Bereich des abstrakten Auslegungsverfahrens zu keiner Änderung durch den Vertrag von Nizza. Das Europäische Parlament hat auf Grund der Systematik des abstrakten Ausle-

[357] Classen, EuR 1999, Beiheft 1, 73 (79).
[358] Classen, EuR 1999, Beiheft 1, 73 (77).
[359] Hatje, EuR 2001, 143 (176).

gungsverfahrens kein Recht ein Auslegungsersuchen an den Gerichtshof zu richten. Dagegen profitiert es aber auch im Bereich des Titels IV EGV von der Aufwertung des Europäischen Parlaments in der Nichtigkeitsklage, da es in diesem Verfahren auch sein Mitwirkungsrecht aus Art. 67 Abs. 1 EGV geltend machen kann.

Eine weitere wesentliche Unterscheidung besteht auch zum Vorabentscheidungsverfahren nach Art. 234 EGV. Das abstrakte Auslegungsverfahren nach Art. 68 Abs. 3 EGV ist als Sondervorschrift auf die Auslegung des Titels IV EGV beschränkt, wohingegen das Vorabentscheidungsverfahren nach Art. 234 EGV die Auslegung des gesamten primären Gemeinschaftsrechts und die Prüfung der Auslegung und Gültigkeit der darauf erlassenen Rechtsakte zum Gegenstand hat. Auch ist die Einleitung eines abstrakten Auslegungsverfahrens nach Art. 68 Abs. 3 EGV nicht von einem mitgliedsstaatlichen Verfahren abhängig, sonder es kann völlig losgelöst hiervon eine Frage dem Gerichtshof vorgelegt werden. Daneben besteht zwischen beiden Verfahren auch eine Parallele im Bereich des Vorlage/- Auslegungsgegenstands, denn sowohl im abstrakten Auslegungsverfahren als auch beim Vorabentscheidungsverfahren geht es um Fragen der Auslegung und nicht um die Rechtsanwendung im Einzellfall.[360] Gerade im Prüfungspunkt des Vorlagegegenstands zeigt sich aber auch der elementare Unterschied zwischen dem abstrakten Auslegungsverfahren nach Art. 68 Abs. 3 EGV und dem Gutachtenverfahren nach Art. 300 Abs. 6 EGV. Während im Gutachtenverfahren internationale Abkommen auf ihre Vereinbarkeit mit dem gesamten EG-Vertrag geprüft werden[361], sind im abstrakten Auslegungsverfahren lediglich die Auslegung des Titels IV EGV oder darauf erlassene Rechtsakte Gegenstand des Verfahrens. Ein konkreter weitergehender Vergleich mit dem Verfahren nach Art. 300 Abs. 6 EGV erübrigt sich daher.

Auch hinsichtlich der Wirkung und des Umfangs der Entscheidung des Gerichtshofes zeigen sich deutlich die bestehenden wesentlichen Unterschiede zwischen dem abstrakten Auslegungsverfahren und dem Vorabentscheidungsverfahren. Während das Urteil im Vorabentscheidungsverfahren nach Art. 234 EGV grundsätzlich nur inter partes (im Ausgangsstreitverfahren entscheidenden Gerichte) Wirkung zukommt und eine erga omnes Wirkung des Urteils nur vorgesehen ist, wenn der Gerichtshof die Ungültigkeit von Gemeinschaftsrecht feststellt,[362] kommt der Entscheidung im abstrakten Auslegungsverfahren grundsätzlich eine erga omnes Wirkung zu.

Ein weiterer gravierender Unterschied zwischen beiden Verfahren liegt darin, dass das Urteil im Verfahren nach Art. 234 EGV eine ex tunc Wirkung zukommt. Im Gegensatz hierzu hat das Urteil des Gerichtshofes im abstrakten Auslegungsverfahren nur in begrenzter Hinsicht ex tunc Wirkung, denn Art. 68

360 Classen, EuR 1999, Beiheft 1, 73 (78).

361 Schmalenbach, in: Calliess/Ruffert, Art. 300 Rn. 86 ff.

362 Wegener, in: Calliess/Ruffert, Art. 234 Rn. 32 f.

Abs. 3 S.2 EGV schließt eine generelle ex tunc Wirkung grundsätzlich aus, in dem die Entscheidung nicht für rechtskräftige Urteile eines mitgliedsstaatlichen Gerichts gilt. Im Gegensatz zu Art. 234 EGV bedeutet dies, dass derartige mitgliedsstaatliche Urteile, selbst bei einem Widerspruch zu einem nachfolgenden Gutachten des Gerichtshofes, nicht als gemeinschaftsrechtswidrig anzusehen sind. Dies ist somit für Schadensersatzansprüche auf der Grundlage der Francovich-Rechtsprechung[363] von beträchtlicher Bedeutung.[364] Des Weiteren kann der Gerichtshof im Verfahren nach Art. 234 EGV, im Gegensatz zum Verfahren nach Art. 68 Abs. 3 EGV, in seiner Entscheidung die Ungültigkeit von Gemeinschaftsrechtsakten feststellen und ist nicht auf die Auslegung derselben beschränkt.[365]
Insgesamt lässt sich daher festhalten, dass Art. 68 Abs. 3 EGV erhebliche Abweichungen von den Verfahren nach Art. 220 ff. EGV aufweist und ein neuartiges Verfahren in das Gemeinschaftsrecht einführt.

III. Die materielle Kompetenzbeschränkung des Art. 68 Abs. 2 EGV

1. Inhalt

Die materielle Kompetenzbeschränkung gemäß Art. 68 Abs. 2 EGV lautet:

„In jedem Fall ist der Gerichtshof nicht für Entscheidungen über Maßnahmen oder Beschlüsse nach Art. 62 Nummer 1 zuständig, die die Aufrechterhaltung der öffentlichen Ordnung und dem Schutz der inneren Sicherheit betreffen.“

Art. 68 Abs. 2 EGV bezieht sich seinem Wortlaut nach grundsätzlich auf Maßnahmen und Beschlüsse[366] des Rates nach Art. 62 Nr. 1 EGV.[367] Art. 62 Nr. 1 EGV lautet:

„Der Rat beschließt nach dem Verfahren des Art. 67 innerhalb eines Zeitraums von fünf Jahren nach Inkrafttreten des Vertrags von Amsterdam

---

363 EuGH, Rs. C-6/90 und C-9/90, Slg. 1991, I-5357 – Francovich.

364 Ukrow, ZEuS 1998, 141 (153); Pechstein/König. Rn. 383.

365 Vgl. EuGH, Rs. 66/80, Slg. 1981, 1191 Rn. 13 – International Chemical.

366 Anders als der Begriff der Handlung z.B. in Art. 230 EGV umfasst der Begriff des Beschlusses nicht nur Rechtsakte die eine rechtliche Wirkung erzeugen, sondern auch alle unverbindlichen Rechtsakte wie Empfehlungen und Stellungnahmen. Der Begriff Beschluss ist daher weit auszulegen, vgl. EuGH, Rs. 13/83, Slg. 1985, 1513 (1590 ff.) – Verkehrspolitik.

367 Dörr/Mager, AöR 2000, 386 (396).

1. Maßnahmen, die nach Artikel 14 sicherstellen, dass Personen, seien es Bürger der Union oder Staatsangehörige dritter Länder, beim Überschreiten der Binnengrenzen nicht kontrolliert werden;"

Insgesamt definiert Art. 14 EGV den Binnenmarkt als einen Raum ohne Grenzen, in dem der freie Verkehr von Personen nach diesem Vertrag gewährleistet ist.[368] Der Wegfall der Kontrollen an den Binnengrenzen ist daher nicht nur für die Unionsbürger, sondern auch Staatsangehörige aus Drittstaaten vorteilhaft, denn die Binnengrenzen dürfen an jeder Stelle ohne Personenkontrolle überschritten werden.[369] In diesem Bereich ist der Rat jedoch nicht gehindert Beschlüsse zu fassen, die der Aufrechterhaltung der öffentlichen Ordnung und den Schutz der inneren Sicherheit betreffen und inhaltlich die Aufnahme von Personenkontrollen an den Binnengrenzen zum Gegenstand haben kann, wenn beide Voraussetzungen kumulativ vorliegen.[370] Diese Maßnahmen oder Beschlüsse sind dann nach Art. 68 Abs. 2 EGV von der Prüfungskompetenz des Gerichtshofes ausgeschlossen, da Art. 68 Abs. 2 EGV eine echte Kompetenzschranke darstellt.[371] Hintergrund der Einfügung dieser Kompetenzschranke ist, dass die Mitgliedstaaten durch den Wegfall der Grenzkontrollen das dadurch vermehrt auftretenden Sicherheitsdefizit ausgleichen wollten.[372]
Des Weiteren ist die Regelung des Art. 68 Abs. 2 EGV ist an die Regelung des Art. 2 Abs. 1 UAbs. 3 S. 2 Schengen-Protokoll angelehnt und hat vor allem den Sinn, die als EU-Recht fortgeltenden Bestimmungen des SDÜ, wonach die Mitgliedstaaten in Ausnahmefällen weiterhin Kontrollen an den Grenzen durchführen dürfen, nicht einzuschränken.[373] Der Gerichtshof soll in diesem Bereich auf keinen Fall über die Rechtmäßigkeit solcher Kontrollen entscheiden können.[374]

2. Das Problem der Auslegung der Begriffe öffentliche Ordnung und innere Sicherheit

Die zentralen Begriffe innerhalb des Art. 68 Abs. 2 EGV sind die „öffentliche Ordnung" und der „Schutz der inneren Sicherheit". Durch die fehlende Zuständigkeit des Gerichtshofes zur Überprüfung bestimmter Gemeinschaftsmaßnahmen zur Aufrechterhaltung der öffentlichen Ordnung und Schutz der inneren Sicherheit stellt sich die Frage, ob diese Begriffe gemeinschaftsrechtlich auszulegen sind und der Gerichtshof prüfen darf, ob eine Maßnahme oder ein Be-

368 Ausführlich hierzu vgl. Brechmann, in: Calliess/Ruffert, Art. 62 Rn. 3 ff.
369 Art. 2 Abs. 1 SDÜ.
370 Wölker, EuR 1999, Beiheft 1, 99 (106).
371 Harings, EuR 1998, Beiheft 2, 81 (87).
372 Ludwig, S. 181.
373 Hailbronner/Thiery, EuR 1998, 583 (597).
374 Wiedmann, in: Schwarze, Art. 68 Rn. 5.

schluss nach Art. 62 Nr. 1 EGV vorliegt und ob er die öffentliche Ordnung und den Schutz der inneren Sicherheit regelt,[375] oder ob die Begriffe nicht justiziabel sind und als nationale Begriffe zu verstehen sind.

a) Lösung

Die Begriffe der „öffentlichen Ordnung" und der „Schutz der inneren Sicherheit" sind vom Gerichtshof gemeinschaftsrechtlich auszulegen und zu bestimmen.[376] Dem kann auch nicht entgegengehalten werden, dass Art. 68 Abs. 2 EGV den Gerichtshof in den Fällen von Art. 62 Nr. 1 EGV ausdrücklich für nicht zuständig erklärt, so dass in diesem Bereich gerade keine gemeinschaftliche Kontrolle stattfinden soll.[377] Die Auslegung der Begriffe nach nationalem Verständnis und durch die nationalen Gerichte steht der Grundsatz der allgemein anerkannten Kompetenzverteilung zwischen dem Gerichtshof und den nationalen Gerichten entgegen, wonach das Gemeinschaftsrecht durch den Gerichtshof ausgelegt wird.[378]
Diesem Grundsatz steht auch Art. 68 Abs. 2 EGV nicht entgegen, da dieser die Prüfungskompetenz des Gerichtshofes nur für die dort vorgesehenen Entscheidungen des Rates ausschließt. Ob eine Maßnahme nach Art. 62 Nr. 1 EGV vorliegt, sowie die Frage, ob diese der Aufrechterhaltung der öffentlichen Ordnung und dem Schutz der inneren Sicherheit betreffen, liegt somit in der Prüfungskompetenz des Gerichtshofes. Eine reine Auslegungszuständigkeit der Mitgliedstaaten birgt außerdem die Gefahr der weiten und umfassenden Auslegung der Ausnahmevorschrift des Art. 68 Abs. 2 EGV durch die nationalen Gerichte, was wiederum zu einer Umgehung des Gemeinschaftsrechts im Bereich des Titels IV EGV führen könnte und die Qualität der Gemeinschaft als Rechtsgemeinschaft in Gefahr bringen würde.[379] Jeder Mitgliedsstaat könnte sich durch eine unkontrollierbare Berufung auf Art. 68 Abs. 2 EGV der Jurisdiktion des Gerichtshofes entziehen.[380] Da es sich bei Art. 68 Abs. 2 EGV um eine Ausnahmevorschrift zu den Regelungen des primären Gemeinschaftsrechts handelt, ist davon auszugehen, dass der Gerichtshof die Begriffe im Sinne des Gemeinschaftsrechts eng auslegen wird.[381]

---

375 Röben, in: Grabitz/Hilf, Band I, Art. 68 Rn. 10.
376 Röben, in: Grabitz/Hilf, Band I, Art. 68 Rn. 7; Classen, EuR 1999, Beiheft 1/99, 73 (76); Ludwig, S. 184; Dörr/Mager, AöR 2000, 387 (400).
377 So aber Wiedmann, in: Schwarze, Art. 68 Rn. 6.
378 Pechstein/Koenig, Rn. 390; Classen, EuR 1999, Beiheft 1, 73 (76).
379 Zott, S. 293.
380 Ludwig, S. 184.
381 Thun-Hohenstein, S. 39; Röben, in: Grabitz/Hilf, Band I, Art. 68 Rn. 10.

b) Ergebnis

Die Begriffe der „öffentlichen Ordnung“ und „Schutz der inneren Sicherheit“ sind gemeinschaftsrechtliche Begriffe und vom Gerichtshof im Sinne des Gemeinschaftsrechts eng auszulegen.

3. Das Problem des Umfangs der Kompetenzbeschränkung

Des Weiteren stellt sich das Problem, welche Verfahrensarten von der Kompetenzbeschränkung des Art. 68 Abs. 2 EGV umfasst werden.

a) Lösung

Art. 68 Abs. 2 EGV umfasst alle Verfahrensarten des Gemeinschaftsrecht,[382] denn eine Anwendungsbeschränkung nur auf das Verfahren nach Art. 68 Abs. 1 und Abs. 3 EGV sowie die Nichtigkeitsklage nach Art. 230 EGV und die Haftungsklage nach Art. 235 EGV würde nicht dem Sinn und Zweck des Art. 68 Abs. 2 EGV entsprechen. [383] Der Wortsinn des Art. 68 Abs. 2 EGV „In jedem Fall…“ legt nahe, die Beschränkung auf alle gemeinschaftlichen Verfahrensarten zu beziehen. [384]
Dem widerspricht auch nicht die systematische Stellung als Abs. 2, nach dem modifizierten Vorabentscheidungsverfahren und vor dem abstrakten Auslegungsverfahren, denn eine sinnvolle Anordnung der Beschränkung ist unter dem Blickwinkel, dass auch andere gemeinschaftsrechtliche Verfahren als die in Art. 68 EGV von der Beschränkung erfasst werden, nicht möglich.[385] Gegen die Einbeziehung aller gemeinschaftsrechtlichen Verfahren spricht auch nicht das Argument, dass das Vertragsverletzungsverfahren nach Art. 226, 227 EGV gar nicht einschlägig sein kann, weil in Art. 68 Abs. 2 EGV nur Maßnahmen des Rates in Frage stehen können.[386] Eine solche Sichtweise verkennt, dass Art. 2 Abs. 2 SDÜ dem Art. 61 Nr. 1 EGV unter Beachtung von Art. 64 Abs. 1 EGV als Rechtsgrundlage zugeordnet worden ist.[387] Art. 2 Abs. 2 SDÜ erlaubt den Mitgliedstaaten eine Wiederaufnahme der Personenkontrolle an den Binnengrenzen, wenn eine tatsächliche und ernsthafte Bedrohung der öffentlichen Si-

---

382 Müller-Graff, in: Hummer, S. 270; Wölker, EuR 1999, Beiheft 1, 99 (107); Brechmann, in: Calliess/Ruffert, Art. 68 Rn. 5.; Ludwig, S. 185.
383 Für eine solche Beschränkung aber Dörr/Mager, AöR 2000, 386 (398 f.).
384 Classen, EuR 1999, Beiheft 1, S. 76.
385 Teilweise wird davon ausgegangen, dass eine Regelung als Abs. 1 zwar eindeutiger gewesen wäre, jedoch wohl optische Gründe dagegen gesprochen haben, vgl. Ludwig, S. 185.
386 So aber Dörr/Mager, AöR 2000, 386 (399).
387 ABl. EG, Nr. L 176, S. 17.

cherheit und Ordnung dies erforderlich macht und der Mitgliedsstaat die anderen Mitgliedstaaten vorher konsultiert hat.[388]

Um auch weiterhin eine umfassende Kontrolle in diesem Bereich durch den Gerichtshof ausschließen zu können, muss daher die Beschränkung des Art. 68 Abs. 2 EGV auch das Vertragsverletzungsverfahren umfassen. Darüber hinaus spricht aber auch die Entstehungsgeschichte des Art. 68 Abs. 2 EGV für eine Einbeziehung aller Verfahrensarten unter Art. 68 Abs. 2 EGV. Die Beschränkung des Art. 68 Abs. 2 EGV ist auf Drängen Frankreichs und Dänemarks in den Gemeinschaftsvertrag aufgenommen worden.[389] Besonders Frankreich fürchtete eine Kompetenz des Gerichtshofes hinsichtlich der Überprüfung der zeitweise Einführung von Binnengrenzkontrollen[390] und sah durch die Vorschrift des Art. 68 Abs. 2 EGV einen unantastbaren Kernbereich staatlicher Souveränität gesichert.[391] Um diesen Sinn des Vertrags zu erreichen, muss Art. 68 Abs. 2 EGV alle Verfahren ausschließen. Zwar muss beachtet werden, dass der Gerichtshof grundsätzlich Ausnahmen zur Anwendung des Gemeinschaftsrecht restriktiv auslegt,[392] vorliegend aber entgegen diesem Grundsatz eine weite Auslegung durch die Besonderheit des Titel IV EGV im Hinblick auf die Angst der Mitgliedstaaten vor einem Souveränitätsverlust gerechtfertigt erscheint.

Daneben wird auch die Untätigkeitsklage nach Art. 232 EGV von Art. 68 Abs. 2 EGV erfasst, denn wenn hinsichtlich einer vorgenommenen Maßnahme des Rates der Gerichtshof keine Kompetenz zur Überprüfung hat, muss dies im Umkehrschluss auch für Klagen gelten, die erhoben werden, weil der Rat nicht tätig geworden ist.[393] Somit greift auch für die Untätigkeitsklage der Kompetenzausschluss des Art. 68 Abs. 2 EGV. Schließlich ist auch kein Grund erkennbar, warum die Auslegungskompetenz des Gerichtshofes für ein und denselben Rechtsakt davon abhängen soll, ob die Vorlage vom Rat, der Kommission oder einem mitgliedsstaatlichen Gericht bzw. Mitgliedsstaat stammt.[394]

b) Ergebnis

Die Kompetenzbeschränkung des Art. 68 Abs. 2 EGV gilt für alle Verfahrensarten des Gemeinschaftsrechts.

---

388 Brechmann, in: Calliess/Ruffert, Art. 64 Rn. 4.

389 Hailbronner/Thiery, EuR 1998, 583 (597).

390 Zum Zeitpunkt der Verhandlungen zum Amsterdamer Vertrag war dieses Recht lediglich in Art. 2 Abs. 2 SDÜ vorgesehen.

391 Hailbronner/Thiery, EuR 1998, 583 (597).

392 Dörr/Mager, AöR 2000, 386 (400).

393 a.A Dörr/Mager, AöR 2000, 386 (399).

394 Wölker, EuR 1999, Beiheft 1, 99 (107).

4. Das Problem der sachliche Reichweite des Art. 68 Abs. 2 EGV

Im Bereich von Art. 68 Abs. 2 EGV stellt sich darüber hinaus das Problem, ob neben den Maßnahmen und Beschlüssen des Rates nach Art. 62 Nr. 1 EGV auch nationale Maßnahmen zur Aufrechterhaltung der „öffentlichen Ordnung" und dem „Schutz der inneren Sicherheit" nach Art. 64 Abs. 1 EGV durch Art. 68 Abs. 2 EGV von der Überprüfung durch den Gerichtshof ausgeschlossen sind oder ob Art. 68 Abs. 2 EGV die Jurisdiktion des Gerichtshofes ausschließlich hinsichtlich der Rechtsakte des Rates nach Art. 62 Nr. 1 EGV beschränkt.

a) Die Lösung

Denkbar erscheint, dass auf Grund des Wortlaut des Art. 68 Abs. 2 EGV und der fehlenden Bezugnahme auf Art. 64 Abs. 1 EGV nur Maßnahmen und Beschlüsse des Rates nach Art. 62 Nr. 1 EGV von Art. 68 Abs. 2 EGV erfasst werden.[395] Daraus könnte dann geschlossen werden, dass Art. 68 Abs. 2 EGV sich nur auf Maßnahmen und Beschlüsse des Rates nach Art. 62 Nr. 1 EGV bezieht und die Überprüfung derartiger Maßnahmen nicht dem Gerichtshof, sondern den nationalen Gerichten obliegt,[396] wohingegen die Wahrnehmung der mitgliedsstaatlichen Zuständigkeit nach Art. 64 Abs. 1 EGV nach den allgemeinen Regeln der Jurisdiktion des Gerichtshofes unterliegt und den Mitgliedstaaten nur ein gewisser Gestaltungs- und Ermessenspielraum einzuräumen sei.[397] Auf der einen Seite erscheint diese Lösung sachgerecht.
Auf der anderen Seite stellt sich jedoch die Frage, ob das gefundene Ergebnis auch in dogmatischer Hinsicht zu vertreten ist, denn eine Miteinbeziehung des Art. 64 Abs. 1 EGV in den Regelungsbereich des Art. 68 Abs. 2 EGV setzt zunächst voraus, dass der Anwendungsbereich des Art. 68 EGV für Rechtakte der Mitgliedstaaten, die die öffentliche Ordnung und den Schutz der inneren Sicherheit betreffen, eröffnet ist und es somit zu einer Überprüfung dieser Rechtsakte in einem modifizierten Vorabentscheidungsverfahren oder abstrakten Auslegungsverfahren überhaupt kommen kann. Nur wenn dies positiv beantwortet

---

395 Karpenstein, DVBl 1998, 942 (948); Dörr/Mager, AöR 2000, 386 (398); Ludwig, S. 182; a.A Brechmann, in: Calliess/Ruffert, Art. 68 Rn. 4 der in der Nichtaufführung des Art. 64 Abs. 1 EGV ein redaktionelles Versehen sieht; Bardenhewer, in: Lenz, Art. 68 Rn. 6; Hailbronner/Thiery, EuR 1998, 583 (597) der davon ausgeht, dass Art. 68 Abs. 2 EGV auch den Art. 64 Abs. 1 EGV umfasst, da sich dies aus der Entstehungsgeschichte der Norm ergibt, wonach die Beschränkung des Art. 68 Abs. 2 EGV auf Drängen Dänemarks und Frankreichs in den Vertrag aufgenommen worden ist. Der Mitgliedsstaat Frankreich hatte mehrfach die Befürchtung geäussert, dass der Gerichtshof das Recht der Mitgliedsstaaten zur zeitweisen Wiedereinführung der Binnenkontrollen einschränken und damit einen unantastbaren Kernbereich der staatlichen Souveränität begrenzen könnte.

396 Karpenstein, DVBl 1998, 942 (943).

397 Classen, EuR 1999, Beiheft 1, 73 (76 f.); Ludwig, S. 182 f.

werden kann, stellt sich die Frage, ob die Ausnahme gemäß Art. 68 Abs. 2 EGV auch für Maßnahmen nach Art. 64 Abs. 1 EGV greift.
Nach Art. 64 Abs. 1 EGV berührt dieser Titel, also Titel IV EGV, nicht die Wahrnehmung der Zuständigkeit der Mitgliedstaaten für die Aufrechterhaltung der öffentlichen Ordnung und dem Schutz der inneren Sicherheit. Nach dem Wortsinn des Art. 64 Abs. 1 EGV „dieser Titel berührt nicht…" wird daher bereits die Anwendung von Art. 68 EGV im Bereich des Art. 64 Abs. 1 EGV ausgeschlossen. Dies hat zur Folge, dass die Rechtsakte der Mitgliedstaaten im Sinne des Art. 64 Abs. 1 EGV nicht durch den Gerichtshof im Wege eines modifizierten Vorabentscheidungsverfahrens oder eines abstrakten Auslegungsverfahren ausgelegt, bzw. überprüft werden können, denn der Anwendungsbereich des Art. 68 EGV ist nicht eröffnet.[398]
Festzuhalten bleibt somit, dass in Bezug auf die Verfahren nach Art. 68 EGV sich die Frage nicht stellt, ob Art. 68 Abs. 2 EGV den Art. 64 Abs. 1 EGV umfasst, denn eine Ausnahmevorschrift kommt nur dann zum tragen, wenn die Grundregel überhaupt zur Anwendung gelangt. Aus diesem Grund erscheint es in dogmatischer Hinsicht verfehlt das Problem auf Grund des Wortlauts des Art. 68 Abs. 2 EGV einer Lösung zu unterziehen.
Nachdem nun festgestellt wurde, dass die Rechtsakte der Mitgliedstaaten im Sinne des Art. 64 Abs. 1 EGV nicht durch den Gerichtshof im Wege eines modifizierten Vorabentscheidungsverfahrens oder eines abstrakten Auslegungsverfahren ausgelegt, bzw. überprüft werden können, stellt sich in diesem Zusammenhang dann aber die entscheidende Frage, ob die mitgliedsstaatlichen Maßnahmen, die auf Grund des Art. 64 Abs. 1 EGV ergangen sind, im Rahmen eines Vertragsverletzungsverfahren vom Gerichtshof überprüft werden können, was grundsätzlich möglich wäre, da dieses in Art. 68 EGV nicht geregelt ist.[399]
Auf den ersten Anschein wird man dies positiv beurteilen wollen, da Art. 64 Abs. 1 EGV vom Wortlaut her nur den Titel IV EGV und somit Art. 68 EGV, aber nicht das Vertragsverletzungsverfahren nach Art. 226, 227 EGV ausschließt.[400] Auf der anderen Seite muss der Sinn und Zweck der Vorschrift aber auch im Kontext des gesamten EG-Vertrags gesehen werden und so eine systemgerechte Lösung gefunden werden. Art. 64 Abs. 1 EGV hat vor allem eine Wiederaufnahme der Personenkontrollen an den Binnengrenzen durch die Mitgliedstaaten zum Inhalt, soweit eine tatsächliche und ernsthafte Bedrohung der öffentlichen Ordnung und dem Schutz der inneren Sicherheit dies erforderlich machen.[401] Das gleiche gilt auch nach Art. 2 Abs. 2 SDÜ, der darüber hinaus aber eine vorherige Konsultation der anderen Mitgliedstaaten fordert und die Geltung der daraufhin vorgenommenen Maßnahmen auf maximal sechs Monate

398 Ludwig, S. 182 f.
399 Dörr/Mager, AöR 2000, 386 (398 f.)
400 Vgl. Wölker, EuR 1999, Beiheft 1, 99 (106).
401 Brechmann, in: Calliess/Ruffert, Art. 64 Rn. 4.

befristet.[402] Durch das Protokoll Nr. 2 (zur Einbeziehung des Schengen Besitzstands) zum Amsterdamer Vertrag ist der Schengen Besitzstand in das Gemeinschaftsrecht und Unionsrecht integriert worden.[403] Des Weiteren sind die gesamten Regelungen des Schengen Besitzstandes den jeweils einschlägigen Rechtsgrundlagen des EG-Vertrags und EU-Vertrags zugeordnet worden.[404] Dabei ist Art. 2 Abs. 2 SDÜ dem Art. 62 Nr. 1 EGV unter Beachtung von Art. 64 Abs. 1 EGV zugeordnet worden. Durch die Zuordnung zu Art. 62 Nr. 1 EGV wird klargestellt, dass auch die Beschränkung des Art. 68 Abs. 2 EGV für Art. 2 Abs. 2 SDÜ gilt und keine Jurisdiktionsgewalt des Gerichtshofes in diesem Bereich besteht. Wie oben bereits erläutert umfasst Art. 68 Abs. 2 EGV alle gemeinschaftlichen Verfahren, so dass Maßnahmen auf Grund des Art. 2 Abs. 2 SDÜ auch nicht durch den Gerichtshof im Vertragsverletzungsverfahren überprüft werden können.
Im Verhältnis zwischen Art. 2 Abs. 2 SDÜ und Art. 64 Abs. 1 EGV hätte dieses Ergebnis zur Folge, dass, wenn mitgliedsstaatliche Maßnahmen auf Grund von Art. 64 Abs. 1 EGV im Vertragsverletzungsverfahren durch den Gerichtshof überprüft werden könnten, bei vergleichenden Regelungsbereichen einmal der Gerichtshof im Vertragsverletzungsverfahren zuständig wäre und zum anderen bei mitgliedsstaatlichen Maßnahmen nach Art. 2 Abs. 2 SDÜ die Kompetenz des Gerichtshof insgesamt entzogen und ein Vertragsverletzungsverfahren nicht möglich wäre. Auf Grund des inneren Zusammenhangs zwischen beiden Normen kann ein solches Ergebnis nicht dem Sinn des Art. 64 Abs. 1 EGV entsprechen. Daher sind auf Grund der vergleichbaren Regelung von Art. 2 Abs. 2 SDÜ und Art. 64 Abs. 1 EGV, was sich nicht zuletzt aus der Zuordnung des Art. 2 Abs. 2 SDÜ zu Art. 62 Nr. 1 EGV unter Beachtung des Art. 64 Abs. 1 EGV ergibt, auch mitgliedsstaatliche Maßnahmen nach Art. 64 Abs. 1 EGV, die die Aufrechterhaltung der öffentlichen Ordnung und den Schutz der inneren Sicherheit betreffen, nicht in einem Vertragsverletzungsverfahren überprüfbar.

b) Ergebnis

Nach dem Wortlaut des Art. 64 Abs. 1 EGV ergibt sich, dass mitgliedsstaatliche Maßnahmen im Sinne des Art. 64 Abs. 1 EGV nicht von der Kompetenzbeschränkung des Art. 68 Abs. 2 EGV umfasst werden, da bereits der Anwendungsbereich des gesamten Art. 68 EGV für Art. 64 Abs. 1 EGV nicht eröffnet ist. Darüber hinaus können nach dem Sinn und Zweck des Art. 64 Abs. 1 EGV mitgliedsstaatliche Maßnahmen in diesem Bereich in keinem gemeinschaftsrechtlichen Verfahren vom Gerichtshof überprüft werden.

---

402 Brechmann, in: Calliess/Ruffert, Art. 64 Rn. 4.
403 Hailbronner/Thiery, EuR 1998, 583 (606)
404 ABl. EG 1999, Nr. L 176/1 ff.; ber. ABl. EG 2000 Nr. L 9/1.

5. Ergebnis

Art. 68 Abs. 2 EGV stellt eine echte Kompetenzschranke dar, nach der der Gerichtshof in allen gemeinschaftsrechtlichen Verfahren nicht für Entscheidungen über Maßnahmen oder Beschlüsse des Rates nach Art. 62 Nr. 1 EGV zuständig ist. Die Begriffe der öffentlichen Ordnung und Schutz der inneren Sicherheit und somit die Reichweite des Jurisdiktionsausschlusses unterliegen der Auslegung durch den Gerichtshof. Die mitgliedsstaatlichen Maßnahmen nach Art. 64 Abs. 1 EGV werden dagegen nicht von Art. 68 Abs. 2 EGV umfasst, da bereits der Anwendungsbereich des Art. 68 EGV für solche Maßnahmen nicht eröffnet ist. Auf Grund des Sinn und Zwecks von Art. 64 Abs. 1 EGV sind solche Maßnahmen aber auch von der Jurisdiktion des Gerichtshofes ausgeschlossen. Somit ist in beiden Fällen eine gerichtliche Kontrolle nur durch die mitgliedsstaatlichen Gerichte möglich.[405]

IV. Sonderregelung für einzelne Mitgliedstaaten, Art. 69 EGV

1. Inhalt

Die Sonderregelung für einzelne Mitgliedstaaten nach Art. 69 EGV lautet:

„Für die Anwendung dieses Titels gelten unbeschadet des Protokolls über die Anwendung bestimmter Aspekte des Artikels 14 des Vertrags zur Gründung der Europäischen Gemeinschaft auf das Vereinigte Königreich und auf Irland die Bestimmungen des Protokolls über die Position des Vereinigten Königreichs und Irlands und des Protokolls über die Position Dänemarks."

Art. 69 EGV nimmt Bezug auf drei Protokolle[406] zum Amsterdamer Vertrag und regelt das Verhältnis zwischen den einschlägigen Protokollen und Titel IV EGV.[407] Diese betreffen die Mitgliedstaaten VK, IRL und Dän und beinhalten Sonderregelungen für die drei genannten Mitgliedstaaten, durch die die Anwendung der in Titel IV EGV geregelten Sachbereiche erheblich eingeschränkt wird.[408]

---

405 Pechstein, DÖV 1998, 569 (576).

406 Protokoll Nr. 3 über die Anwendung bestimmter Aspekte des Artikels 14 des Vertrags zur Gründung der Europäischen Gemeinschaft auf das Vereinigte Königreich und auf Irland; Protokoll Nr. 4 über die Position des Vereinigten Königreichs und Irlands; Protokoll Nr. 5 über die Position Dänemarks, vgl. Calliess/Ruffert, Kommentar zu EU-/EG-Vertrag, S. 2599 ff.

407 Thun-Hohenstein, S. 40; Röben, in: Grabitz/Hilf, Art. 69 Rn. 1.

408 Hailbronner/Thiery, EuR 1998, 583 (597 f.).

2. Protokoll über die Position des VK und Irland (Nr. 3, 4)

Die Sonderregelungen für das VK und IRL sind in den Protokollen Nr. 3 und Nr. 4[409] geregelt.

a) fehlende Bindungswirkung, Art. 2 des Protokolls Nr. 4

Durch Art. 1 des Protokolls Nr. 4 wird klargestellt, dass das VK und IRL sich nicht an der Annahme von auf Titel IV EGV gestützten Maßnahmen durch den Rat beteiligen.[410] Dadurch entfalten Entscheidungen des Gerichtshofes in diesem Bereich, für beide Staaten keine Bindungswirkung und sind für das VK und IRL auch in sonstiger Weise nicht berechtigend oder verpflichtend, Art. 2 des Protokolls Nr. 4.[411]

b) opting-in, Art. 3 des Protokolls Nr. 4

Die VK und IRL haben jedoch die Möglichkeit nach Art. 3 Abs. 1 des Protokolls Nr. 4,

„dem Präsidenten des Rates innerhalb von drei Monaten nach der Vorlage eines Vorschlags oder einer Initiative gemäß Titel IV des Vertrags zur Gründung der Europäischen Gemeinschaft beim Rat schriftlich mitzuteilen, das es sich an der Annahme und Anwendung der betreffenden Maßnahme beteiligen möchte, was dem betreffenden Staat daraufhin gestattet ist.“[412]

---

409 Wiedmann, in: Schwarze, Art. 69 Rn. 1,8.

410 Röben, in: Grabitz/Hilf, Band I, Art. 69 Rn. 8.

411 Innerhalb einer erlassenen Verordnung des Rates heißt es dann z.B.: Gemäß Art. 1 des Protokolls über die Haltung des Vereinigten Königreichs und Irlands, das dem Vertrag über die Europäische Union und dem Vertrag zur Gründung der Europäischen Gemeinschaft beigefügt ist, beteiligt sich Irland nicht an der Annahme dieser Verordnung . Unbeschadet des Art. 4 des genannten Protokolls gilt diese Verordnung daher nicht für Irland. Vgl. Verordnung (EG) Nr. 333/2002 des Rates v. 18.02.2002 über die einheitliche Gestaltung des Formblatts für die Anbringung eines Visums, das die Mitgliedsstaaten den Inhabern eines von dem betreffenden Mitgliedsstaat nicht anerkannten Reisedokuments erteilen.

412 Hiervon haben VK und Irland bereits oftmals Gebrauch gemacht. Vgl. Verordnungen o. Fn. 65. Dort heißt es dann: Entsprechend Art. 3 des Protokolls über die Haltung des VK und Irlands, das dem Vertrag über die Europäische Union und dem Vertrag zur Gründung der Europäischen Gemeinschaft beigefügt ist, hat das VK/Irland mit Schreiben vom...... mitgeteilt, dass es sich an der Annahme und Anwendung dieser Verordnung beteiligen möchte.

Dabei handelt es sich um eine sog. opting-in Klausel.[413] Das VK und IRL nehmen somit gleichberechtigend und verpflichtend an der Ausarbeitung und Annahme des Rechtsakts teil.[414] Sie unterliegen den vollen Wirkungen der Maßnahme und für die Zuständigkeit des Gerichtshofes gilt Art. 68 EGV in vollem Umfang.[415] Des Weiteren besteht für die beiden Staaten auch die Möglichkeit, den Rechtsakt des Rates unter dem teilweisen Ausschluss von Bestimmungen anzunehmen und anzuwenden.[416]

c) volle Unterwerfung, Art. 8 des Protokolls Nr. 4

Daneben hat sich IRL in Art. 8 des Protokolls Nr. 4 die Möglichkeit offen gehalten, dem Präsidenten des Rates mitzuteilen, dass es nicht länger unter dieses Protokoll fallen möchte.[417] Sollte IRL diese Möglichkeit nutzen[418], gelten für sie dann alle üblichen Vertragsbestimmungen, also auch Art. 68 EGV in vollem Umfang. Hintergrund dieser Regelung ist, dass sich IRL nur mit Rücksicht auf das VK und im Hinblick auf die Aufrechterhaltung der mit dem VK seit vielen Jahren bestehenden besonderen Reiseregelungen von der vollständigen Teilnahme am Titel IV EGV abgesehen hat.[419]

3. Protokoll über die Position betreffend Dänemark (Nr. 5)

Die Sonderregelung für Dän ist in Nr. 5 des Protokolls über die Position Dänemarks geregelt. Die Regelungen in dem Protokoll Nr. 5 sind dabei mit den Protokollen Nr. 3 und 4 über die Position des VK und IRL zu vergleichen.

a) fehlende Bindungswirkung, Art. 1 und 2 des Protokolls Nr. 5

Auch Dän beteiligt sich grundsätzlich nicht an der Annahme von Maßnahmen des Rates nach Titel IV EGV, so dass genau wie bei dem VK und IRL die Be-

413 Röben, in: Grabitz/Hilf, Band I, Art. 69 Rn. 10.
414 Hailbronner/Thiery, EuR 1998, 583 (598 f.).
415 Hailbronner/Thiery, EuR 1998, 583 (598 ff.).
416 Vgl. Verordnung (EG) Nr. 1346/2000 v. 29.5.2000 über Insolvenzverfahren, ABl. EG 2000, L 160/1. Dort heißt es in Art. 44 Abs. 2 lit. b) der VO: „Diese Verordnung gilt nicht, im Vereinigten Königreich von Großbritannien und Nordirland, soweit es in Konkurssachen mit den Verpflichtungen aus Vereinbarungen die im Rahmen des Commonwealth geschlossen wurden und die zum Zeitpunkt des Inkrafttretens dieser Verordnung wirksam sind, unvereinbar sind.
417 Hailbronner/Thiery, EuR 1998, 583 (600); Meyring, EuR 1999, 309 (313).
418 Bis jetzt noch nicht geschehen.
419 Hailbronner/Thiery, EuR 1998, 583 (600).

schlüsse des Rates auch für Dän nicht bindend sind, Art. 1 und 2 des Protokolls Nr. 5.[420]

b) Ausnahme, Art. 4 des Protokolls Nr. 5

Hiervon besteht eine Ausnahme für Maßnahmen zur Bestimmung derjenigen Drittländer, deren Staatsangehörige beim Überschreiten der Außengrenzen der Gemeinschaft im Besitz eines Visums sein müssen, sowie auf Maßnahmen zur einheitlichen Visumgestaltung, Art. 4.[421] Diese Regelungen fallen daher auch hinsichtlich Dän unter die Jurisdiktion des Gerichtshofes nach Art. 68 EGV.

c) volle Unterwerfung, Art. 7 des Protokolls Nr.5

Entgegen dem Protokoll Nr. 4 über die Position des VK und IRL sieht das Protokoll Nr. 5 über die Position Dän keine opting-in-Klausel hinsichtlich einzelner Maßnahmen des Rates vor.[422] Dagegen kann Dän nach Art. 7 des Protokolls Nr. 5 den Mitgliedstaaten jederzeit mitteilen, „dass es von diesem Protokoll insgesamt oder zum Teil keinen Gebrauch mehr machen will."[423] Sollte in der Zukunft eine solche Erklärung von Dän abgegeben werden, wird Dän alle bis dahin In-Kraft-Getretenen Maßnahmen annehmen. Daher wäre auch Art. 68 EGV hinsichtlich dieser Maßnahmen in vollem Umfang für Dän anwendbar.

D. Bewertung und Ausblick

I. Das modifizierte Vorabentscheidungsverfahren

Mit Vertrag von Nizza ist im Bereich der Zuständigkeit für Vorabentscheidungsverfahren eine gravierende Änderung einhergegangen. Es wird deutlich, dass das Gerichtssystem durch die bereits bestehende Überlastung[424], gerade im Bereich der Vorabentscheidungen[425], die Last der Verfahren versucht aufzuteilen, in dem das Gericht und die zu errichtenden gerichtlichen Kammern in noch zu bestimmenden Aufgabenbereiche als eine Art „Fachgericht" tagen wird. Be-

---

420 Wiedmann, in: Schwarze, Art. 69 Rn. 6.

421 Brechmann, in: Calliess/Ruffert, Art. 69 Rn. 8.

422 Röben, in: Grabitz/Hilf, Band I, Art. 69 Rn. 14.

423 Hailbronner/Thiery, EuR 1998,

424 Gesamttätigkeit des Gerichtshof 2001: Erledigte Rs. = 434, Neu anhängig gewordene Rs. = 504, Anhängige Rs. = 943, Rechtsprechungsstatistiken, Gesamtübersicht über die Tätigkeit des Gerichtshofes 2001, www.curia.eu.int/de/instit/presentationfr/rapport /stat/st01cr.pdf, 1 (3).

425 Neu anhängig gewordene Rechtssachen im Vorhabentscheidungsersuchen im Jahr 2001 = 237, Rechtsprechungsstatistiken, Gesamtübersicht über die Tätigkeit des Gerichtshofes 2001, www.curia.eu.int/de/instit/presentationfr/rapport/stat/st01cr.pdf, 1 (16).

sonders in speziellen Rechtsgebieten wie der Zuständigkeit in Zivilsachen, Visa, Asyl, Einwanderung sind spezielle Fachkenntnisse erforderlich, so dass es als äußerst sinnvoll erscheint, diese Bereiche auf das Gericht bzw. auf die zuvor errichteten gerichtlichen Kammern, welche dem Gericht beigeordnet sind, zu übertragen.[426] Grundsatzentscheidungen und damit die Weiterentwicklung des Gemeinschaftsrechts würden in diesem Bereich dabei immer noch in der Zuständigkeit des Gerichtshofes verbleiben, Art. 225 Abs. 3 EGV.
Ob dies der Fall sein wird bleibt abzuwarten, da eine konkrete Tendenz diesbezüglich noch nicht zu erkennen ist. Weder der Gerichtshof, noch die Kommission haben sich bis jetzt zu einer Zuständigkeitsverteilung geäußert. Die vor dem Vertrag von Nizza veröffentlichten Reflexionspapiere der Kommission und der Gemeinschaftsgerichte lassen jedoch eine gewisse Zurückhaltung hinsichtlich einer Kompetenzübertragung von Teilbereichen auf das Gericht erkennen, aus der geschlossen werden kann, dass nur in ganz wenigen Bereichen eine Kompetenzübertragung stattfinden wird.[427] Die von der Kommission beauftragte Reflexionsgruppe sieht vor, dass eine Kompetenzverlagerung nur für die Vorlagen im Wege des Vorabentscheidungsverfahrens sinnvoll sind, die besonderen Sachbereichen entstammen, für die zuvor eine eigene Fachgerichtsbarkeit in den gerichtlichen Kammern geschaffen worden ist.[428] Insgesamt soll die Verlagerung jedoch die Ausnahme bleiben.[429]
Daneben hat sich auch der Gerichtshof skeptisch über eine Kompetenzverlagerung geäußert. Erforderlich sei in diesem Zusammenhang eine Erhöhung der Richterzahlen am Gericht, da dieses bereits zum jetzigen Zeitpunkt mit den übernommenen Aufgaben überlastet ist.[430] Diesem Kritikpunkt kann aber dadurch begegnet werden, dass zur Entlastung des Gerichts erster Instanz gerichtliche Kammern errichtet werden, die ihrerseits mit einer Erhöhung der Richterzahl einhergehen, so dass die Arbeitsbelastung von den Gemeinschaftsgerichten auf die gerichtlichen Kammern verschoben wird.
Alles in allem ergibt sich zum jetzigen Zeitpunkt nur eine faktische Möglichkeit, dass das Gericht oder die gerichtlichen Kammern im Bereich des Art. 68 Abs. 1 EGV für Vorabentscheidungsersuche zuständig sind. Auf Grund der teilweise aus Titel IV EGV hervorgehenden speziellen Rechtsfragen bleibt zu hoffen, dass eine Übertragung auf das Gericht in naher Zukunft stattfinden wird, wobei diese zweifellos nur sinnvoll erscheint, wenn gleichzeitig die Beschränkung der Vorlageberechtigung wegfällt und an Art. 234 EGV angeglichen wird, denn nur dann wird es auch im Bereich des Titels IV EGV zu einer Erhöhung der anhängigen Rechtsverfahren vor den Gemeinschaftsgerichten kommen, die eine Über-

[426] Hopt, RabelsZ 66 (2002), 589 (598 f.).
[427] Due-Report, EuGRZ 2001, 523 (528).
[428] Due-Report, EuGRZ 2001, 523 (528).
[429] Wegener, in: Calliess/Ruffert, Art. 225 Rn. 28.
[430] EuGH-Reflexionspapier, in: EuGRZ 2000, 101 (106).

tragung auf ein „Fachgericht" sinnvoll erscheinen lassen. Nicht zu vergessen ist auch, dass eine Spezialisierung der europäischen Gerichte eine wichtige Hilfe im Hinblick auf einen Dialog zwischen nationalen und mitgliedsstaatlichen Gerichten sein kann und zu einer erfolgreichen praktischen Umsetzung des Art. 104 § 5 VerfO des Gerichtshofes verhilft.[431]

Das modifizierte Vorabentscheidungsverfahren nach Art. 68 Abs. 1 EGV unterscheidet sich vom Vorabentscheidungsverfahren nach Art. 234 EGV im Wesentlichen durch die Beschränkung der Vorlageberechtigung auf letztinstanzliche mitgliedsstaatliche Gerichte. Wie sich zum Beispiel durch den Beschluss des Gerichtshofes in der Rechtssache Magali Warbecq gegen Rynair Ltd[432] – Vorlage durch ein unterinstanzliches mitgliedstaatliche Gericht und die Zurückweisung wegen offensichtlicher Unzuständigkeit – gezeigt hat, sollte die kontraproduktive Wirkung der Beschränkung aufgehoben und das modifizierte Vorabentscheidungsverfahren in diesem Bereich an das Vorabentscheidungsverfahren nach Art. 234 EGV angeglichen werden und damit ein für alle Bereiche des EGV einheitliches Verfahren im EG-Vertrag konstituiert werden. Die damit sehr wahrscheinlich einhergehende Erhöhung der Vorabentscheidungsverfahren aus dem Bereich des Titels IV EGV, kann mit den oben dargestellten Änderungen des Vertrags von Nizza aufgefangen werden, in dem in die Prüfungskompetenz den vorher eingerichteten gerichtlichen Kammern übertragen wird.

Ein zentraler Reformpunkt des Verfahrens nach Art. 68 Abs. 1 EGV muss daher die Einräumung des Vorlagerechts für unterinstanzliche Gerichte nach dem Vorbild von Art. 234 Abs. 2 EGV sein. Als zentrale Argumente dienen die Einheit der Rechtsordnung und der Individualschutz.[433] Nach Art. 68 Abs. 1 EGV sind die Parteien eines nationalen Rechtsstreits gezwungen, den Rechtsweg auf eigene Kosten auszuschöpfen, wenn sie von der Rechtswidrigkeit einer Gemeinschaftsrechtsnorm ausgehen, die auf Grund des Titels IV EGV erlassen worden ist.[434] Nur so kann zurzeit die Einheitlichkeit der Gemeinschaftsrechtordnung hergestellt und gewahrt werden. Dabei liegt das Risiko jedoch bei den Parteien des nationalen Rechtsstreits.[435] Sofern sie den Rechtsweg nicht ausschöpfen, vielleicht auch nicht ausschöpfen können, kommt ihnen eine spätere Rechtserkenntnis nicht mehr zu Gute.[436]

Muss dies nach der heutigen Regelung, auf Grund der Einheit der Rechtsordnung, den Parteien noch zugemutet werden, sollte bei der anstehenden Reform

---

431 Hopt, RabelsZ 66 (2002), 589 (598).

432 Vgl. Beschluss des Gerichtshofes in der Rs. C-555/03-Warbecq vom 10.06.2004.

433 Wölker, EuR 1999, Beiheft 1, 99 (105); Dörr/Mager, AöR 2000, 386 (395).

434 Vgl. Beschluss des Gerichtshofes in der Rs. C-555/03-Warbecq vom 10.06.2004

435 A. Albors-Llorens, CMLR 35 (1998), 1273 (1288) Fn. 12.

436 Dörr/Mager, AöR 2000, 386 (392).

auch dem Ziel der Bürgernähe[437] und dem Individualrechtsschutz Rechnung getragen werden und daher eine Angleichung an Art. 234 Abs. 2, 3 EGV stattfinden. Unter Rechtsschutzgesichtspunkten dürfte es für die Bürger Europas nur schwer beziehungsweise gar nicht verständlich sein, warum ein Rechtsstreit, selbst bei rechtlichen Zweifeln eines nationalen Spruchkörpers, bis zur letzten nationalen Instanz geführt werden muss, bis endlich der Gerichtshof über die Sache entscheiden kann. Um das Vertrauen der Bürger in die Unabhängigkeit der Justiz nicht zu zerstören, sollte die Sonderregelung des Art. 68 Abs. 1 EGV daher an Art. 234 EGV angeglichen werden.[438] Gerade für das Zivilverfahrensrecht ist die Zurücknahme der Entscheidungskompetenz des Gerichtshofes unpraktikabel.[439] Die Beschränkung des Vorlagerechts auf letztinstanzliche Gerichte bewirkt innerhalb eines Zivilprozesses, eine im Hinblick auf die Individuen bedauerlichen und unnötigen Verfahrensverlängerung und damit Verzögerung von Rechtsstreitigkeiten, die vor allem bei Zuständigkeitsstreitigkeiten außerordentlich misslich und bedauerlich ist.[440]

Aber auch im Bereich der Ehe- und Sorgerechtssachen[441] ist zum Schutz der Kinder ein zeitnaher Rechtsschutz geboten,[442] welcher durch die jetzige Regelung nicht gewährleistet ist, wenn der Rechtsstreit erst alle nationalen Instanzen durchlaufen muss.[443] Bis das letztinstanzliche Gericht dem Gerichtshof die Sache vorlegen kann, besteht die Gefahr, dass der Rechtsstreit sich in den meisten Fällen schon erledigt hat und eine einheitliche Auslegung durch den Gerichtshof nicht möglich ist.[444] Darüber hinaus widerspricht die Beschränkung auf letztinstanzliche Gerichte auch den positiven Erfahrungen mit der bisherigen Auslegung des EuGVÜ,[445] denn ca. 60 % ergingen auf Vorlage des letztinstanzlichen Gerichts und ca. 40 % auf Vorlage von Instanzgerichten. Angesichts dieses minimalen Entlastungseffekts ist es nicht ersichtlich, warum Art. 68 Abs. 1 EGV den justiziellen Dialog zwischen dem Gerichtshof und den nationalen Gerichten zurücknimmt.[446]

Die Beschränkung auf die Vorlage letztinstanzlicher Gerichte führt im Bereich der VO (EG) 44/2001 des Rates vom 22.12.2000 über die gerichtliche Zuständigkeit und die Anerkennung und Vollstreckung von Entscheidungen in Zivil-

---

437 Bieber, in: Kirt, S. 82.

438 Classen, EuR 1999, Beiheft 1, 73 (80).

439 Heß, NJW 2000, 23 (28).

440 Leible/Staudinger, The European Legal Forum 2001, 225 (226 f.); Heß, NJW 2000, 23 (28).

441 ABl. EG 2000 L 160/19.

442 Hess, RabelsZ 66 (2002), Heft 2-3, 470 (489).

443 vgl. Leible/Staudinger, The European Legal Forum 2001, 225 (227).

444 Hess, RabelsZ 66 (2002), Heft 2-3, 470 (489 f.).

445 Ausführlich zum EuGVÜ und dem Vorabentscheidungsverfahren, Lando, in: Reichelt, S. 31 ff.

446 Besse, ZEuP 1999, 107 (113 f.).

und Handelssachen dazu, dass es in Zukunft zu den bis jetzt auf Grund des EuGVÜ[447] zahlreichen Vorlagen[448], durch Art. 68 Abs. 1 EGV nicht mehr kommen wird.[449] Dies zeigt deutlich, welche Gefahr die Begrenzung auf die Letztinstanzlichkeit für die Einheit des Gemeinschaftsrechts mit sich bringt. Daneben besteht auch bei grenzüberschreitender Insolvenzen die Gefahr, dass durch ein langes nationales Verfahren und ein Vorlageverfahren zur Auslegung der EuInsVO,[450] bei den noch vorhandenen Vermögenswerten zum Nachteil der Gläubiger eine Wertminderung eintritt.[451] Eine Vorlagebefugnis, auch unterinstanzlicher Gerichte mit dem Anschluss eines einfachen oder beschleunigten Verfahrens vor dem Gerichtshof, würde hier zu einer schnellen und ausgewogenen Lösung führen.[452]

Bei aller Kritik an der Beschränkung der Vorlagebefugnis auf letztinstanzliche Gerichte darf aber nicht außer Acht gelassen werden, dass diese Kritik nicht im Bereich der Asylverfahren zum tragen kommt. Lehnt das VG den Asylantrag als offensichtlich unbegründet ab, ist ein ordentliches Rechtsmittel gegen diese Entscheidung ausgeschlossen und die Entscheidung wird mit der ordnungsgemäßen Bekanntgabe rechtskräftig.[453] Bei einfacher Ablehnung des Asylantrages kann innerhalb von zwei Wochen nach Zustellung des Urteils ein Antrag auf Zulassung der Berufung gestellt werden.[454] Die Erfolgsaussicht ist in der Regel aber gering, da besondere Voraussetzungen erfüllt sein müssen und die Zulassung der Berufung dadurch nur erschwert möglich ist.[455] Lässt das Berufungsge-

---

447 ABl. EG 1998 Nr. C 27/1 (konsolidierte Fassung).

448 vgl. Dietze/Schnichels, EuZW 2002, 626 (626 ff.); EuGH- Urteil vom 6.06.2002, Rs. C-80/00; EuGH- Urteil vom 27.02.2002; Rs. C-37/00, EuGH- Urteil vom 19.02.2002; Rs. C-256/00, alle noch nicht in der amtlichen Sammlung der Entscheidungen des EuGH veröffentlich.

449 Vgl. Beschluss vom 22.03.2002, Rs. C-24/02. Dort hat der Gerichtshof entschieden, „dass diese VO auf der Grundlage des Art. 61 Buchstabe c EGV erlassen wurde und aus Art. 68 Absatz 1 EGV hervorgeht, dass nur Gerichte, deren Entscheidungen selbst nicht mehr mit Rechtsmitteln des innerstaatlichen Rechts angefochten werden können, den Gerichtshof um Vorabentscheidung über die Auslegung dieser VO ersuchen können."

450 ABl. EG 2000 L 160/1.

451 Leible/Staudinger, The European Legal Forum 2001, 225 (227). Vgl. den ersten Vorlagebeschluss des BGH an den Gerichtshof zur Auslegung der EuGInsVO vom 27.11.2003, BGH, ZInsO 2004, 34.

452 Vgl. Leible/Staudinger, The European Legal Forum 2001, 225 (227).

453 Berlit, II § 78 Rn. 31.

454 Berlit, II § 78 Rn. 496.

455 Das Verfahren muss eine grundsätzliche Bedeutung haben, d.h.,
-es muss eine Frage aufwerfen, die insbesondere vom zuständigen OVG/VGH, dem BVerwG oder dem BVerfG noch nicht entschieden wurde, aber für den betreffenden Fall relevant ist und eine über den konkreten Fall hinausgehende Bedeutung hat,
- das Urteil muss von einer Entscheidung des zuständigen OVG/VGH, des BVerwG oder des BVerfG abweichen und auf dieser Abweichung beruhen oder

richt die Berufung nicht zu, ist das Asylverfahren mit der Entscheidung rechtskräftig beendet.[456] Wird die Berufung zurückgewiesen, muss das Berufungsgericht zugleich darüber entscheiden, ob die Revision zum BVerwG zugelassen wird. Ist dies nicht der Fall, muss innerhalb eines Monats ab Zustellung eine so genannte Nichtzulassungsbeschwerde beim BVerwG erhoben und innerhalb von zwei Monaten ab Zustellung begründet werden.[457] In der Praxis führt die erschwerte Zulassung zur Berufung dazu, dass in den überwiegenden Fällen das VG letztinstanzliches Gericht im Sinne des Art. 68 Abs. 1 EGV ist und damit eine zwischenzeitliche Rechtsbeeinträchtigung oder ein Rechtsverlust des Einzelnen in Asylverfahrenssachen eher nicht zu erwarten ist.[458]
Dies darf aber nicht darüber hinwegtäuschen, dass in den anderen in Titel IV EGV geregelten Bereichen und hier insbesondere für das Zivilverfahrensrecht die Einschränkung der Vorlagebefugnis negativ für die Einheit der Rechtsordnung ist. Daher sollte das Vorlagerecht generell nicht auf letztinstanzliche Gerichte eingeschränkt werden, denn die Aufgabe als Wahrer der Einheit des Gemeinschaftsrechts konnte der Gerichtshof in der Vergangenheit nur durch die Vorlage der Instanzgerichte erfüllen.[459] Viele entscheidende Prinzipien der Gemeinschaftsrechtsordnung gehen auf die Rechtsprechung des Gerichtshofes zurück.[460] Dabei beruht ein sehr großer Teil dieser Grundsatz- und Leitentscheidungen auf der Vorlage von Instanzgerichten.[461] Damit diese Leitentscheidungen und damit einhergehend auch die Fortentwicklung des Gemeinschaftsrechts, in Zukunft auch für den Bereich des Titels IV EGV sichergestellt werden kann, ist eine Anpassung des Art. 68 Abs. 1 EGV an Art. 234 EGV unbedingt notwendig. Die wechselseitige Zusammenarbeit zwischen den mitgliedsstaatlichen Gerichten und dem Gerichtshof wird auch in Zukunft für die Entwicklung des gesamten Gemeinschaftsrechts von Bedeutung sein, so dass die Neuerungen die auf eine Einschränkung der Vorlagebefugnis abzielen, die Funktionsfähigkeit

---

- es muss ein Verfahrensmangel im Sinne des § 138 VwGO (z.B. eine unzulässige Ablehnung eines Beweisantrages) geltend gemacht werden. Es genügt also – anders als im allgemeinen Verwaltungsrecht – nicht, wenn ernstliche Zweifel an der Richtigkeit des Urteils bestehen, vgl. Marx, Art. 78 Rn. 26 ff.

456 Marx, § 78 Rn. 344.

457 Marx, § 74 Rn. 41.

458 a.A. Dörr/Mager, AöR 2000, 386 (392); vgl. auch Schmahl, ZAR 2001, 3 (9).

459 Trocker, RabelsZ 2002, 417 (418 f., 456); EuGH-Reflexionspapier, EuGRZ 2000, 101 (107).

460 Everling, EuR 1997, 398 (401, 409); Basedow, RabelsZ 66 (2002), Heft 2-3, 203 (206 f.).

461 Vgl. Everling, in: Reichelt, S. 14; EuGH, Rs. 26/62, Slg. 1963, 1 – Van Gend & Loos zur unmittelbaren Anwendbarkeit des Primärrechts; EuGH, Rs. 6/64, Slg. 1964, 1251 – Costa/ENEL ; EuGH, Rs. 106/77, Slg. 1978, 629 – Simmenthal II zum Vorrang des Gemeinschaftsrechts; EuGH, verb. Rs. C-6/90 u. C-9/90 (Bonifaci), Slg. 1991, I-2466 – Frankovich zum Schadensersatz von Gemeinschaftsbürgern bei Verletzung des Gemeinschaftsrechts durch Mitgliedsstaaten.

des Vorabentscheidungsverfahrens einschränken und weniger auf eine Qualitätssicherung gerichtet sind.[462]
Ein weiterer Grund für die Anpassung des Art. 68 Abs. 1 EGV an das Verfahren nach Art. 234 EGV ergibt sich aus dem Ziel des gemeinschaftlichen Vorabentscheidungsverfahren, die mitgliedsstaatlichen Gerichte bei der Durchsetzung des Gemeinschaftsrechts in den mitgliedsstaatlichen Rechtsordnungen zu unterstützen.[463] Die mitgliedsstaatlichen Gerichte werden durch den oftmals dezentralen Vollzug des Gemeinschaftsrechts in sehr vielen Fällen mit gemeinschaftsrechtlichen Fragen konfrontiert.[464] Wenn sie hierbei auf Auslegungsschwierigkeiten treffen, die sie selbst nicht überwinden können, so können sie im Wege eines Vorabentscheidungsersuchens diese Frage vom Gerichtshof klären lassen. Das solche Fragen auch hinsichtlich des Titels IV EGV und der darauf beruhenden Rechtsakte auftreten, ist selbstverständlich und sollte dazu führen, dass auch in diesen Bereichen die mitgliedsstaatlichen Gerichte unterstützt werden.
Des Weiteren zeigen auch die Reformen von Nizza eine Abkehr von den Überlegungen hinsichtlich einer der Begrenzung der Vorlagepflicht im Vorabentscheidungsverfahren. Obwohl für das Verfahren nach Art. 234 EGV eine solche Möglichkeit im Vorfeld des Vertrags von Nizza ausgiebig in der Literatur[465] diskutiert worden ist, ist eine solche Beschränkung der Vorlagepflicht auf letztinstanzliche Gerichte von der Regierungskonferenz nicht angenommen und umgesetzt worden. Daher sollte auch im Verfahren nach Art. 68 Abs. 1 EGV an dieser Beschränkung nicht länger festgehalten werden und eine Angleichung an das Verfahren nach Art. 234 EGV stattfinden.
Die steigende Zahl der Verfahren vor den Gemeinschaftsgerichten sollte nicht durch eine Begrenzung der Vorlagepflicht, sondern durch eine Übertragung auf eine gerichtliche Kammer, die dem Gericht beigeordnet werden, gelöst werden um effektiven Rechtsschutz zu gewähren.[466] „Wer die Rechtseinheit in der Gemeinschaft wahren will, darf nicht nur auf die Entlastung der Richter schauen. Er muss vor allem die Funktionen der Europäischen Gerichtsbarkeit im Rahmen der europäischen Integration beachten.“[467] Alles in allem zeigen die im Laufe der letzten drei Jahre ergangene Vielzahl von Rechtsakten im Bereich des Titels IV EGV einen zunehmenden Integrationswillen und eine langsame Annäherung souveränitätsbehafteter Bereiche. Dies sollte nicht nur in einheitlichen Maßnahmen zum Ausdruck kommen, sondern vor allem eine allgemeine Akzeptanz des Gerichtshofes für die Auslegung und Gültigkeitsprüfung zur Folge haben.

---

462 Trocker, RabelsZ 2002, 417 (485).
463 Vgl. EuGH, Rs. C-348/89, Slg. 1991, I-3277 Rn. 43 – Mecanarte.
464 Basedow, RabelsZ 66 (2002), 203 (207).
465 Streinz / Leible, EWS 2001, 1 (1 ff.).
466 Leible/Staudinger, The European Legal Forum 2001, 225 (227); Basedow, RabelsZ 66 (2002), 203 (207).
467 Basedow, RabelsZ 66 (2002), 203 (207).

Die Erfüllung der gemeinsamen Aufgabe des schrittweisen Aufbaus eines Raums der Freiheit, der Sicherheit und des Rechts wird vor allem davon abhängen ob die Mitgliedstaaten endlich gewillt sind, den nächsten Schritt zu wagen und auch im Bereich des Titels IV EGV dem Gerichtshof die Wahrung des Rechts ohne Beschränkungen zu übertragen.

II. Das abstrakte Auslegungsverfahren

Mit Art. 68 Abs. 3 EGV ist ein neuartiges, in seiner Gesamtheit mit den gemeinschaftsrechtlichen Verfahren nicht vergleichbares Verfahren, in das Gemeinschaftsrecht aufgenommen worden.[468] Das abstrakte Auslegungsverfahren ähnelt dem Vorlageverfahren nach Art. 4 Auslegungsprotokoll zum EuGVÜ[469], das in der gesamten Zeit in der es bestanden hat niemals ausgeübt worden ist.[470] Bis zum jetzigen Zeitpunkt gilt das gleiche auch für das Verfahren nach Art. 68 Abs. 3 EGV. Auch im abstrakten Auslegungsverfahren ist der Gerichtshof noch nicht befasst worden, so dass ein solches abstraktes Verfahren in der Praxis keine Anerkennung gefunden hat und einen Fremdkörper im Rechtsschutzsystem der Gemeinschaft darstellt.

Das dieses Verfahren in der Theorie grundsätzlich eine Bereicherung der Zuständigkeit des Gerichtshofes ist, kann nicht bezweifeln werden, jedoch sollte auf Grund der fehlenden Praxisrelevanz dieses Verfahren, nachdem die Übergangszeit zum 01.05.2004 bereits abgelaufen ist, ersatzlos aufgehoben werden. Des Weiteren ist das abstrakte Auslegungsverfahren nach Art. 68 Abs. 3 EGV für das Zivilprozessrecht, das die Durchsetzung privater Rechte betrifft, inadäquat.[471] Richtigerweise bedeutet Art. 68 Abs. 3 EGV keine Einschränkung für die Befugnisse des Gerichtshofes, sondern deren Ausdehnung,[472] aber wenn man davon ausgeht, dass das modifizierte Vorabentscheidungsverfahrens nach Art. 68 Abs. 1 EGV Sinnvollerweise an das Vorabentscheidungsverfahren nach Art. 234 EGV angeglichen wird, würde mit der Angleichung auch der Sinn und Zweck der Einführung des abstrakten Auslegungsverfahren weggefallen. Auch unterinstanzliche Gerichte wären dann im Bereich des Titels IV EGV zur Vorlage befugt, so dass eine Kompensation der jetzigen Situation in Art. 68 Abs. 1 EGV durch das abstrakte Auslegungsverfahren nicht mehr erforderlich sein würde.

Ein weiteres Argument gegen die Effizienz und Berechtigung des abstrakten Auslegungsverfahrens liegt darin begründet, dass der Gerichtshof nur über abstrakte Fragen zu entscheiden hat. Sollte es zu einer Vorlage an den Gerichtshof

---

468 Classen, EuR 1999, Beiheft 1, 73 (77).

469 Text in ABl.EG 1990 C 189/25 vom 28.7.1990; BGBl 1994 II, 531 ff.

470 Heß, NJW 2000, 23 (29).

471 Heß, NJW 2000, 23 (29).

472 Besse, ZEuP 1999, 107 (113).

im Rahmen des Art. 68 Abs. 3 EGV kommen, ist zu befürchten, dass vom Gerichtshof, bei der derzeitigen Arbeitsbelastung, keine besonderen Anstrengungen bei der Klärung der aufgeworfenen Frage vorgenommen werden.[473] Es ist daher nicht zu erwarten, dass bestimmte aufkommende Streitfragen somit durch das Verfahren nach Art. 68 Abs. 3 EGV frühzeitig entschieden werden. Auch dem Argument, dass durch Art. 68 Abs. 3 EGV Verfahrensverzögerungen, wie im Vorabentscheidungsverfahren, vermieden werden,[474] kann nicht gefolgt werden. Es ist vielmehr zu erwarten, dass der Gerichtshof vor der Klärung von abstrakten Fragen sich den anhängigen konkreten Vorlageersuchen widmet, um die teilweise unzumutbar hohe Verfahrensdauer für die Parteien in diesen Verfahren in Grenzen zu halten.
Alles in allem sollte angesichts der fehlenden praktischen Bedeutung und einer zu befürwortenden Angleichung des Rechtsschutzverfahrens im Titel IV EGV an die allgemeinen Verfahren, dass Verfahren nach Art. 68 Abs. 3 EGV aufgehoben werden.

III. Die Kompetenzbeschränkung

Das gleiche gilt auch für die Kompetenzbeschränkung des Art. 68 Abs. 2 EGV. Danach ist der Gerichtshof nicht für Maßnahmen oder Beschlüsse des Rates nach Art. 62 Nr. 1 EGV zuständig, wenn diese die Aufrechterhaltung der „öffentlichen Ordnung" und dem „Schutz der inneren Sicherheit" dienen. In diesen Bereichen besteht daher nur Rechtsschutz vor den nationalen Gerichten.[475]
Auch diese Beschränkung der Prüfungsbefugnisse des Gerichtshofes sollte vom Rat, nachdem nun der Übergangszeitraum von fünf Jahren (01. Mai 2004)[476] bereits fruchtlos abgelaufen ist, auf Grund ihrer extremen Systemwidrigkeit aufgehoben werden. Durch die Regelung des Art. 68 Abs. 2 EG wird der bis heute erreichte umfassende Rechtsschutz gegenüber Sekundärrechtsakten eines Gemeinschaftsorgans und somit der effektive Rechtsschutz des Einzelnen gefährdet,[477] wenn Maßnahmen oder Beschlüsse des Rates nach Art. 62 Nr. 1 EGV durch den Gerichtshof nicht mehr einheitlich ausgelegt werden können,[478] weil der Rechtsschutz und somit auch die Rechtsprechung bei den einzelnen mitgliedsstaatlichen Gerichten liegt. Um dem Willen der Mitgliedstaaten gerecht zu werden bestünde als Ausgleich zu Art. 68 Abs. 2 EGV die Möglichkeit, den Vorbehalt an die in den Grundfreiheiten bekannten ordre public-Vorbehalte anzugleichen. Ein solcher ordre public-Vorbehalt würde dem Rat weiterhin die

473 Classen, EuR 1999, Beiheft 1, 73 (82).
474 Wiedmann, in: Schwarze, EU-Kommentar, Art. 68 Rn. 8.
475 Wiedmann, in: Schwarze, Art. 68 Rn. 5.
476 Art. 67 Abs. 2 Spiegelstrich 2 EG
477 Müller-Graff, in: Hummer, S. 270; Schmahl, ZAR 2001, 3 (9).
478 Brechmann, in: Calliess/Ruffert, Art. 68 Rn. 7.

Befugnis einräumen Maßnahmen oder Beschlüsse zur Aufrechterhaltung der öffentlichen Ordnung und dem Schutz der inneren Sicherheit in den Bereichen des Titels IV EGV zu treffen. Eine solche Angleichung hätte aber den Vorteil, dass dieser Vorbehalt durch den Gerichtshof überprüfbar wäre, so dass die systemwidrige Lücke, die Art. 68 Abs. 2 EGV für den EG-Vertrag mit sich bringt, zu Gunsten einer einheitlichen Auslegung durch den Gerichtshof, geschlossen wäre.
Darüber hinaus stellt die Kompetenzbeschränkung des Art. 68 Abs. 2 EGV auch ein Hindernis für den Integrationsprozess innerhalb der Gemeinschaft und hier speziell der Bereiche des Titels IV EGV dar.[479] Die Integration d.h. die schrittweise Zusammenführung der Rechtsordnungen der Mitgliedstaaten ist ein Hauptziel der Gemeinschaft. Dieser Integration wird der Gerichtshof dadurch gerecht, dass er für die einheitliche und effektive Auslegung und Anwendung des Gemeinschaftsrechts in den Mitgliedstaaten Sorge trägt und anders als die einzelnen Mitgliedstaaten, die Augen nicht vor den möglichen gemeinschaftspolitischen Folgen seiner Entscheidung verschließt sowie das Urteil des Gerichtshofes durch die Abwägung der einzelnen mitgliedsstaatlichen und gemeinschaftsrechtlichen Belange als „gerecht“ empfunden wird.[480] Auch wenn es bis zum jetzigen Zeitpunkt noch keine Streitigkeiten zwischen dem Gerichtshof und den Mitgliedstaaten hinsichtlich der Zuständigkeit der Auslegung der Reichweite des Art. 68 Abs. 2 EGV gegeben hat, ist ein solcher quasi vorprogrammiert, denn der Gerichtshof wird die Vorschrift eher eng als weit auslegen.[481] Bereits aus diesem Grund sollte der Gerichtshof insgesamt zuständig sein, um ein solches „Kompetenzgerangel“ zwischen dem Gerichtshof und den nationalen Gerichten zu vermeiden.[482]
Eine Anpassung ist daher dringend zu hoffen, auch wenn diese, angesichts der in der Vergangenheit deutlich hervorgetretenen unterschiedlichen mitgliedsstaatlichen Standpunkte, wohl nur mit Schwierigkeiten erreicht werden kann.[483]

IV. Die Sonderregelungen

Für das Ziel der Schaffung eines einheitlichen Raums der Freiheit, Sicherheit und des Rechts innerhalb der Europäischen Gemeinschaft und einer einheitlichen Auslegung und Gültigkeit des Titels IV EGV sind die Sonderregelungen für das VK, IRL und Dän sehr zu bedauern.[484]

---

479 Dörr/Mager, AöR 2000, 386 (402).
480 Sander, S. 107 ff.
481 Hailbronner/Thiery, EuR 1998, 583 (597).
482 Hailbronner, in: Hummer, S. 192, 194.
483 Albors-Llorens, CML Rev. 1998, 1273 (1289).
484 Röben, in: Grabitz/Hilf, Band I, Art. 69 Rn. 19; vgl. auch Meyring, EuR 1999, 309 (313 f.).

Aus der Sonderregelung folgt, dass die auf Titel IV EGV beruhenden Entscheidungen des Gerichtshofes für das VK, IRL und Dän grundsätzlich keine Rechte und Pflichten für diese Mitgliedstaaten begründen, es sei denn das VK und IRL machen von der Möglichkeit des opting-in Gebrauch, bzw. Dän nimmt vom Protokoll Nr. 5 teilweise oder in vollem Umfang Abstand. Es bleibt zu hoffen, dass die drei Mitgliedstaaten in Zukunft von den Sonderregelungen und somit von der eigenen Sonderrolle innerhalb der Gemeinschaft Abstand nehmen. Im Hinblick auf die erweiterte EU und weiterer Verhandlungsgespräche wird es für die Funktionsfähigkeit und das Verständnis der Bürger für die Europäischen Union unbedingt nötig sein, dass die jetzigen Mitgliedstaaten u.a. in den Bereichen des Titels IV EGV „mit einer Stimme sprechen" und die Integration in gleichem Tempo vorantreiben, denn jede Aufsplitterung des Gemeinschaftsrechts ist zu bedauern und birgt die Gefahr, dass auch die neuen Mitgliedstaaten für sich Sonderregelungen beanspruchen oder in Zukunft beanspruchen werden.

V. Fazit

Als wesentliches Fazit bleibt festzuhalten, dass die in Art. 68 EGV vorgenommenen Modifizierungen auf Dauer nicht geeignet sind, die Integration und einheitliche Auslegung des Titels IV EGV zu sichern, so dass die neuen Vorschriften keinen befriedigenden Endzustand darstellen. Sie sind ein wichtiger Schritt in dem Prozess der Entwicklung eines Raums der Freiheit, der Sicherheit und des Rechts, der bis zu seiner Vollendung aber noch weiterer Handlungen bedarf.[485] Vor allem das modifizierte Vorabentscheidungsverfahren nach Art. 68 Abs. 1 EGV und die dort enthaltene Beschränkung auf die Vorlagebefugnis letztinstanzlicher Gerichte sollte aufgehoben und an das Vorabentscheidungsverfahren nach Art. 234 EGV angeglichen werden. Aber auch das abstrakte Auslegungsverfahren nach Art. 68 Abs. 3 EGV ist auf Grund seiner fehlenden Praxisrelevanz und der Systemwidrigkeit im Bereich des EG-Vertrags nicht geeignet den Integrationsprozess zu fördern und zur Rechtseinheit und Rechtsklarheit beizutragen.

Darüber hinaus ist es angebracht, die materielle Kompetenzbeschränkung nach Art. 68 Abs. 2 EGV aufzuheben, bzw. an die allgemeinen ordre public-Vorbehalte der Grundfreiheiten anzugleichen, so dass hier der Gerichtshof hinsichtlich der Auslegung und Gültigkeit zuständig ist. Insgesamt sollte der Rat nach Anhörung des Europäischen Parlaments gemäß Art. 67 Abs. 2 Spiegelstrich 2 EGV einstimmig einen Beschluss fassen und die Bestimmungen des Art. 68 EGV an die Bestimmungen über die Zuständigkeit des Gerichtshofes nach Art. 220 ff. EGV anpassen.

---

[485] Meyring, EuR 1999, 309 (322).

Teil IV: Die Rechtsschutzverfahren im Bereich der dritten Säule (PJZS) im Vergleich zu den Verfahren nach Art. 220 ff. EGV

A. Die Grundlagen der Jurisdiktion des Gerichtshofes im Unionsrecht

I. Die Zuständigkeit des Gerichtshofes im EU-Vertrag

Der Gerichtshof ist gemäß Art. 7 Abs. 1 EGV ein Organ der Europäischen Gemeinschaft, dessen Aufgabe in Art. 220 ff. EGV mit der „ Wahrung des Rechts" umschrieben ist.[486] Dabei hat der Gerichtshof ein umfassendes Letztentscheidungsrecht über die Bestimmungen des EG-Vertrags.[487] Davon zu unterscheiden ist das Recht des EU-Vertrags, das gegenüber dem EG-Vertrag eine eigenständige Rechtsmasse darstellt.[488] Folglich ist es nicht selbstverständlich, dass der Gerichtshof auch innerhalb des EU-Vertrags die Kompetenz zur Rechtsprechung hat. Voraussetzung ist vielmehr, dass dem Gerichtshof die Möglichkeit der Rechtsprechungskompetenz im Unionsrecht ausdrücklich übertragen wird.[489] Das ist durch Art. 5 EUV geschehen.[490] Art. 5 EUV lautet:

„Das europäische Parlament, der Rat, die Kommission, der Gerichtshof und der Rechnungshof üben ihre Befugnisse nach Maßgabe und im Sinne der Verträge zur Gründung der Europäischen Gemeinschaft sowie der nachfolgenden Verträge und Akte zu deren Änderung oder Ergänzung einerseits und der übrigen Bestimmungen des vorliegenden Vertrags anderseits aus."

Damit weist Art. 5 EUV den Organen der Gemeinschaft, und somit auch dem Gerichtshof, im Wege der Doppelorganschaft[491] ihre Rolle im Unionsvertrag zu[492] und eröffnet die Möglichkeit einer Zuständigkeitsübertragung auf den Gerichtshof. Art. 5 EUV überträgt dem Gerichtshof aber keine neuen Rechtsprechungsbefugnisse.[493] Die konkrete Zuständigkeit des Gerichtshofes im Unionsrecht ergibt sich vielmehr allein aus den speziellen Normen des Unionsvertrags selbst, da nach Art. 5 EUV die Organe ihre Befugnisse nur nach Maßgabe der

---

486 Borchardt, S. 117 Rn. 272.
487 Schütz/Sauerbier, JuS 2002, 658 (658).
488 Pechstein, EuR 1999, 1(1).
489 Dörr/Mager, AöR 2000, 386 (404).
490 Dörr/Mager, AöR 2000, 386 (404).
491 Ob Organleihe oder Doppelorganschaft hängt davon ab, ob der Europäischen Union eigene Rechtspersönlichkeit hat. Soweit dies seit dem AV bejaht wird, spricht man von Doppelorganschaft, da die EU dann eigene Organe hat, Wichard, in: Calliess/Ruffert, Art. 5 EU-Vertrag, Rn. 7 f.
492 Pechstein/König, Die Europäische Union, Rn. 183 ff.
493 Dörr/Mager, AöR 2000, 386 (404).

Ermächtigungsnormen in den Verträgen ausüben und somit das Prinzip der begrenzten Einzelermächtigung für die gesamte Europäische Union gilt.[494] Daher darf der Gerichtshof nur im Rahmen der vertraglich zugewiesenen Kompetenzen tätig werden.[495]
Damit der Gerichtshof somit zuständig ist, ist eine eigenständige Rechtgrundlage im Unionsvertrag oder eine konstitutive Überleitung der Gemeinschaftskompetenzen in das Unionsrecht erforderlich.[496] Diese Kompetenzzuweisung- und Überleitungsfunktion übernimmt Art. 46 EUV,[497] der nach dem Vertrag von Nizza um den Art. 46 lit. f) EUV erweitert worden ist und somit eine Rechtskontrolle des Aufsichtsverfahrens nach Art. 7 EUV neu eingeführt hat, Art. 46 lit. e) EUV.[498] Art. 46 EUV erklärt die Bestimmungen der drei Gemeinschaftsverträge „ betreffend die Zuständigkeit des Gerichtshofes und die Ausübung dieser Zuständigkeit" auf einzelne Bestimmungen des Unionsvertrags für anwendbar, so dass grundsätzlich auf die allgemeinen Verfahrensvoraussetzungen und Verfahrensarten nach Art. 220 ff. EGV zurückgegriffen wird, soweit im Unionsvertrag keine speziellen Regelungen enthalten sind.[499] Des Weiteren hat Art. 46 EUV eine kompetenzausschließende Wirkung, denn die in Art. 46 EUV nicht genannten Vorschriften des Unionsvertrags werden der Zuständigkeit des Gerichtshofes ausdrücklich[500] vorenthalten.[501]
Für die Rechtskontrolle im Bereich der PJZS wird für diesen Teil der Arbeit vor allem Art. 46 lit. b) EUV von Bedeutung sein, da dieser auf Art. 35 EUV und somit auf die Rechtskontrolle durch den Gerichtshof im Bereich der dritten Säule verweist. Darüber hinaus wir kurz auf die Zuständigkeit des Gerichtshofes im Rahmen des Grundrechtsschutzes und der verstärkten Zusammenarbeit eingegangen, da diese beiden Bereiche auch im Bereich der dritten Säule eine Rolle spielen können.

II. Justiziabilität des Grundrechtsschutzes, Art. 46 lit. d) i.V.m. Art. 6 Abs. 2 EUV

Art. 46 lit. d) EUV lautet:

---

494 Wichard, in: Calliess/Ruffert, Art. 5 EU Rn. 3; Dörr/Mager, AöR 2000, 386 (404).

495 Hilf/Pache, in: Grabitz/Hilf, Altband I, Art. E Rn. 4.

496 Dörr/Mager, AöR 2000, 386 (404).

497 Ausführlich zu den einzelnen Bestimmungen des Art. 46 EU Herrnfeld, in: Schwarze, , Art. 46 Rn. 5 ff.; Cremer, in: Calliess/Ruffert, Art. 46 EU Rn. 2 ff.; Schütz/Sauerbier, JuS 2002, 658 (659 ff.).

498 Ausführlich Cremer, in: Calliess/Ruffert, Art. 46 EU Rn. 9.

499 Dies gilt vorbehaltlich des Art. 46 lit. b) und c), vgl. Dörr/Mager, AöR 2000, 386 (405).

500 „..gelten nur.."

501 Herrnfeld, in: Schwarze, Art. 46 Rn. 3; Dörr/Mager, 386 (405 f.).

„Die Bestimmungen des Vertrags zur Gründung der Europäischen Gemeinschaft, des Vertrags über die Gründung der Europäischen Gemeinschaft für Kohle und Stahl und des Vertrags zur Gründung der Europäischen Atomgemeinschaft betreffend die Zuständigkeit des Gerichtshofes der Europäischen Gemeinschaften und die Ausübung dieser Zuständigkeit gelten nur für folgende Bestimmungen dieses Vertrags:

a) Art. 6 Absatz 2 in Bezug auf Handlungen der Organe, soweit der Gerichtshof im Rahmen der Verträge zur Gründung der Europäischen Gemeinschaften und im Rahmen des Vertrags zuständig ist;"

Art. 6 Abs. 2 EUV lautet:

„Die Union achtet die Grundrechte, wie sie in der am 4. November 1950 in Rom unterzeichneten Europäischen Konvention zum Schutze der Menschenrechte und Grundfreiheiten gewährleistet sind und wie sie sich aus den gemeinsamen Verfassungsüberlieferungen der Mitgliedstaaten als allgemeine Grundsätze des Gemeinschaftsrechts ergeben."

Allen drei Verfahrensarten des Art. 35 EUV ist die Grundrechtsbindung der Organe und dessen Überprüfung durch den Gerichtshof innerhalb der dritten Säule gemeinsam.[502] Seit dem Amsterdamer Vertrag ergeben sich aus der Regelung des Art. 46 lit. d) EUV[503] eine grundrechtsbezogene Kontrolle von auf Art. 34 Abs. 2 EUV gestützten Rechtsakten.[504] Die Zuständigkeit des Gerichtshofes bezieht sich nur auf Handlungen der Organe in deren Bereich dem Gerichtshof, wie in Art. 35 EUV, sowieso durch den Unionsvertrag eine Prüfungskompetenz eingeräumt worden ist.[505] Zu den Organen sind nicht die Staatsorgane der Mitgliedstaaten, sondern die in Art. 5 EUV aufgeführte Gemeinschaftsorgane zu rechnen.[506] Handelt der Rat daher im Bereich der dritten Säule durch eine Maßnahme nach Art. 34 Abs. 2 EUV hat der Gerichtshof im Rahmen seiner Zuständigkeit des Art. 35 EUV die Einhaltung der Grundrechte nach Art. 6 Abs. 2 EUV[507] durch den Rat zu überprüfen.[508]

---

502 Cremer, in: Calliess/Ruffert, Art. 46 Rn. 8.

503 Im Bezug auf das Gemeinschaftsrecht hat Art. 46 lit. d) EUV nur deklaratorische Wirkung, denn der Gerichtshof hat die Geltung der Grundrechte als allgemeine Rechtsgrundsätze angesehen, an denen die Handlungen der Gemeinschaftsorgane stets zu prüfen sind. Vgl. hierzu EuGH, Rs. 29/69, Slg. 1969, 419 Rn. 7-Stauder.

504 Schütz/Sauerbier, JuS 2002, 658 (662).

505 Herrnfeld, in: Schwarze, Art. 46 Rn. 14 f.

506 Cremer, in: Calliess/Ruffert, Art. 46 Rn. 8.

507 Die auf der Regierungskonferenz in Nizza proklamierte Charta der Grundrechte der Europäischen Union ist noch nicht in die Verträge aufgenommen worden und daher noch nicht rechtsverbindlich. Vgl. hierzu ausführlich Kingreen, in: Calliess/Ruffert, Kommentar zu EU-/EG-Recht, Art. 6 Rn. 16, 26 a ff.

III. Justiziabilität der verstärkten Zusammenarbeit nach Art. 40 Abs. 3 EUV

Art. 40 Abs. 3 EUV lautet:

„Die Bestimmungen des Vertrags zur Gründung der Europäischen Gemeinschaft über die Zuständigkeit des Gerichtshofes der Europäischen Gemeinschaft und die Ausübung dieser Zuständigkeit finden auf diesen Artikel sowie auf die Artikel 40a und 40b Anwendung."

Die Art. 40, 40a und 40 b EUV begründen die Möglichkeit einer verstärkten Zusammenarbeit im Bereich der dritten Säule[509], um die Union unter Wahrung der Art. 29 ff EUV rascher zu einem Raum der Freiheit, der Sicherheit und des Rechts zu entwickeln.[510] Durch den Vertrag von Nizza ist Art. 40 EUV überarbeitet und durch die Art. 40a und 40b EUV erweitert worden. Als Ausnahmevorschrift zu Art. 35 EUV bestimmt Art. 40 Abs. 3 EUV, dass innerhalb der dritten Säule, hinsichtlich der Einhaltung der formellen und materiellen Voraussetzungen einer verstärkten Zusammenarbeit nach Art. 40 a und Art. 40 b EUV sowie der Anwendung und Auslegung der Art. 40, 40a, 40b EUV,[511] sich die Zuständigkeit des Gerichtshofes nach dem gemeinschaftsrechtlichen Verfahren und deren Voraussetzungen nach Art. 220 ff. EGV bestimmt.[512]
Art. 46 lit. c) EUV, der auf die verstärkte Zusammenarbeit im Bereich des Art. 40 EUV verweist, hat dagegen nur deklaratorische Bedeutung, denn Art. 40 Abs. 3 EUV stellt eine Spezialregelung hinsichtlich der Zuständigkeit des Gerichtshofes dar.[513] Das gilt aber nicht für die einzelnen Rechtsakte einer bereits begründeten verstärkten Zusammenarbeit im Bereich der dritten Säule.[514] Diese fallen uneingeschränkt unter die Verfahren nach Art. 35 EUV, denn die einzelnen Rechtsakte der verstärkten Zusammenarbeit haben ihre Rechtsgrundlage innerhalb der dritten Säule, so dass der Gerichtshof nach Art. 46 lit. b) i.V.m. Art. 35 EUV zuständig ist.[515]

---

508 Knapp, DÖV 2001, 12 (18).
509 Obwexer, europa blätter 2001, 44 (55).
510 Brechmann, in: Calliess/Ruffert, Art. 40, 40a, 40b Rn. 2.
511 Ausführlich zur verstärkten Zusammenarbeit nach Nizza, von Buttlar, ZEuS 2001, 649 (649 ff.).
512 Brechmann in: Calliess/Ruffert, Art. 40, 40a, 40b Rn. 3; Schütz/Sauerbier, JuS 2002, 658 (662); Herrnfeld, in: Schwarze, Art. 46 Rn. 11.
513 Schütz/Sauerbier, JuS 2002, 658 (661).
514 Schütz/Sauerbier, JuS 2002, 658 (662).
515 Röben in: Grabitz/Hilf, Band I, Art. 40 Rn. 22; Schütz/Sauerbier, JuS 2002, 658 (662).

B. Das Rechtsschutzverfahren im Bereich der dritten Säule, PJZS

I. Inhalt der dritten Säule

Mit dem Inkrafttreten des Amsterdamer Vertrags beinhaltet die Justiz- und Innenpolitik der EU die polizeiliche und justizielle Zusammenarbeit in Strafsachen.[516] Dieser Bereich der PJZS wird gemeinhin als dritte Säule bezeichnet und ist in Art. 29-42 EUV (Titel VI EUV) geregelt. Im Bereich der PJZS ist das Ziel, die gemeinsame Schaffung eines Raums der Freiheit, der Sicherheit und des Rechts, in dem die Unionsbürger ein hohes Maß an Sicherheit genießen.[517] Zur Erreichung dieses Zwecks werden die Mitgliedstaaten dazu aufgefordert ihre justizielle Zusammenarbeit sowie die Zusammenarbeit zwischen den Polizeikräften und den Zollbehörden zu verstärken, weil internationales Verbrechen, grenzüberschreitender Schmuggel, Drogen-, Waffen- und Menschenhandel vor nationalen Grenzen nicht Halt machen.[518]

Im Mittelpunkt der dritten Säule stehen die Bekämpfung der grenzüberschreitenden organisierten Kriminalität, der Kampf gegen den Terrorismus, die Bekämpfung des Drogenhandels, die Verbesserung der Polizei- und Zollzusammenarbeit, Verbesserung der Rechtshilfe in Zivil- und Strafsachen, die Bekämpfung von Rassismus und Fremdenfeindlichkeit, die Verbrechensvorbeugung, die Bekämpfung von Menschenhandel und die Bekämpfung der Verwendung neuer Technologien für kriminelle Zwecke.[519]Die vom Europäischen Rat auf der Sondertagung in Tampere am 15./16.10.1999 angenommenen Schlussfolgerungen bilden die Grundlage der derzeitigen justiziellen Zusammenarbeit in Strafsachen.[520] Sie betreffen im Einzelnen insbesondere die Stärkung von Europol[521] (Art. 30 EUV) und die durch den Vertrag von Nizza errichtete Stelle zur Koordinierung der Ermittlungen der nationalen Strafverfolgungsbehörden (Eurojust[522], Art. 31 Abs. 2 EUV). Des Weiteren umfasst die Schlussfolgerung die

---

516 Borchardt, S. 438 Rn. 962.

517 Brechmann, in: Calliess/Ruffert, Art. 29 EUV Rn. 2.

518 Bericht der Kommission, unter: www.europa.eu.int/comm/justice_home/unit /police_de.htm

519 Krüßmann, ZEuS 2001, 217 (232 f.); Brechmann, in: Calliess/Ruffert, Art. 29 EUV Rn. 6 f.

520 Brechmann, in: Calliess/Ruffert, Art. 29 EUV Rn. 2.

521 Europol, eingesetzt durch den Vertrag von Maastricht, ist die europäische Strafverfolgungsorganisation, deren Ziel in der Verbesserung der Wirksamkeit und Zusammenarbeit der Ermittlungs- und Strafverfolgungsbehörden in den Mitgliedsstaaten besteht, um Terrorismus, illegalen Drogenhandel und andere Formen schwerer organisierter Kriminalität auf internationaler Ebene zu verhindern und zu bekämpfen. Ausführlich zu Europol siehe unter: www.europol.eu.int/home.htm; Oberleitner, S. 92 ff.

522 Der Ratsbeschluss zu Eurojust erfolgte am 28.02.2002 und trat mit der Veröffentlichung im Amtsblatt am 06.03.2002 in Kraft. Der vorläufige Sitz befindet sich in Den Haag. Ausführlich zu Eurojust vgl: www.europa.eu.int/justice_home/unit/penal_de.htm, S. 2.

Angleichung des Strafrechts im materiellen und verfahrensrechtlichen Bereich[523] in den einzelnen Mitgliedstaaten, die Koordinierung der Strafverfolgungen[524], die gegenseitige Anerkennung von Urteilen und anderen Entscheidungen der Justizbehörden[525] und der Schutz der Rechte des Einzelnen[526].
Neben der justiziellen Zusammenarbeit kommt im Bereich der dritten Säule auch der Zusammenarbeit zwischen den nationalen und lokalen Polizeikräften und zwischen den Zollbehörden auf beiden Seiten der nationalen Grenzen erhebliche Bedeutung zu. Die gegenwärtigen Hauptaufgaben in diesem Bereich sind die operative Zusammenarbeit[527], die Datensammlung- und der Datenaustausch[528], die Aus- und Weiterbildung von Beamten[529], die Bewertung von Ermittlungstechniken[530] und die Erweiterung der Aufgaben von Europol.[531] Des Weiteren ist zu beachten, dass durch den Beschluss 1999/436/EG des Rates die Rechtsgrundlagen für den Schengen-Besitzstand festgelegt und ein Teil der Rechtsgrundlagen dem Art. 30 ff. EUV zugeordnet worden sind.[532]

II. Verhältnis zwischen Art. 46 lit. b) EUV und Art. 35 EUV

Art. 46 lit. b) EUV lautet:

„Die Bestimmungen des Vertrags zur Gründung der Europäischen Gemeinschaft, des Vertrags über die Gründung der Europäischen Gemeinschaft für

---

523 Hier hat der Rat bereits einige Rahmenbeschlüsse erlassen, z.B. Rahmenbeschluss des Rates v. 15.03.2001 über die Stellung der Opfer in Strafverfahren, ABl. (EG) L 082 vom 22.03.2001, S. 1 ff.

524 www.europa.eu.int/justice_home/unit/penal_de.htm, S. 2 f.

525 Maßnahmenprogramm zur Umsetzung des Grundsatzes der gegenseitigen Anerkennung gerichtlicher Entscheidungen in Strafsachen, ABl. C 012 vom 15.01.2001, S. 10 ff.

526 In diesem Zusammenhang kommt der Charta der Grundrechte der EU erhebliche Bedeutung zu. Die Charta bekräftigt grundlegende Rechte, wie z.B. das Recht auf einen wirksamen Rechtsbehelf und ein unparteiisches Gericht (Art. 47), die Unschuldsvermutung und das Recht auf Verteidigung (Art. 48), die Grundsätze der Gesetzmäßigkeit und der Verhältnismäßigkeit im Zusammenhang mit Straftaten und Strafen (Art. 49) und das Recht, wegen derselben Straftat nicht zweimal strafrechtlich verfolgt oder bestraft zu werden (Art. 50), vgl.: Text der EU-Charta der Grundrechte, in: Fischer, S. 513 ff.

527 Darunter versteht man jede gemeinsame Abstimmung oder Koordination im Bezug auf polizeiliche oder justizielle Maßnahmen auf dem Gebiet der polizeilichen Gefahrenabwehr und der polizeilichen Strafverfolgung

528 Brechmann, in: Calliess/Ruffert, Art. 30 EUV Rn. 8 ff.

529 Zu den einzelnen Maßnahmen in diesem Bereich, Brechmann, in: Calliess/Ruffert, Art. 30 Rn. 22 ff.

530 Entschließung des Rates vom 25.06.2001 zum Austausch von DNS-Analyse-Ergebnissen mit dem Ziel einer unionsweiten einheitlichen Ermittlungstechnik, ABl. EG C 187/1.

531 Brechmann, in: Calliess/Ruffert, Art. 30 Rn. 26 ff. vgl. zu Europol, Schwach, S. 1 ff.

532 ABl. EG 1999 Nr. L 176/1 ff.

Kohle und Stahl und des Vertrags zur Gründung der Europäischen Atomgemeinschaft betreffend die Zuständigkeit des Gerichtshofes der Europäischen Gemeinschaften und die Ausübung dieser Zuständigkeit gelten nur für folgende Bestimmungen dieses Vertrags:
b) die Bestimmungen des Titels VI nach Maßgabe des Artikels 35;"

Seit dem Vertrag vom Amsterdam ist die dritte Säule, über die Verweisung des Art. 46 lit. b) EUV auf Art. 35 EUV, der gerichtlichen Kontrolle durch den Gerichtshof unterworfen worden.[533] Art. 46 lit. b) EUV erklärt die Vorschriften über den Gerichtshof auf den Bereich der dritten Säule „ nach Maßgabe" des Art. 35 EUV für anwendbar. Dies bedeutet, dass die Verweisungsnorm des Art. 46 lit. b) EUV für die Zuständigkeitsbegründung nur deklaratorische Wirkung hat und Art. 35 EUV die abschließende konstitutive Grundlage für die Zuständigkeit des Gerichtshofes darstellt, so dass auf den Bereich der dritten Säule nur die Klagearten Anwendung finden die in Art. 35 EUV genannt werden.[534] Ein Rückgriff auf die nicht in Art. 35 EUV genannten Klagearten ist somit ausgeschlossen,[535] denn die Mitgliedstaaten wollten im Bereich der PJZS nur in engen Grenzen und nur für ausdrücklich vorgesehene Klagearten die Zuständigkeit des Gerichtshofes begründen.[536]
Bei der PJZS handelt es sich um politisch sehr sensible Bereiche, bei denen die Mitgliedstaaten die eigene Verantwortung und Souveränität grundsätzlich behalten möchten und auch bei der gerichtlichen Kontrolle gewisse Entscheidungsfreiräume weiterhin für sich beanspruchen, was sich nicht zuletzt aus Art. 35 Abs. 2 EUV ergibt.[537] Art. 46 lit. b) EUV begründet somit selbst keine Verfahrenszuständigkeit im Bereich der dritten Säule. Im Gegensatz hierzu hat Art. 46 lit. b) EUV jedoch auch eine konstitutive Wirkung hinsichtlich der zuständigkeitsbegleitenden Vorschriften des Gemeinschaftsrechts.[538] Auf Grund der fehlenden Verfahrensregelungen in Art. 35 EUV werden über Art. 46 lit. b) EUV die allgemeinen Verfahrensregeln des Gemeinschaftsrechts nach Art. 220 ff. EGV in das Unionsrecht transferiert.[539] Das hat zur Folge, dass für die in Art. 35 EUV genannten Verfahrensarten die Vorschriften über die allgemeinen gemeinschaftlichen Verfahren ergänzend zur Anwendung kommen.[540]

533 Zur Rechtslage vor dem Vertrag von Amsterdam, Ludwig, S. 76 ff.
534 Dörr/Mager, AöR 2000, 386 (406 f.); Cremer, in: Calliess/Ruffert, Art. 46 Rn. 16; Schütz/Sauerbier, JuS 2002, 658 (660).
535 Schütz/Sauerbier, JuS 2002, 658 (660).
536 Dörr/Mager, AöR 2000, 386 (407) mit weiteren Nachweisen.
537 Kopp, in: Strohmeier, Die Europäische Union, S. 108 f.
538 Cremer, in: Calliess/Ruffert, Art. 46 Rn. 17.
539 Herrnfeld, in: Schwarze, Art. 46 Rn. 11 f.
540 Brechmann, in: Calliess/Ruffert, Art. 35 Rn. 1.

C. Die einzelnen Rechtsschutzverfahren nach Art. 35 EUV

I. Inhalt

Art. 35 EUV regelt die Zuständigkeit des Gerichtshofes für die Anwendung und Auslegung von Rechtsakten im Bereich der PJZS.[541] Dabei wird innerhalb des Art. 35 EUV zwischen drei verschiedenen Verfahrensarten unterschieden.

Das Verfahren nach Art. 35 Abs. 1-4 EUV (modifiziertes Vorabentscheidungsverfahren) ermöglicht, in Anlehnung an das Vorabentscheidungsverfahren nach Art. 234 EGV,[542] den mitgliedsstaatlichen Gerichten hinsichtlich der Gültigkeit und Auslegung von Rahmenbeschlüssen und Beschlüssen, der Auslegung der unionsrechtlichen Übereinkommen und der Gültigkeit und Auslegung der dazu gehörigen Durchführungsmaßnahmen ein Vorabentscheidungsersuchen an den Gerichtshof zu richten.

Die Klage nach Art. 35 Abs. 6 EUV (modifizierte Nichtigkeitsklage) sieht, in Anlehnung an die Nichtigkeitsklage nach Art. 230 EGV,[543] die Überprüfung der Rechtmäßigkeit von Rahmenbeschlüssen und Beschlüssen vor.

Eine neue gerichtliche Zuständigkeit begründet das Verfahren nach Art. 35 Abs. 7 EUV (Streitbeilegungsverfahren), welches die Anrufung des Gerichtshofes bei Streitigkeiten der Mitgliedstaaten bzgl. der Auslegung und Anwendung von unionsrechtlichen Sekundärrechtsakten ermöglicht und ein an völkerrechtlichen Vorbildern angelehntes Verfahren darstellt.[544] Neben diesen drei Verfahren, besteht mit Art. 35 Abs. 5 EUV eine Einschränkung der Gerichtsbarkeit des Gerichtshofes. Danach ist der Gerichtshof „nicht zuständig für die Überprüfung der Gültigkeit oder Verhältnismäßigkeit von Maßnahmen der Polizei oder anderer Strafverfolgungsbehörden eines Mitgliedsstaates oder der Wahrnehmung der Zuständigkeiten der Mitgliedstaaten für die Aufrechterhaltung der öffentlichen Ordnung und den Schutz der inneren Sicherheit."

Bis zum jetzigen Zeitpunkt hatte der Gerichtshof erst eine Möglichkeit im Rahmen des Art. 35 EUV über einen Rechtsakt der dritten Säule[545] zu entscheiden. In den verbundenen Rechtssachen Gözütok[546] und Brügge[547] hat der Gerichts-

---

541 Thun-Hohenstein, S. 46.

542 Röben, in: Grabitz/Hilf, Band I, Art. 35 Rn. 2.

543 Brechmann, in: Calliess/Ruffert, Art. 35 Rn. 6; Classen, EuR 1999, Beiheft 1, 73 (83).

544 Vedder, EuR 1999, Beiheft 1, 7 (15).

545 In der verbundenen Rechtssache C-187/01 und C385/01 (Gözütok und Brügge) wurde der Gerichtshof um eine Vorabentscheidung über die Auslegung des Art. 54 des am 19.06.1990 in Schengen unterzeichneten Übereinkommens zur Durchführung des Übereinkommens von Schengen vom 14.06.1985 zwischen den Regierungen der Staaten der Benelux-Wirtschaftsunion, der Bundesrepublik Deutschland und der Französischen Republik betreffend den schrittweisen Abbau der Kontrollen an den gemeinsamen Grenzen (ABl. 2000, L 239, 19) ersucht.

546 Rs. C-187/01- Gözütok.

hof am 11.02.2003 zu einer vorgelegten Frage im Verfahren nach Art. 35 Abs. 1 EUV ein Urteil erlassen.[548]

II. Das modifizierte Vorabentscheidungsverfahren, Art. 35 Abs. 1-4 EUV

1. Inhalt

Art. 35 Abs. 1-4 EUV lautet: „

(1) Der Gerichtshof der Europäischen Gemeinschaften entscheidet unter den in diesem Artikel festgelegten Bedingungen im Wege der Vorabentscheidung über die Gültigkeit und die Auslegung der Rahmenbeschlüsse und Beschlüsse, über die Auslegung der Übereinkommen nach diesem Titel und über die Gültigkeit und die Auslegung der dazugehörigen Durchführungsmaßnahmen.

(2) Jeder Mitgliedsstaat kann durch eine bei der Unterzeichnung des Vertrags von Amsterdam oder zu jedem späteren Zeitpunkt abgegebene Erklärung die Zuständigkeit des Gerichtshofes für Vorabentscheidungen nach Abs. 1 anerkennen.

(3) Ein Mitgliedsstaat, der eine Erklärung nach Absatz 2 abgibt, bestimmt, dass

a) entweder jedes seiner Gerichte, dessen Entscheidungen selbst nicht mehr mit Rechtsmitteln des innerstaatlichen Rechts angefochten werden können, eine Frage, die sich in einem schwebenden Verfahren stellt und die sich auf die Gültigkeit oder die Auslegung eines Rechtsakts nach Absatz 1 bezieht, dem Gerichtshof zur Vorabentscheidung vorlegen kann, wenn es eine Entscheidung zum Erlass seines Urteils für erforderlich hält,

b) oder jedes seiner Gerichte eine Frage, die sich in einem schwebenden Verfahren stellt und die sich auf die Gültigkeit oder die Auslegung eines Rechtsakts nach Absatz 1 bezieht, dem Gerichtshof zur Vorabentscheidung vorlegen kann, wenn es eine Entscheidung darüber zum Erlass seines Urteils für erforderlich hält.

(4) Jeder Mitgliedsstaat kann unabhängig davon, ob er eine Erklärung nach Abs. 2 abgegeben hat oder nicht, beim Gerichtshof in Verfahren nach Absatz 1 Schriftsätze einreichen oder schriftliche Erklärungen abgeben.“

Wie aus dem Wortlaut des Art. 35 Abs. 1-4 EUV zu entnehmen ist, ist das modifizierte Vorabentscheidungsverfahren nach Art. 35 Abs. 1-4 EUV an das Vorabentscheidungsverfahren nach Art. 234 EGV angelehnt.[549] Im Vergleich zum

---

547 Rs. C-385/01- Brügge.

548 Schlussantrag des Generalanwalts vom 19. September 2002, Rs. C-187/01- Gözütok vb. mit Rs. C-385/01- Brügge.

549 Brechmann, in: Calliess/Ruffert, Art. 35 Rn. 2.

Verfahren nach Art. 234 EGV bestehen jedoch teilweise Unterschiede,[550] auf die in den einzelnen Voraussetzungen eingegangen wird.

2. zuständiges Gericht

a) Inhalt

Das zuständige Gericht innerhalb der dritten Säule ergibt sich gemäß Art. 46 lit. b) EUV nach Maßgabe des Art. 35 EUV. Da innerhalb des modifizierten Vorabentscheidungsverfahrens nach Art. 35 Abs. 1 EUV von dem Gerichtshof der Europäischen Gemeinschaften, bzw. der Zuständigkeit des Gerichtshofes die Rede ist, ist grundsätzlich der Gerichtshof für Vorabentscheidungsersuche zuständig.[551] Wie bereits oben beim modifizierten Vorabentscheidungsverfahren nach Art. 68 Abs. 1 EGV erläutert, ist im Wege der Reform von Nizza Art. 225 Abs. 3 EGV neu gefasst worden.[552] Daher stellt sich auch im Bereich der PJZS die Frage, ob neben dem Gerichtshof auch die Möglichkeit besteht, dass das Gericht oder die zu errichtenden gerichtlichen Kammern für das Verfahren nach Art. 35 Abs. 1-4 EUV zuständig sein kann.
Nach Art. 225 Abs. 3 EGV ist das Gericht künftig in besonderen in der Satzung des Gerichtshofes festgelegten Sachgebieten für Vorabentscheidungen nach Art. 234 EGV zuständig.[553] Wie aus dem Wortlaut zu erkennen ist, gilt eine solche originäre Erstzuständigkeit des Gerichts erster Instanz grundsätzlich nur für das Vorabentscheidungsverfahren nach Art. 234 EGV. Ein Bezug zu dem modifizierten Vorabentscheidungsverfahren nach Art. 35 Abs. 1-5 EUV ist durch Art. 225 Abs. 3 EGV ausdrücklich nicht hergestellt worden. Dies ist aber auch nicht nötig gewesen. Durch die Verweisungsvorschrift des Art. 46 EUV ergibt sich, dass sich die sachliche Zuständigkeit innerhalb der Gemeinschaftsgerichte auch in der dritten Säule nach dem Gemeinschaftsrecht[554] und somit nach Art. 225 Abs. 3 EGV richtet.[555] Die Vorschrift des Art. 225 Abs. 3 EGV wird durch Art. 46 lit. b) EUV vom Gemeinschaftsrecht in das Unionsrecht transferiert.[556] Gegen eine ausschließliche Kompetenz des Gerichtshofes im Bereich des Art. 35 EUV spricht somit die Überleitungsregelung des Art. 46 EUV, die gerade hinsichtlich der einzelnen Verfahrensbestimmungen und der Zuständigkeitsvertei-

---

550 Zott, S. 278.
551 Vgl. Urteil des Gerichtshofes in der verbundenen Rechtssache C-187/01 Gözütok und C-385/01 Brügge. Hier hat der Gerichtshof entschieden, ohne näher auf zu seiner Zuständigkeit Stellung zu nehmen.
552 Zum Inhalt des Art. 225 Abs. 3 EGV und den einzelnen Voraussetzungen der Zuständigkeit der Gemeinschaftsgerichte und deren Verhältnis zueinander vgl.: o. Teil III, C., I., 2.
553 Wegener, in: Calliess/Ruffert, Art. 225 Rn. 26.
554 Dörr/Mager, AöR 2000, 386 (406).
555 Cremer, in: Calliess/Ruffert, Art. 46 Rn. 17.
556 Dörr/Mager, AöR 2000, 386 (407).

lung innerhalb der Gemeinschaftsgerichte auf Grund der fehlenden Regelung im Bereich des Art. 35 EUV konstitutive Wirkung hat.[557] Das gleiche gilt daher auch, wenn nach Art. 225 a EGV gerichtliche Kammern eingerichtet werden, denen für Vorabentscheidungsersuche im Bereich der dritten Säule die erstinstanzliche Entscheidungsbefugnis übertragen wird. Da aber weder der Gerichtshof noch die Europäische Kommission zum jetzigen Zeitpunkt Vorschläge hinsichtlich der Zuständigkeitsverteilung im Vorabentscheidungsverfahren getroffen hat, bleibt es bei der Zuständigkeit des Gerichtshofes.

b) Ergebnis

Im modifizierten Vorabentscheidungsverfahren nach Art. 35 Abs. 1-4 EUV ist der Gerichtshof zuständig. Durch die Änderungen des Vertrags von Nizza besteht aber die Möglichkeit die Zuständigkeit nach Art. 225 Abs. 3 EGV i.V.m. der Satzung des Gerichtshofes auf das Gericht, bzw. nach Art. 225 a EGV auf die zu errichtenden gerichtlichen Kammern zu übertragen.

c) Vergleich zwischen Art. 35 Abs. 1 EUV und Art. 234 Abs. 1 EGV

Hinsichtlich des zuständigen Gemeinschaftsgerichts ergeben sich zwischen dem modifizierten Vorabentscheidungsverfahren nach Art. 35 Abs. 1-4 EUV und dem Vorabentscheidungsverfahren nach Art. 234 EGV keine Unterschiede. Für beide Verfahren ist, da in der Satzung des Gerichtshofes für das Vorabentscheidungsverfahren noch keine Zuständigkeitsverteilung stattgefunden hat, der Gerichtshof zuständig.[558]

3. Vorlagegegenstand, Art. 35 Abs. 1 EUV

Der Gerichtshof kann nach Art. 35 Abs. 1 EUV zum einen über die Gültigkeit und Auslegung von Rahmenbeschlüssen nach Art. 34 Abs. 2 lit. b) EUV, Beschlüssen nach Art. 34 Abs. 2 lit. c) EUV und den dazugehörigen Durchführungsmaßnahmen und zum anderen über die Auslegung von Übereinkommen

---

[557] Cremer, in: Calliess/Ruffert, Art. 46 Rn. 17. Etwas anderes ergibt sich auch nicht aus Art. 35 Abs. 2 EUV i.V.m. den mitgliedsstaatlichen Anerkennungsgesetzen (BGBl. 1998 Teil I Nr. 50 vom 6.8.1998). Zwar hat z.B. der Mitgliedsstaat Deutschland in seinem EuGHG ausdrücklich nur eine Anrufung des Gerichtshofes der Europäischen Gemeinschaft vorgesehen, die Regelung ist jedoch vor dem Vertrag von Nizza Inkraftgetreten, so dass sich hier nicht die Frage gestellt hat, ob den Gemeinschaftsgerichte insgesamt die Befugnis zur Entscheidung von Vorabentscheidungsersuche übertragen werden soll. Außerdem können die Mitgliedsstaaten durch nationale Vorschriften auch nicht bestimmen, welches Gericht zuständig ist. Sie können lediglich regeln, welches nationale Gericht zur Vorlage befugt ist.

[558] Vgl. o. unter Teil III, C., I., 2.

und den hierzu ergangenen Durchführungsmaßnahmen nach Art. 34 Abs. 2 lit. d) EUV entscheiden, soweit die Vorlagefrage innerstaatliche Entscheidungsrelevanz besitz.[559] Dabei ist die Aufzählung der Gegenstände des modifizierten Vorabentscheidungsverfahrens abschließend.[560]

a) Gültigkeit und Auslegung von Rahmenbeschlüssen, Art. 34 Abs. 2 lit. b) EUV

Der Gerichtshof kann neben der Gültigkeit auch über die Auslegung von Rahmenbeschlüssen[561] entscheiden.[562] Der Rahmenbeschluss dient der Angleichung von Rechts- und Verwaltungsvorschriften der einzelnen Mitgliedstaaten und ist vergleichbar mit der Richtlinie nach Art. 249 Abs. 3 EGV.[563] Rahmenbeschlüsse sind dabei wie Richtlinien innerhalb der vorgesehenen Frist von den Mitgliedstaaten innerstaatlich umzusetzen.[564] Sowohl beim Rahmenbeschluss als auch bei der Richtlinie wird den Mitgliedstaaten lediglich das zu erreichende Ziel verbindlich vorgegeben, ihnen aber die konkrete Umsetzung überlassen.[565] Des Weiteren hat der Mitgliedsstaat, genau wie bei der Richtlinie, bei der Umsetzung des Rahmenbeschlusses diejenige Form zu wählen, durch die dessen praktische Wirksamkeit (effet utile) am besten gewährleistet wird.[566] Im Gegensatz zur Richtlinie die unmittelbar wirksam sein kann,[567] wird die unmittelbare Wirkung eines Rahmenbeschlusses nach Art. 34 Abs. 2 S. 2 lit. b) S. 3 EUV jedoch

559 Thun-Hohenstein, S. 46 f.

560 Böse, in: Schwarze, Art. 35 Rn. 5.

561 Beispiel für einen Rahmenbeschluss: Rahmenbeschluss des Rates vom 19.07.2002 zur Bekämpfung des Menschenhandels, ABl. EG 2002, L 203, S. 1 ff. Dieser Rahmenbeschluss verpflichtet jeden Mitgliedsstaat, die erforderlichen Maßnahmen zu treffen, um sicherzustellen, dass bestimmte, den Menschenhandel betreffende Handlungen unter Strafe gestellt werden. Die Strafen müssen wirksam, angemessen und abschreckend sein und zu einer Auslieferung führen. Der Rahmenbeschluss ist am 1.08.2002 in Kraft getreten und muss bis zum 1.08.2004 innerstaatlich umgesetzt werden. Für einen weiteren Rahmenbeschluss vgl. Rahmenbeschluss des Rates vom 13.06.2002 über den Europäischen Haftbefehl und die Übergabeverfahren zwischen den Mitgliedsstaaten, ABl. EG 2002, Nr. L 190, S. 1 ff.

562 Borchardt, S. 440 Rn. 966.

563 Meyring, EuR 1999, 309 (317); Brechmann, in: Calliess/Ruffert, Art. 34 Rn. 7.

564 vgl. Bericht der Kommission gemäß Artikel 11 des Rahmenbeschlusses des Rates vom 29. Mai 2000 über die Verstärkung des mit strafrechtlichen und anderen Sanktionen bewehrten Schutzes gegen Geldfälschung im Hinblick auf die Einführung des Euro, KOM (2001) 771.

565 Böse, in: Schwarze, Art. 34 Rn. 6.

566 EuGH, Rs. 48/75, Slg. 1976, 497 RN. 69/73- Royer.; Brechmann, in: Calliess/Ruffert, Art. 34 Rn. 8.

567 st. Rechtsprechung EuGH, Rs. 41/74, Slg. 1974, 1349- Van Duyn/Home Office.

ausgeschlossen.[568] Hiermit wird zugleich der völkerrechtliche Charakter des Rahmenbeschlusses im Gegensatz zum supranationalen Charakter der Richtlinie deutlich.[569] Der Ausschluss der unmittelbaren Anwendbarkeit führt weiter dazu, dass im Gegensatz zur Richtlinie bei fehlerhafter Umsetzung oder Nichtumsetzung einzelne hieraus keine Rechte geltend machen können.[570] Die Übertragung der Rechtsprechung zur ausnahmsweise unmittelbaren Anwendbarkeit nicht umgesetzter Richtlinien ist somit ausgeschlossen.[571] Bei dem Erlass von Rahmenbeschlüssen gilt nach Art. 34 Abs. 2 S. 2 EUV das Einstimmigkeitsprinzip, so dass der Rat den betreffende Rahmenbeschluss einstimmig fassen muss.[572]

b) Gültigkeit und Auslegung von Beschlüssen, Art. 34 Abs. 2 S. 2 lit. c) EUV

Genau wie bei den Rahmenbeschlüssen kann der Gerichtshof auch bei den Beschlüssen[573] neben der Gültigkeit auch über die Auslegung entscheiden.[574] Der Beschluss nach Art. 34 Abs. 2 lit. c) EUV ist verbindlich und genau wie beim Rahmenbeschluss ist die unmittelbare Wirksamkeit ausdrücklich ausgeschlossen.[575] Auch die Durchführung auf nationalen Ebenen bleibt hinsichtlich der Mittel und der Form den Mitgliedstaaten vorbehalten. Im Unterschied zum Rahmenbeschluss dient der Beschluss nicht der Angleichung von Verwaltungs- und Rechtsvorschriften, sondern „jedem anderen Zweck“,[576] wie z.B. der Formulierung von Grundsätzen in bestimmten Politikfeldern.[577] Außerdem ist der Beschluss gegenüber den Rahmenbeschlüssen subsidiär.[578] Genau wie bei den Rahmenbeschlüssen gilt auch hier das Einstimmigkeitsprinzip.[579]Der Beschluss nach Art. 34 Abs. 2 S. 2 lit. c) EUV ist mit keiner Handlungsform des Art. 249 EGV vergleichbar, sondern stellt eine spezifische Handlungsform der dritten Säule dar.[580] Im Unterschied zur Richtlinie dient der Beschluss nicht der Anglei-

568 Meyring, EuR 1999, 309 (317).
569 Brechmann, in: Calliess/Ruffert, Art. 34 Rn. 7.
570 Brechmann, in: Calliess/Ruffert, Art. 34 Rn. 9.
571 Oppermann, Rn. 556 ff. zur unmittelbaren Anwendbarkeit von Richtlinien
572 Brechmann, in: Calliess/Ruffert, Art. 34 Rn. 4.
573 Beispiel für einen Beschluss: 2002/188/JI Beschluss des Rates v. 28.02.2002 über Kontrollmaßnahmen und strafrechtliche Sanktionen im Zusammenhang mit der neuen synthetischen Droge PMMA, ABl. EG L 063 v. 6.02.2002, S. 14, sowie Beschluss des Rates vom 22.07.2002 über ein Rahmenprogramm für die polizeiliche und justizielle Zusammenarbeit in Strafsachen (AGIS), ABl. 2002, Nr. L 203, S. 5 ff.
574 Borchardt, S. 440 Rn. 966.
575 Streinz, EuZW 1998, 137 (142); Röben, in: Grabitz/Hilf, Art. 34 Rn. 19.
576 Brechmann, in: Calliess/Ruffert, Art. 34 Rn. 10.
577 Röben, in: Grabitz/Hilf, Art. 34 Rn. 20.
578 Pechstein/Koenig, Rn. 252.
579 Thun-Hohenstein, S. 43.
580 Röben, in: Grabitz/Hilf, Art. 34 Rn. 20.

chung von Rechts- und Verwaltungsvorschriften. Aber auch zu einer Empfehlung oder Stellungnahme bestehen Unterschiede, da der Beschluss im Gegensatz zur Empfehlung und Stellungnahme verbindlich ist.[581]

c) Auslegung von Übereinkommen der dritten Säule

Nach Art. 34 Abs. 2 lit. d) EUV kann der Rat im Bereich der dritten Säule Übereinkommen erstellen, welche er den einzelnen Mitgliedstaaten dann „zur Annahme gemäß ihren verfassungsrechtlichen Vorschriften empfiehlt."[582] Der Ratsbeschluss über die Ausarbeitung eines Übereinkommens bedeutet für die Mitgliedstaaten noch keine Verbindlichkeit.[583] Erst nach dem Erlass des Übereinkommens sind die Mitgliedstaaten auf Grund der allgemeinen Kooperationspflicht zur Einleitung des Ratifikationsverfahrens verpflichtet und haben daneben auch die vom Rat nach Art. 34 Abs. 2 lit. d) S. 2 EUV gesetzte Frist zu beachten.[584] Diese Kooperationspflicht, wie sie im Gemeinschaftsrecht aus Art. 10 EGV bekannt ist, ergibt sich für die Mitgliedstaaten im Bereich der dritten Säule aus dem Wortlaut des Art. 29 Abs. 1 EUV wonach die Ziele der Union durch „ein gemeinsames Vorgehen der Mitgliedstaaten" erreicht werden sollen sowie aus der Verpflichtung zur Information und Konsultation.[585]
Neben der Pflicht zur Einleitung des Ratifikationsverfahrens bleibt es aber den mitgliedsstaatlichen Parlamenten überlassen, ob sie das Übereinkommen ratifizieren.[586] Grundsätzlich treten die Übereinkommen nach Annahme durch die Hälfte der Mitgliedstaaten in Kraft,[587] es sei denn, dass in dem Übereinkommen selbst eine andere Regelung getroffen worden ist, Art. 34 Abs. 2 lit. d) S. 3 EUV.[588] Im Gegensatz zu den Rahmenbeschlüssen und Beschlüssen ist der Gerichtshof bei den Übereinkommen nicht befugt über die Gültigkeit, sondern nur über die Auslegung zu entscheiden.[589] Dies ergibt sich zum Einem aus dem Wortlaut des Art. 35 Abs. 1 EUV „über die Auslegung der Übereinkommen nach diesem Titel" und zum anderen daraus, dass sich die Gültigkeit aus den nationalen Ratifikationsakten ergibt.[590] Eine Parallele hinsichtlich der anderen beiden Maßnahmen besteht in der Anwendung des Einstimmigkeitsprinzips.[591]

---

581 Ausführlich zur Empfehlung und Stellungnahme vgl. Oppermann, Rn. 571 ff.
582 Ausführlich hierzu in: Thun-Hohenstein, S. 45.
583 Geiger, Art. 34 Rn. 9.
584 Meyring, EuR 1999, 309 (317); Böse, in: Schwarze, Art. 34 Rn. 8.
585 Böse, in: Schwarze, Art. 34 Rn. 8 sowie Art. 29 Rn. 7.
586 Geiger, Art. 34 EUV Rn. 9.
587 Streinz, EuZW 1998, 137 (142).
588 Diese Regelung dient dazu die langwierigen Ratifizierungsverfahren in den Mitgliedsstaaten zu umgehen, Böse, in: Schwarze, Art. 34 Rn. 8.
589 BGBl. 2000 II S. 814 – EG-Finanzschutz-Auslegungsprotokollgesetz.
590 Böse, in: Schwarze, Art. 35 Rn. 5; Röben, in: Grabitz/Hilf, Art. 35 Rn. 5.
591 Röben, in: Grabitz/Hilf, Art. 34 Rn. 25.

Der Vorteil der primärrechtlichen Verankerung der Zuständigkeit des Gerichtshofes gemäß Art. 35 Abs. 1 EUV, im Hinblick auf die Auslegung von Übereinkommen, liegt darin, dass die Übereinkommen nun schneller als vor dem Vertrag von Amsterdam abgeschlossen werden können, da nicht mehr bei jedem einzelnen Übereinkommen über die Zuständigkeit des Gerichtshofes gestritten und verhandelt werden muss, sondern der Gerichtshof primärrechtlich zuständig ist.[592] Beispielsweise sah das Europol-Übereinkommen[593] ursprünglich keine Prüfungsbefugnis des Gerichtshofes vor.[594] Diese wurde bekanntlich erst später durch ein besonderes Protokoll betreffend die Auslegung des Übereinkommens über die Errichtung eines Europäischen Polizeiamtes durch den Gerichtshof der Europäischen Gemeinschaft im Wege der Vorabentscheidung[595] möglich gemacht, wobei entsprechend dem Art. 35 Abs. 2 und 3 EUV die Mitgliedstaaten eine entsprechende Erklärung hierzu abgegeben haben und lediglich das VK nicht bereit gewesen ist, die Kontrollkompetenz des Gerichtshofes anzuerkennen.[596]

Auch im Gemeinschaftsrecht besteht für die Mitgliedstaaten die Möglichkeit untereinander zusätzliche völkerrechtliche Verträge abzuschließen. Sie werden jedoch kein Gemeinschaftsrecht. Es handelt sich vielmehr um bilaterale oder multilaterale völkerrechtliche Verträge zwischen den Mitgliedstaaten, welche nicht Klagegegenstand des Vorabentscheidungsverfahrens nach Art. 234 EGV sein können,[597] es sei denn in den Übereinkommen wird die Zuständigkeit des Gerichtshofes im Vorabentscheidungsverfahren zu entscheiden begründet.

d) Durchführungsmaßnahmen

Nach Art. 34 Abs. 2 lit. c) 2. Halbsatz EUV sowie Art. 34 Abs. 2 lit. d) S. 4 EUV kann der Rat Durchführungsmaßnahmen zu Beschlüssen oder Übereinkommen erlassen. Die Durchführungsmaßnahmen sollen die Einzelheiten der Umsetzung der Beschlüsse oder Übereinkommen durch die mitgliedsstaatlichen Behörden festlegen und somit vor allem den genauen Zeitraum, die einzusetzenden sachlichen, persönlichen und finanziellen Mittel sowie Verfahrensfragen

---

592 Zott, S. 180, 277.

593 ABl.EG 1995 C 316/2; BGBl. 1997 Teil II Nr. 50, S. 2153 ff.

594 Gleß, EuR 1998, 748 (762); Gleß, DRiZ 2000, 365 (371); Frowein/Krisch, JZ 1998, 589 (589 f.); Gleß/Lüke, JURA 2000, 400 (404). Lediglich für bestimmte dienstrechtliche Streitigkeiten ist der Rechtsweg eröffnet gewesen, Art. 40 Abs. 3 Europol-Übereinkommen.

595 ABl.EG 1996 C 299/2 ff.; BGBl. 1997 Teil II Nr. 50, S. 2170 ff.

596 Bull, DRiZ 1998, 32 (41); Gleß, EuR 1998, 748 (762)

597 Ausführlich hierzu Oppermann, Rn. 610 ff. Zur Überprüfung solcher völkerrechtlicher Verträge, Schmalenbach, in: Calliess/Ruffert, Art. 300 Rn. 84 ff. (Gutachtenverfahren nach Art. 300 Abs. 6 EG).

konkretisieren.[598] Dabei dürfen sie weder über den Regelungsrahmen des Beschlusses oder Übereinkommens hinausgehen, noch weitergehende Verpflichtungen als diese begründen.[599]
Im Gegensatz zu den Rahmenbeschlüssen, Beschlüssen und Übereinkommen können die Durchführungsmaßnahmen nach der ausdrücklichen Regelung in Art. 34 Abs. 2 S. 2 lit. c) S. 2 EUV und Art. 34 Abs. 2 S. 4 EUV mit qualifizierter Mehrheit oder mit der Mehrheit von zwei Dritteln angenommen werden.[600] In diesem Bereich sei auf die Änderungen durch den Vertrag von Nizza hingewiesen, wonach durch die Erweiterung der Europäischen Union, ab dem 1.01.2005 eine neue Stimmengewichtung im Rat gilt.[601] Hinsichtlich der in Art. 35 Abs. 1 EUV aufgeführten Durchführungs-maßnahmen stellt sich jedoch die Frage, ob sich „die Gültigkeit und die Auslegung der dazugehörigen Durchführungsmaßnahmen" nur auf Übereinkommen nach Art. 34 Abs. 2 lit. d) EUV bezieht oder auch die Beschlüsse nach Art. 34 Abs. 2 lit. c) EUV umfasst.[602] Grundsätzlich könnte man davon ausgehen, dass durch die Verwendung des Wortes „und" sich der letzte Halbsatz nur auf die Übereinkommen bezieht.[603] Gegen eine solche Sichtweise spricht aber eindeutig der gesamte Wortlaut der Norm. Durch die sprachliche Verwendung des Begriffes „dazugehörig" kann abgeleitet werden, dass sich die Durchführungsmaßnahmen auf alle vorherigen Gegenstände bezieht und nicht nur auf Übereinkommen.[604]
Für eine andere Sichtweise besteht auch kein Grund, denn es ist nicht ersichtlich, warum Durchführungsmaßnahmen zu Beschlüssen von der Auslegung und Gültigkeitsprüfung durch den Gerichtshof ausgeschlossen sein sollten,[605] denn die entsprechenden Durchführungsmaßnahmen spielen eine gewichtige Rolle bei der praktischen Anwendung von Beschlüssen, so dass dies eher für eine Überprüfung durch den Gerichtshof spricht.[606] Des Weiteren wird eine solche Auslegung auch durch einen Vergleich der mitgliedsstaatlichen Sprachfassungen gestützt. Sowohl bei der spanischen als auch bei der französischen und englischen Fassung befindet sich hinter dem Wort „Gültigkeit" ein Komma, womit in diesen Sprachen klargestellt wird, dass der Teil hinter dem Komma sich auf den gesamten vorderen Teil bezieht.[607]

---

598 Degen, in: G/T/E, Band 5, Art. K.3 Rn. 9.
599 Böse, in: Schwarze, Art. 34 Rn. 7, 9.
600 Brechmann, in: Calliess/Ruffert, Art. 34 EUV Rn. 5.
601 Zu den Einzelheiten der neuen Stimmengewichtung, wie sie im Protokoll über die Erweiterung der Europäischen Union enthalten ist, Fischer, S. 50 f.
602 Böse, in: Schwarze, Art. 35 Rn. 5.
603 Röben, in: Grabitz/Hilf, Band I, Art. 35 Rn. 6.
604 Röben, in: Grabitz/Hilf, Band I, Art. 35 Rn. 6.
605 Thun-Hohenstein, S. 46; Böse, in: Schwarze, Art. 35 Rn. 5.
606 Ludwig, S. 95.
607 Röben, in: Grabitz/Hilf, Band I, Art. 35 Rn. 6.

e) Primärrecht der dritten Säule

Dadurch, dass Art. 35 Abs. 1 EUV hinsichtlich des Vorlagegegenstands abschließenden Charakter hat und das Primärrecht des Titels VI EUV in Art. 35 Abs. 1 EUV nicht aufgeführt ist, hat der Gerichtshof grundsätzlich keine Zuständigkeit zur Auslegung oder Gültigkeitsprüfung des Primärrechts.[608] Etwas anderes ergibt sich lediglich dann, wenn dem Gerichtshof Sekundärrechtsakte zur Auslegungs- und Gültigkeitsprüfung vorgelegt worden sind. Hier ist eine inzidente Auslegung des Primärrechts, d.h. der Rechtsgrundlage des Art. 34 Abs. 2 EUV möglich.[609] Eine generelle Vorlage von Fragen im Bezug auf die primärrechtlichen Bestimmungen der dritten Säule bleibt jedoch ausgeschlossen.[610]

f) Schengen-Besitzstand

Die Vorschriften des Schengener Übereinkommens und des SDÜ inklusive der Beitrittsprotokolle und - Übereinkommen sowie die Beschlüsse und Erklärungen des Schengener Exekutivausschusses sind durch den Beschluss 1999/435/EG des Rates vom 20.05.1999[611] und den Beschluss 1999/436/EG des Rates vom 20.05.1999[612] den jeweils einschlägigen Rechtsgrundlagen des EG-Vertrags und EU-Vertrags zugeordnet worden.[613] Gemäß dem Protokoll und den genannten Beschlüssen des Rates können die Bestimmungen und Beschlüsse, die als Rechtsgrundlage den Art. 29 ff EUV zugeordnet worden sind, vom Gerichtshof im Wege der Vorabentscheidung ausgelegt werden und somit Gegenstand des modifizierten Vorabentscheidungsverfahrens nach Art. 35 Abs. 1-4 EUV sein.[614] Interessant ist in diesem Bereich vor allem das SDÜ, da zum jetzigen Zeitpunkt der Gerichtshof für die ersten beiden entschiedenen Verfahren nach Art. 35 Abs. 1-4 EUV sich mit der Auslegung von Art. 54 SDÜ zu befassen hatte.[615]

---

608 Dörr/Mager, AöR 2000, 386 (412).

609 Röben, in: Grabitz/Hilf, Band I, Art. 35 Rn. 8; Dörr/Mager, AöR 2000, 386 (412).

610 Böse, in: Schwarze, Art. 35 Rn. 5.

611 ABl.EG 1999 Nr. L 176, 1 ff.

612 ABl.EG 1999 Nr. L 176, 17 ff.

613 Brechmann, in: Calliess/Ruffert, Art. 61 Rn. 11.

614 Vgl. Urteil des Gerichtshofes vom 11.02.2003 in der verbundenen Rechtssache C-187/01 Gözütok und C-385/01 Brügge; Schlussantrag des Generalanwalts vom 19. Sept. 2002, Rs. C-187-01 Rn. 30- Gözütok.

615 Vgl. Urteil des Gerichtshofes vom 11.02.2003 in der verbundenen Rechtssache C-187/01 Gözütok und C-385/01 Brügge; Schlussantrag des Generalanwalts vom 19. September 2002, verb. Rs. C-187-01, C-385-01- Gözütok/Brügge.

g) Ergebnis

Vorlagegegenstand des modifizierten Vorabentscheidungsverfahrens kann die Gültigkeit und Auslegung von Rahmenbeschlüssen und Beschlüssen, die Auslegung von Übereinkommen der dritten Säule sowie die zu den Beschlüssen und Übereinkommen ergangenen Durchführungsmaßnahmen sein. Darüber hinaus kann auch der Schengen-Besitzstand, soweit die Bestimmungen als Rechtsgrundlage den Art. 29 ff. EUV zugeordnet worden sind, Gegenstand des modifizierten Vorabentscheidungsverfahrens nach Art. 35 Abs. 1 EUV sein. Auf Grund der abschließenden Regelung des Art. 35 Abs. 1 EUV ist das Primärrecht der dritten Säule dagegen nicht Gegenstand einer Vorlage im Verfahren nach Art. 35 Abs. 1 EUV.

h) Vergleich zwischen Art. 35 Abs. 1 EUV und Art. 234 Abs. 1 EGV

aa) Vorlagegegenstand des Vorabentscheidungsverfahrens nach Art. 234 Abs. 1 lit. a)-c) EGV

Im Vorabentscheidungsverfahren nach Art. 234 Abs. 1 lit. a) – c) EGV entscheidet der Gerichtshof über die Auslegung des Vertrags, über die Auslegung und Gültigkeit der Handlungen der Organe der Gemeinschaft und der EZB, als auch über die Auslegung der Satzungen der durch den Rat geschaffenen Einrichtungen soweit deren Satzungen dies vorsehen.[616]

bb) Parallelen und Unterschiede

Von der Begrifflichkeit der Auslegung und Gültigkeit besteht zwischen beiden Verfahren kein Unterschied.[617] Im Unterschied zum Verfahren nach Art. 234 EGV ermächtigt Art. 35 Abs. 1 EUV den Gerichtshof aber nicht zur Auslegung des Primärrechts selbst.[618] Diese Kompetenzbeschränkung hat im Unionsecht vor allem den Sinn, dass der Gerichtshof einzelnen Bestimmungen des Titels VI EUV keine unmittelbare Geltung zusprechen soll.[619] Im Gegensatz zu Art. 35 Abs. 1 EUV kann der Gerichtshof im Verfahren nach Art. 234 EGV das gesamte gemeinschaftliche Primärrecht und das gesamte gemeinschaftliche Sekundärrecht, mit Ausnahme des Titels IV EGV, prüfen.[620] Fragen nach der Gültigkeit des primären Gemeinschaftsrechts können aber ebenso wenig Gegenstand eines

616 Geiger, Art. 234 Rn. 4; Wegener, in: Calliess/Ruffert, Art. 234 Rn. 2 ff.

617 Zu den Begriffen der Auslegung und Gültigkeit, Krück, in: G/T/E, Band 4, Art. 177 Rn. 37 ff.

618 Röben, in: Grabitz/Hilf, Band I, Art. 35 Rn. 8.

619 Dörr/Mager, AöR 2000, 386 (412).

620 Niedermühlbichler, Rn. 268 ff.

Vorabentscheidungsverfahrens nach Art. 234 EGV sein.[621] Des Weiteren können im Gegensatz zu Art. 35 Abs. 1-4 EUV im Verfahren nach Art. 234 EUV auch Handlungen der EZB und in dem in Art. 234 Abs. 1 lit. c) EGV vorgesehenen Bereichen eine Auslegung, bzw. Gültigkeitsprüfung stattfinden.[622]
Dagegen sind beim Verfahren nach Art. 35 Abs. 1-4 EUV Vorlagegegenstand nur die in Art. 35 Abs. 1 EUV aufgeführten Handlungen, welche sich wiederum auf Grund ihres unionsrechtlichen Charakters von den Sekundärrechtsakten nach Art. 249 EGV unterscheiden. Wie bereits oben erläutert, relativiert sich der Unterschied hinsichtlich der Prüfung des Primärrechts jedoch dahingehend, dass auch im modifizierten Vorabentscheidungsverfahren nach Art. 35 Abs. 1-4 EUV bei der Prüfung von Sekundärrechtsakten inzident die primärrechtliche Rechtsgrundlage vom Gerichtshof überprüft werden kann. Die Anwendung des ausgelegten Rechts auf den zur konkreten Entscheidung stehenden nationalen Einzelfall ist in beiden Verfahren allein Aufgabe des mitgliedsstaatlichen Gerichts.[623]
Zusammenfassend lässt sich daher festhalten, dass der Gegenstand des Vorabentscheidungsverfahrens nach Art. 234 Abs. 1 EGV erheblich weiter gefasst ist als beim modifizierten Vorabentscheidungsverfahren nach Art. 35 Abs. 1 EUV, wo die Zuständigkeit Sinnvollerweise bezogen auf die PJZS nur in Teilbereichen besteht und anders als im gemeinschaftsrechtlichen Vorabentscheidungsverfahren inhaltlich auf Sekundärrechtsakte der dritten Säule beschränkt ist.[624]

4. Anerkennung der Zuständigkeit des Gerichtshofes, Art. 35 Abs. 2 EUV

a) Inhalt

Damit der Gerichtshof im Rahmen der dritten Säule überhaupt zur Überprüfung des Vorlagegegenstands zuständig ist, sieht das modifizierte Vorabentscheidungsverfahren die Besonderheit einer Anerkennungserklärung der Mitgliedstaaten nach Art. 35 Abs. 2 EUV vor.[625] Nach Art. 35 Abs. 2 EUV „kann" ein Mitgliedsstaat, auch noch nach dem Inkrafttreten des Amsterdamer Vertrags, die Zuständigkeit des Gerichtshofes für das Verfahren nach Abs. 1 anerkennen (opting in).[626] Daraus ergibt sich, dass kein Mitgliedsstaat gezwungen ist die Zu-

---

621 Wegener, in: Calliess/Ruffert, Art. 234 Rn. 2.
622 Ausführlich zum Verfahrensgegenstand im Bereich des Art. 234 EG : Wegener, in: Calliess/Ruffert, Art. 234 Rn. 2 ff.
623 st. Rechtsprechung , vgl. EuGH, Rs. 222/78, Slg. 1979, 1163, Rn. 10 ff.- ICAP.
624 Röben, in: Grabitz/Hilf, Band I, Art. 35 Rn. 1.
625 Zott, S. 278; Brechmann, in: Calliess/Ruffert, Art. 35 Rn. 3; Böse, in: Schwarze, Art. 35 Rn. 2; Röben, in: Grabitz/Hilf, Band I, Art. 35 Rn. 9; Classen, EuR 1999, Beiheft 1, 73 (85 f.).
626 Ludwig, S. 122.

ständigkeit des Gerichtshofes anzuerkennen, denn Art. 35 Abs. 2 EUV räumt den Mitgliedstaaten diesbezüglich ein freies Ermessen ein.[627] Zwar hat die Besonderheit der Anerkennungserklärung keine vergleichbare Regelung im primären Gemeinschafts- und Unionsrecht, sie weist aber eine gewisse Parallele zu Art. 36 Abs. 2 IGH-Statut auf.[628] Außerdem ist sie Art. 4 des Auslegungsprotokolls zum Europol-Übereinkommen nachgebildet.[629] Bis jetzt haben alle Mitgliedstaaten außer Dänemark, Irland und das VK[630] eine Anerkennungserklärung nach Art. 35 Abs. 2 EUV abgegeben.[631]

b) Widerrufbarkeit der Anerkennungserklärung nach Art. 35 Abs. 2 EUV

Dadurch, dass der Unionsvertrag keine Regelung über den Widerruf von einseitig abgegebenen Erklärungen enthält stellt sich die Frage, ob die einmal abgegebene Anerkennungserklärung auch widerrufen werden kann.[632]
Stellt man auf die Grundsätze des Völkerrechts ab, liegt der Schluss nahe auch den Widerruf einer nach Art. 35 Abs. 2 EUV abgegebene Anerkennungserklärung zuzulassen.[633] Der IGH hat in dem Streit zwischen Nicaragua und den USA[634] entschieden, dass eine ohne Beendigungstatbestand abgegebene Unterwerfungserklärung nur unter der Wahrung einer angemessenen Frist zurückgenommen werden könne.[635] Legt man diese Grundsätze dem Widerruf einer einseitig abgegebenen Anerkennungserklärung zu Grunde, wäre ein Widerruf daher in Grenzen möglich. Eine Übertragung dieser Grundsätze erscheint jedoch, vor dem Hintergrund der besonderen Regelung des Unionsrechts, als nicht hinnehmbar. [636] Die dritte Säule hat innerhalb des Unionsrechts zum vorrangigen Ziel die Integration d.h. die Schaffung eines Raums der Freiheit, der Sicherheit und des Rechts. Im Gegensatz zu den völkerrechtlichen Verträgen ist im Bereich der PJZS bereits durch die Anerkennungserklärung eines Mitgliedsstaats ein Vertrauensbereich geschaffen worden, der Grundlage für weitere Integrationshandlungen der einzelnen Mitgliedstaaten ist.

---

627 Geiger, Art. 35 Rn. 4.
628 Brechmann, in: Calliess/Ruffert, Art. 35 Rn. 3; Pechstein, EuR 1999, 1 (21); Streinz, Jura 1998, 57 (64).
629 Harrings, EuR 1998, Beiheft 2, 81 (92).
630 Hintergrund ist, dass die drei Mitgliedsstaaten aus Angst vor einem Souveränitätsverlust bereits im Vertrag von Maastricht eine Zuständigkeit des Gerichtshofes im Bereich der dritten Säule abgelehnt haben und diese Haltung bis dato noch nicht revidiert haben.
631 Knapp, DÖV 2001, 12 (14).
632 Classen, EuR 1999, Beiheft 1, 73 (86).
633 Dörr/Mager, AöR 2000, 386 (409 f.).
634 IGH, Slg. 1984, 392 Rz. 56 ff.
635 Vgl. Classen, EuR 1999, Beiheft 1, 73 (86 f.).
636 Brechmann, in: Calliess/Ruffert, Art. 35 EUV Rn. 3; sowie ohne nähere Begründung Röben, in: Grabitz/Hilf, Band I, Art. 35 EUV Rn. 10.

Die Abgabe der Anerkennungserklärung erfolgt unter dem Gesichtspunkt, dass auch die anderen Mitgliedstaaten eine solche abgeben haben und sich an diese auch für die Zukunft gebunden fühlen. Ein wichtiger Integrationsfaktor der Europäischen Union besteht in der Vermeidung von Ausnahmen für einzelne Mitgliedstaaten und darauf, gemeinsam geschaffene Grundsätze nicht für die Vergangenheit oder Zukunft durch Handlungen einzelner Mitgliedstaaten zu gefährden, bzw. wieder aufzuheben. Eine Widerrufsmöglichkeit würde daher den Integrationsprozess innerhalb der dritten Säule unterlaufen und umkehren. Jeder Mitgliedsstaat, der eine Anerkennungserklärung nach Art. 35 Abs. 2 EUV abgegeben hat, vertraut auf den Bestand der jeweils abgegebenen Erklärungen der anderen Mitgliedstaaten. Nur durch dieses gegenseitige Vertrauen und das Festhalten an der Erklärung ist eine Integration und einheitliche Rechtsanwendung und Auslegung innerhalb der dritten Säule möglich. Außerdem würde die Einräumung eines Widerrufsrechts der Anerkennungserklärung zu einer unüberschaubaren Situation im Bereich des Art. 35 Abs. 1-4 EUV führen.[637] Ein Integrationsrückschritt durch den Widerruf einer Anerkennungserklärung würde auch gegen das in Art. 2 Spiegelstrich 4 EUV verfolgte Ziel „der Erhaltung und Weiterentwicklung der Union als Raum der Freiheit, der Sicherheit und des Rechts“ verstoßen.
Das gleiche Ergebnis erschließt sich auch aus dem Inhalt des Art. 1 Abs. 2 1. HS. EUV. Dort heißt es, dass „dieser Vertrag stellt eine neue Stufe bei der Verwirklichung einer immer engeren Union der Völker Europas dar.“ Die Formulierung der „immer engeren Union“ zeigt, dass das Ziel der Union die Verdichtung und Vertiefung der Integration ist und die Entwicklung der Union nicht rückwärtsgewandt erfolgen darf. Außerdem ist ein Widerruf auch aus deutscher Verfassungssicht nicht hinnehmbar, denn Art. 23 GG verpflichtet Deutschland auf die Entwicklung der europäischen Union hinzuwirken. Ein Widerruf der einmal abgegebenen Anerkennungserklärung wäre mit diesem Grundsatz nicht vereinbar.[638] Außerdem wäre ein Rückgriff auf die Grundsätze des Völkerrechts im Bereich des Verfahrens nach Art. 35 EUV nur wirksam, wenn eine Regelungslücke besteht. Davon ist hinsichtlich des Widerrufs aber nicht auszugehen, da das Fehlen einer Widerrufsmöglichkeit als abschließende Regelung verstanden werden kann.[639]

c) Ergebnis

Im Gegensatz zum Vorabentscheidungsverfahren nach Art. 234 EGV ist für die Begründung der Zuständigkeit des Gerichtshofes im modifizierten Vorabentscheidungsverfahren eine Anerkennungserklärung der Mitgliedstaaten nach Art.

---

637 Ludwig, S. 124.
638 Classen, EuR 1999, Beiheft 1, 73 (87).
639 Ludwig, S. 124.

35 Abs. 2 EUV notwendig. Ein Widerruf einer bereits von einem Mitgliedsstaat abgegebenen Anerkennungserklärung nach Art. 35 Abs. 2 EUV ist nach dem Sinn und Zweck der Anerkennungserklärung im Unionsrecht ausgeschlossen.

5. Die vorlageberechtigten Gerichte, Art. 35 Abs. 3 EUV

a) Inhalt

Nach Art. 35 Abs. 3 EUV kann jeder Mitgliedsstaat, der eine Anerkennungserklärung nach Art. 35 Abs. 2 EUV abgegeben hat bestimmen, welches nationale Gericht berechtigt ist, dem Gerichtshof eine Frage zur Vorabentscheidung vorzulegen.[640] Hierfür hält Art. 35 Abs. 3 EUV insgesamt vier Optionen bereit.[641] Zum einen können die Mitgliedstaaten die Vorlagebefugnis nach Art. 35 Abs. 3 lit. a) EUV auf die letztinstanzlichen Gerichte beschränken[642] oder zum anderen die Vorlagebefugnis nach Art. 35 Abs. 3 lit. b) EUV[643] auf sämtliche nationalen Instanzen ausdehnen.[644] Des Weiteren haben die Mitgliedstaaten in beiden Optionen die Möglichkeit, „in ihrem innerstaatlichen Recht zu bestimmen, dass ein nationales Gericht, dessen Entscheidung selbst nicht mehr mit Rechtsmitteln des innerstaatlichen Rechts angefochten werden können, verpflichtet ist, den Gerichtshof anzurufen, wenn sich in einem schwebenden Verfahren eine Frage über die Gültigkeit oder die Auslegung eines Rechtsakts nach Artikel 35 Absatz 1 stellt."[645] Der Mitgliedstaat Deutschland hat eine Erklärung nach Art. 35 Abs. 3 lit. b) EU abgegeben und somit allen deutschen Gerichten eine Vorlagebefugnis eingeräumt, wenn es eine Entscheidung zum Erlass seines Urteils oder Beschlusses erforderlich hält.[646]

b) Ergebnis

Nach Art. 35 Abs. 3 EUV steht die Einräumung der Berechtigung zur Vorlage an den Gerichtshof im Verfügungsbereich der einzelnen Mitgliedstaaten. Die Mitgliedstaaten können entweder alle mitgliedstaatlichen Gerichte oder lediglich

---

640 Böse, in: Schwarze, Art. 35 Rn. 3.

641 Ludwig, S. 124, geht von fünf Varianten aus, da er die Möglichkeit mit in den Abs. 3 einbezieht, dass ein Mitgliedsstaat gar keine Anerkennungserklärung nach Abs. 2 abgibt.

642 So die abgegebene Erklärung Spaniens, ABl. EG 1999, C 120/24.

643 So die Erklärung von Belgien, Deutschland, Frankreich, Griechenland, Italien, Luxemburg, Niederlande, Österreich, Portugal, Finnland und Schweden, ABl. EG 1999, C 120/24.

644 Harings, EuR 1998 Beiheft 2, 81 (92).

645 Erklärung Nr. 10 zu Artikel 35 des Vertrags über die Europäische Union, Thun-Hohenstein, S. 343.

646 § 1 Abs. 1 EuGHG v. 6.08.1998, BGBl. 1998 I , S. 2035; Röben, in: Grabitz/Hilf, Band I, Art. 35 EUV Rn. 17.

die konkret letztinstanzlichen Gerichte zur Vorlage an den Gerichtshof ermächtigen.

c) Vergleich zwischen Art. 35 Abs. 3 EUV und Art. 234 EGV

aa) Vorlageberechtigung im Vorabentscheidungsverfahren nach Art. 234 Abs. 2 EGV

Beim Vorabentscheidungsverfahren nach Art. 234 EGV ist das Vorlagerecht eines mitgliedsstaatlichen Gerichts in Art. 234 Abs. 2 EGV geregelt und kann nicht durch Parteidisposition oder nationale Regelungen eingeschränkt werden.[647] Demnach ist im Vorabentscheidungsverfahren nach Art. 234 EGV jedes Gericht eines Mitgliedsstaats zur Vorlage an den Gerichtshof berechtigt, wenn es die Entscheidung über eine vorlagefähige Frage zum Erlass seiner Entscheidung für erforderlich hält. Somit sind im Verfahren nach Art. 234 EGV sowohl letztinstanzliche mitgliedsstaatliche Gerichte als auch unterinstanzliche mitgliedsstaatliche Gerichte zur Vorlage berechtigt.[648]

bb) Parallelen und Unterschiede

Hinsichtlich der Vorlageberechtigung besteht der wesentliche Unterschied zwischen dem modifizierten Vorabentscheidungsverfahren nach Art. 35 Abs. 3 EUV und dem Vorabentscheidungsverfahren nach Art. 234 Abs. 2 und 3 EGV in der Dispositionsbefugnis der Mitgliedstaaten im Bezug auf die Bestimmung der zur Vorlage berechtigten mitgliedsstaatlichen Gerichte. Während bei dem Verfahren nach Art. 234 EGV neben letztinstanzlichen Gerichten auch Instanzgerichte zur Vorlage berechtigt sind, hängt dies im Verfahren nach Art. 35 Abs. 1-4 EUV von der Art der Anerkennungserklärung ab. Nur wenn sich ein Mitgliedsstaat für die Variante des Art. 35 Abs. 3 lit. b) EUV entscheidet, besteht eine Parallele zu Art. 234 Abs. 2 und 3 EGV, denn dann ist auch im modifizierten Vorabentscheidungsverfahren jedes mitgliedsstaatliche Gericht zur Vorlage berechtigt.
Entscheidet sich der Mitgliedsstaat hingegen für die Variante des Art. 35 Abs. 3 lit. a) EUV sind nur letztinstanzliche mitgliedsstaatliche Gerichte zur Vorlage befugt, was zum einen ein Unterschied zu Art. 234 EUV und zum anderen jedoch eine Parallele zum Verfahren nach Art. 68 Abs. 1 EGV darstellt. Eine Parallele zwischen allen drei Verfahren stellt das Erfordernis der Erforderlichkeit der Vorlage dar,[649] deren Beurteilung jeweils Sache des nationalen Gerichts

[647] Wegener, in: Calliess/Ruffert, Art. 234 Rn. 17.
[648] Krück, in: G/T/E, Band 4, Art. 177 Rn. 51.
[649] Zur Erforderlichkeit vgl. o. Teil III, C., I., 3., b); Zott, S. 278.

ist.[650] Insgesamt ist die in Art. 35 Abs. 3 EUV geregelte Dispositionsbefugnis sowohl dem Verfahren nach Art. 234 EGV, als auch dem Verfahren nach Art. 68 Abs. 1 EGV fremd und zeigt deutlich den wesentlichen Unterschied zwischen Gemeinschaftsrecht und Unionsrecht.

6. Vorlagepflicht

Eine grundsätzliche Vorlagepflicht für letztinstanzliche mitgliedsstaatliche Gerichte oder Instanzgerichte besteht im Rahmen des modifizierten Vorabentscheidungsverfahren nach Art. 35 Abs. 1-4 EUV nicht.[651] Dies ergibt sich aus dem nicht verpflichtenden Wortlaut des Art. 35 Abs. 3 lit. a) und b) EUV der von „kann" und „können" spricht.[652] Für die einzelnen Mitgliedstaaten besteht aber die Möglichkeit, für letztinstanzliche Gerichte eine Vorlagepflicht zu begründen. Dies ergibt sich aus der entsprechenden Erklärung Nr. 10 zur Schlussakte zum Amsterdamer Vertrag.[653]
Neben dem deutsche Gesetzgeber der von dieser Möglichkeit in § 1 Abs. 2 EuGHG[654] Gebrauch gemacht hat,[655] haben auch Belgien, Frankreich, Italien, Luxemburg, Niederlande und Österreich eine solche Erklärung abgegeben.[656]

a) Das Problem der Anwendung der Foto-Frost-Entscheidung

Der Gerichtshof hat in der Rechtssache Foto-Frost[657] entschieden, dass die mitgliedsstaatlichen Gerichte nicht befugt sind, Handlungen der Gemeinschaftsorgane für ungültig zu erklären.[658] Daraus wird geschlossen, dass die Verwerfungskompetenz ausschließlich beim Gerichtshof liegt und die mitgliedsstaatlichen Gerichte die Pflicht haben, bei Zweifeln an der Rechtmäßigkeit einer Handlung der Gemeinschaftsorgane den Gerichtshof im Wege des Verfahrens nach Art. 234 EGV anzurufen.[659] Umstritten ist, ob der Inhalt dieser Entschei-

---

650 Wegener, in: Calliess/Ruffert, Art. 234 Rn. 14.
651 Thun-Hohenstein, S. 47.
652 Zott, S. 278; Harings, EuR 1998, Beiheft 2, 81 (92); Pechstein/Koenig, Rn. 390.
653 Erklärung zu Artikel 35 des Vertrags über die Europäische Union: „Die Konferenz nimmt zur Kenntnis, dass die Mitgliedsstaaten bei der Abgabe einer Erklärung nach Artikel 35 Abs. 2 des Vertrags....vorbehalten können, in ihrem innerstaatlichen Recht zu bestimmen, dass ein nationales Gericht, dessen Entscheidung selbst nicht mehr mit Rechtsmitteln des innerstaatlichen Rechts angefochten werden kann, verpflichtet ist, den Gerichtshof anzurufen....", Thun-Hohenstein, S. 343.
654 BGBl. 1998 Teil I Nr. 50, 2035- EuGHG
655 Vgl. BGH- Beschl. v. 6.6.2002- 4 Ars 3/02=NJW 2002, 2654.
656 Ludwig, S. 129.
657 EuGH, Rs. 314/85, Slg. 1987, 4199 (15)- Foto-Frost.
658 Vgl. o. Teil III, C., I., 4., b), aa).
659 Schima, S. 45.

dung und die Grundsätze die daraus für die mitgliedsstaatlichen Gerichte gezogen werden auf das modifizierte Vorabentscheidungsverfahren nach Art. 35 Abs. 1-4 EUV übertragen werden können und somit auch im Bereich der dritten Säule unterinstanzliche Gerichte zur Vorlage verpflichtet sind, wenn sie Zweifel an der Rechtmäßigkeit von vorlagegegenständlichen Maßnahmen der dritten Säule haben.

aa) Die Lösung

Bei der Lösung des Problems ist zunächst festzuhalten, dass im Fall einer fehlenden Anerkennungserklärung nach Art. 35 Abs. 2 EUV, d.h. im Fall von Dänemark, Irland und des VK, die Foto-Frost-Entscheidung im Verfahren nach Art. 35 Abs. 1-4 EGV nicht anzuwenden ist, da hier bereits keine Vorlageberechtigung der mitgliedsstaatlichen Gerichte besteht, wenn sie einen in Art. 35 Abs. 1 EUV aufgezählten Rechtsakt für rechtswidrig halten.[660] Die mitgliedsstaatlichen Gerichte dürfen selbst entscheiden[661], denn sie haben in einem solchen Fall von ihrer Gestaltungsmöglichkeit dahingehend Gebrauch gemacht, dass sie eine Unterwerfung unter die Rechtsprechung des Gerichtshofes gerade ausgeschlossen haben.[662] Hat ein Mitgliedsstaat somit keine Anerkennungserklärung nach Art. 35 Abs. 2 EUV abgegeben, kann für diese Mitgliedstaaten keine Vorlagepflicht aus der Foto-Frost Rechtsprechung abgeleitet werden und die mitgliedsstaatlichen Gerichte können selber entscheiden.[663]
Daran anschließend stellt sich aber die Frage, ob diese Lösung auch auf die Fälle übertragen werden kann, in denen die Mitgliedstaaten eine Anerkennungserklärung abgegeben und von den Optionen des Art. 35 Abs. 3 lit. a) und b) EUV Gebrauch gemacht haben. Diesbezüglich wird teilweise der Standpunkt vertreten, dass in diesen Fällen die Foto-Frost-Rechtsprechung auch im Bereich des Art. 35 Abs. 1 EGV zu einer Vorlagepflicht unterinstanzlicher Gerichte führt.[664] Der Gerichtshof hat in der Foto-Frost-Rechtsprechung eine Vorlagepflicht aus dem Grundsatz der Rechtseinheit und der Kohärenz des Rechtsschutzsystems begründet. Diese Rechtsprechung ist daher auch im Unionsrecht auf die Mitgliedstaaten übertragbar, die eine Erklärung nach Art. 35 Abs. 2 EUV abgegeben haben und somit für eine einheitliche Auslegung und Anwendung der Rechtsakte der dritten Säule sorgen wollten.[665]

---

660 Böse, in: Schwarze, Art. 35 Rn. 4.
661 Ludwig, S. 164.
662 Dörr/Mager, AöR 2000, 386 (411).
663 Dörr/Mager, AöR 2000, 386 (411); Böse, in: Schwarze, Art. 35 Rn. 4.
664 Böse, in: Schwarze, Art. 35 Rn. 4; Brechmann, in: Calliess/Ruffert, Art. 35 EUV Rn. 4; Röben, in: Grabitz/Hilf, Band I, Art. 35 EUV Rn. 16; Thun-Hohenstein, S. 47 f.; Nicht eindeutig Dörr/Mager, AöR 2000, 386 (411).
665 Böse, in: Schwarze, Art. 35 Rn. 4.

Deutschland hat in seinem EuGHG jedem Gericht ein Recht zur Vorlage eingeräumt und letztinstanzliche Gerichte zu einer Vorlage verpflichtet. Eine unionskonforme Auslegung des EuGHG legt daher den Schluss nahe, dass die Vorlagebefugnis von Instanzgerichten sich zu einer Vorlagepflicht verdichtet, wenn Instanzgerichte sekundäres Unionsrecht für ungültig erklären wollen.[666] Des weiteren wird darauf verwiesen, dass sich dies auch aus dem Sinn und Zweck der Verwerfungskompetenz des Gerichtshofes ergibt.[667] Neben der einheitlichen Geltung der Gemeinschaftsrechtsordnung soll durch diese Konzentration auf den Gerichtshof auch die einheitliche Funktion des Gerichtshofes im Gemeinschaftsrechtsraum verdeutlicht werden.[668] Beide Erwägungen sind dabei säulenübergreifend zu verstehen und treffen somit auch auf den Bereich der dritten Säule zu.[669] Diese Auffassung hat vom Ergebnis her gesehen den großen Vorteil, dass durch die Anwendung der Foto-Frost Rechtsprechung die einheitliche Auslegung und Geltung der dritten Säule durch den Gerichtshof gewahrt wird.[670]
Durchgreifende Argumente sprechen aber gegen eine Anwendung der Foto-Frost-Rechtsprechung des Gerichtshofes auf das unionsrechtliche Verfahren nach Art. 35 Abs. 1-4 EUV. Zur Begründung dieses Ergebnisses sei auf die Systematik von Art. 35 EUV hingewiesen. Art. 35 EUV ermöglicht eine Fortentwicklung hin zu einer einheitlichen Rechtsanwendung im Bereich der dritten Säule nur in dem dort vorgesehenen Rahmen. Die einheitliche Auslegung der Rechtsakte in der dritten Säule ist bewusst zur freien Disposition der Mitgliedstaaten gestellt worden.[671] Diese können zum einen entscheiden, ob sie die Zuständigkeit des Gerichtshofes überhaupt anerkennen und wenn ja, welche nationalen Gerichte zur Vorlage berechtigt und verpflichtet sein sollen. Den einzelnen Mitgliedstaaten obliegt es demnach wie viel Kompetenz sie dem Gerichtshof innerhalb der dritten Säule übertragen. Eine Begründung der Vorlagepflicht durch den Gerichtshof passt somit nicht zu dieser offenen Ausgestaltung des modifizierten Vorabentscheidungsverfahrens.[672] Des Weiteren ist zu beachten, dass der Gerichtshof bei der Entwicklung der Foto-Frost Entscheidung im Rahmen des Art. 234 Abs. 3 EGV auf eine ausdrückliche Verpflichtung zur Vorlage zurückgreifen konnte.[673] Art. 35 Abs. 3 EUV sieht eine solche Vorlagepflicht im Gegensatz zum Art. 234 Abs. 3 EUV aber gerade nicht vor, so dass davon ausgegangen werden muss, dass eine solche auch nicht durch den Gerichtshof be-

666 Brechmann, in: Calliess/Ruffert, Art. 35 Rn. 4.
667 Röben, in: Grabitz/Hilf, Band I, Art. 35 Rn. 16.
668 Röben, in: Grabitz/Hilf, Band I, Art. 35 Rn. 16.
669 Röben, in: Grabitz/Hilf, Band I, Art. 35 Rn. 16.
670 Ludwig, S. 164.
671 Ludwig, S. 164.
672 Ludwig, S. 164.
673 Harrings, EuR 1998, Beiheft 2, 81 (92); Ludwig, S. 163.

gründet werden soll und dogmatisch auch kaum zu begründen ist.[674] Hat ein Mitgliedsstaat lediglich sein letztinstanzliches oder unterinstanzliches Gericht zur Vorlage berechtigt, kann auch die Foto-Frost- Rechtsprechung des Gerichtshofes für das unterinstanzliche Gericht keine Vorlagepflicht begründen, denn eine solche kann nur durch Vorschriften des innerstaatlichen Rechts begründet werden.[675] Ist die Vorlagepflicht wie im Fall von Deutschland durch § 1 Abs. 2 EuGHG für letztinstanzliche Gerichte begründet worden, ergibt sich hieraus, dass unterinstanzliche Gerichte gerade nicht zur Vorlage verpflichtet werden sollen. Das Gestaltungsrecht der Mitgliedstaaten würde umgangen werden, wenn durch eine Anwendbarkeit der Foto-Frost-Rechtsprechung auch eine Vorlagepflicht für unterinstanzliche Gerichte angenommen werden würde.
Dieses Ergebnis ist die logische Folge davon, dass die Justiziabilität der dritten Säule eigenen Regeln folgt, die teilweise durch die Mitgliedstaaten selber bestimmt werden. Außerdem fehlt es im Bereich der dritten Säule gerade an dem Rechtswahrungsinstitut des Art. 220 EGV, welches der Gerichtshof argumentativ für die Foto-Frost-Entscheidung herangezogen hat.[676] Die Reichweite der Rechtswahrung richtet sich im Bereich der dritten Säule nicht direkt nach Art. 220 EGV sondern nach Art. 46 lit. b) i.V.m. Art. 35 Abs. 2 und 3 EUV und wird explizit in die Verfügungsgewalt der Mitgliedstaaten gelegt, so dass die einheitliche Geltung der Gemeinschaftsrechtsordnung und die Einheitlichkeit der Judikativfunktion im Gemeinschaftsrechtsraum gerade nicht säulenübergreifend zutreffen.[677]
Hat sich ein Mitgliedsstaat dafür entschieden, dass jedes Gericht zur Vorlage berechtigt ist, ergibt sich eine Vorlagepflicht für Instanzgerichte nur dann, wenn auch im innerstaatlichen Recht diesen Gerichten eine Vorlagepflicht eingeräumt worden ist.[678] Sicherlich sind die Folgen der einschränkenden Anwendbarkeit der Foto-Frost-Rechtsprechung negativ im Hinblick auf die Einheit der Rechtsordnung und für die Rechtssicherheit des Einzelnen, wenn in den Mitgliedstaaten teilweise aufkommende Fragen unterschiedlich von den unterinstanzlichen Gerichten beantwortet werden. Man darf sich aber nicht von diesem nicht zufrieden stellenden Ergebnis leiten lassen und auf Grund von praxisgerechten Ergebnissen die Anwendbarkeit der Foto-Frost- Rechtsprechung auf beide Optionen des Art. 35 Abs. 3 EUV ausweiten.[679] Eine solche Sichtweise würde verkennen, dass für die Begründung einer Vorlagepflicht die Einräumung einer solchen durch die Mitgliedstaaten unabdingbar ist und der eigentliche Begrün-

674 Ludwig, S. 164; a.A Böse, in: Schwarze, Art. 35 Rn. 4.
675 Vedder, EuR 1999, Beiheft 1, 7 (14).
676 Dörr/Mager, AöR 2000, 386 (411).
677 So aber Röben, in: Grabitz/Hilf, Art. 35 Rn. 16.
678 Röben, in: Grabitz/Hilf, Band I, Art. 35 Rn. 15.
679 Ludwig, S. 164.

dungsakt der Vorlagepflicht mitgliedsstaatlicher Gerichte im nationalen Recht zu finden ist und nicht durch Auslegung angenommen werden kann.[680] Folglich ist die Anwendung der Foto-Frost-Entscheidung auf das Verfahren nach Art. 35 Abs. 1-4 EUV insgesamt ausgeschlossen und kann auch nicht durch den Gerichtshof rechtsfortbildend begründet werden.[681]

bb) Ergebnis

Eine Vorlagepflicht mitgliedsstaatlicher Instanzgerichte kann im Verfahren nach Art. 35 Abs. 1-4 EUV nicht durch die Foto-Frost-Rechtsprechung des Gerichtshofes begründet werden. Die Entscheidung ist angesichts der flexiblen Regelung des Art. 35 Abs. 2 und 3 EUV nicht auf diese Verfahren übertragbar solange die Mitgliedstaaten darüber im innerstaatlichen Recht bestimmen, welche Gerichte zur Vorlage verpflichtet werden können.

b) Ergebnis

Art. 35 Abs. 1-4 EUV sieht keine grundsätzliche Vorlagepflicht für mitgliedsstaatliche Gerichte vor. Eine solche kann auch nicht auf Grund der Foto-Frost-Rechtsprechung des Gerichtshofes entwickelt werden. Die Mitgliedstaaten können aber durch eine entsprechende nationale Regelung eine Vorlagepflicht für ihre Gerichte begründen.

c) Vergleich[682] zwischen Art. 35 Abs. 3 EUV und Art. 234 Abs. 2 und 3 EGV

Art. 35 Abs. 3 EUV unterscheidet im Gegensatz zu Art. 234 Abs. 2 und 3 EGV nicht zwischen der Verpflichtung „ist verpflichtet" letztinstanzlicher Gerichte und der Berechtigung „kann" unterinstanzlicher Gerichte zur Vorlage an den Gerichtshof, sondern räumt in beiden Optionen den mitgliedsstaatlichen Gerichten ein Ermessen hinsichtlich der Vorlage ein. Die Normierung einer Vorlagepflicht liegt dabei anders als im Verfahren nach Art. 234 Abs. 3 EGV im Verfügungsbereich der Mitgliedstaaten und ist nicht von vorneherein vom Gesetzgeber festgelegt. Eine Vorlagepflicht für letztinstanzliche Gerichte kann daher im Verfahren nach Art. 35 Abs. 1-4 EUV nur vom innerstaatlichen Gesetzgeber bestimmt werden, so dass anders als im Gemeinschaftsrecht keine unionsrechtliche Verpflichtung letztinstanzlicher Gerichte zur Vorlage besteht. Haben sich

680 Harrings, EuR 1998, Beiheft 2, 81 (92).

681 Ludwig, S. 162 ff.

682 Ausführlich hinsichtlich der Vorlageberechtigten- und verpflichteten Gerichte sowie zur Anwendung der Foto-Frost Entscheidung des Gerichtshofes im Verfahren nach Art. 234 und Art. 68 EGV, vgl. o., Teil III, C., I., 4., b)-d).

die Mitgliedstaaten im innerstaatlichen Recht für eine Vorlagepflicht letztinstanzlicher Gerichte entschieden besteht der wesentliche Unterschied zum Verfahren nach Art. 234 Abs. 3 EGV darin, dass eine Verletzung dieser Vorlagepflicht nicht wie im Gemeinschaftsrecht durch ein Vertragsverletzungsverfahren verfolgt werden kann, sondern Rechtsschutz nur in den mitgliedsstaatlichen Rechtsordnungen gesucht werden kann.[683] Im Vergleich zum Verfahren nach Art. 234 Abs. 2 EGV ergibt sich weiter, dass im Verfahren nach Art. 35 Abs. 1-4 EUV die Foto-Frost-Rechtsprechung nicht zur Anwendung gelangt und eine Vorlagepflicht unterinstanzlicher Gerichte hierdurch nicht begründet werden kann. Die Begründung der Vorlagepflicht liegt vielmehr im Verfügungsbereich der Mitgliedstaaten.

Eine Parallele zum Verfahren nach Art. 68 Abs. 1 EGV besteht darin, dass bei beiden Verfahren eine Vorlagepflicht unterinstanzlicher Gerichte nicht durch die Foto-Frost-Rechtsprechung begründet werden kann. Anders als im Verfahren nach Art. 35 Abs. 1-4 EUV sind die unterinstanzlichen mitgliedsstaatlichen Gerichte aber im Bereich des Titel IV EGV nicht befugt, die Rechtswidrigkeit eines Sekundärrechtsakts festzustellen. Sie sind vielmehr verpflichtet auch bei Zweifeln über die Wirksamkeit eines Rechtsakts des Titels IV EGV diesen anzuwenden, da der Umfang des Verwerfungsmonopols des Gerichtshofes anders als im Bereich des Unionsrechts nicht im Verfügungsbereich der Mitgliedstaaten liegt. Eine weitere Parallele zum Verfahren nach Art. 68 Abs. 1 EGV ist darin zu sehen, dass in beiden modifizierten Vorabentscheidungsverfahren eine Vorlage durch ein letztinstanzliches Gericht an den Gerichtshof, anders als beim Verfahren nach Art. 234 Abs. 3 EGV, die Erforderlichkeit, d.h. Entscheidungserheblichkeit ausdrücklich in den Wortlaut aufgenommen worden ist. Durch die Einführung dieser Bedingung ist die Rechtsprechung des Gerichtshofes zur Einschätzungsprärogative der mitgliedsstaatlichen Gerichte im Verfahren nach Art. 234 EGV in beiden modifizierten Vorabentscheidungsverfahren konsequent umgesetzt worden.[684]

---

683 Ludwig, S. 127.

684 Vgl. EuGH, Rs. 283/81, Slg. 1982, 3425-C.I.L.F.I.T., EuGH, Rs. C-28/95, Slg. 1997, 4190 (4)- Leur-Bloem, EuGH, verbundene Rs. 209 bis 213/84, Slg 1986, 1457 (10)- Asjes. Dort führt der Gerichtshof aus, „nach ständiger Rechtsprechung ist es im Rahmen der in Artikel 177 EWG-Vertrag vorgesehenen Zuständigkeitsverteilung zwischen dem nationalen Gericht und dem Gerichtshof Aufgabe des nationalen Gerichts, in voller Sachkenntnis die Erheblichkeit der in dem vor ihm anhängigen Rechtsstreit aufgeworfenen Rechtsfragen und die Notwendigkeit einer Vorabentscheidung für den Erlass seines Urteils zu beurteilen.

7. Interventionsrecht, Art. 35 Abs. 4 EUV

a) Inhalt

Art. 35 Abs. 4 EUV regelt die Möglichkeit einer Verfahrensbeteiligung eines Mitgliedsstaats, ohne das dieser eine Anerkennungserklärung nach Art. 35 Abs. 2 EUV abgegeben haben muss.[685] Demnach besteht für jeden Mitgliedsstaat die Möglichkeit, innerhalb eines modifizierten Vorabentscheidungsverfahrens nach Art. 35 Abs. 1-4 EUV Schriftsätze einzureichen oder schriftliche Erklärungen abzugeben. Die Möglichkeit der Intervention gilt als „Brücke" für die Mitgliedstaaten wie Dänemark, Irland und das VK die keine Anerkennungserklärung abgegeben haben und trotzdem an der Fortbildung und Einheit des Unionsrechts mitwirken möchten.[686] Des Weiteren sollen die Chancen eines späteren „opt-in" für die Mitgliedstaaten erhöht werden.[687]

b) Ergebnis

Nach Art. 35 Abs. 4 EUV haben auch solche Mitgliedstaaten die keine Anerkennungserklärung nach Art. 35 Abs. 2 EUV abgegeben haben, die Möglichkeit innerhalb eines modifizierten Vorabentscheidungsverfahren schriftliche Erklärungen oder Schriftsätze abzugeben.

c) Vergleich zwischen Art. 35 Abs. 4 EUV und Art. 234 EGV

aa) Verfahrensbeteiligung nach Art. 20 Abs. 2 der Satzung des Gerichtshofes

Für das Vorabentscheidungsverfahren nach Art. 234 EGV sieht Art. 20 Abs. 2 der Satzung des Gerichtshofes eine dem Art. 35 Abs. 4 EUV vergleichbare Regelung vor. Art. 20 Abs. 2 der Satzung des Gerichtshofes gibt den Parteien, den Mitgliedstaaten, der Kommission und ggf. dem Europäischen Parlament, dem Rat und der Europäischen Zentralbank die Möglichkeit, innerhalb einer Frist von zwei Monaten Schriftsätze einzureichen und schriftliche Erklärungen abzugeben.[688] Die Funktion der Regelung besteht darin, vor allem dem Gerichtshof Material, wie z.B. zum tatsächlichen Hintergrund des Rechtsstreits[689] und zu den

---

685 Röben, in: Grabitz/Hilf, Band I, Art. 35 Rn. 19.
686 Röben, in: Grabitz/Hilf, Band I, Art. 35 Rn. 19.
687 Röben, in: Grabitz/Hilf, Band I, Art. 35 Rn. 19.
688 G/T/E, Handbuch des Europäischen Rechts, IA 83-IA 89, IA 83a Rn. 22.
689 Vgl. EuGH, Rs. C-343/90, Slg. 1992, 4673, 4694- Lourenco Dias.

Umständen unter denen er angerufen worden ist,[690] für seine Entscheidungsfindung zu liefern.[691]

bb) Parallelen und Unterschiede

Im Gegensatz zu dem modifizierten Vorabentscheidungsverfahren nach Art. 35 Abs. 4 EUV enthält der EG-Vertrag selbst keine dem Interventionsrecht entsprechende Regelung. Die Funktion der Beteiligung nach Art. 20 Abs. 2 der Satzung des Gerichtshofes ist aber mit der nach Art. 35 Abs. 4 EUV vergleichbar. Dabei ist zu beachten, dass die Regelung des Art. 35 Abs. 4 EUV sich nur auf die Beteiligung der Mitgliedstaaten bezieht und primär die Funktion hat, den Mitgliedstaaten, die keine Anerkennungserklärung nach Art. 35 Abs. 2 EUV abgegeben haben, eine Beteiligung am Verfahren zu ermöglichen. Die Ansichten dieser Mitgliedstaaten sollen auch mit in den Entscheidungsprozess des Gerichtshofes einfließen.
Beide Regelungen stehen quasi nebeneinander, denn Art. 35 Abs. 4 EUV hat keinen abschließenden Charakter.[692] Art. 20 der Satzung des Gerichtshofes findet vielmehr auch im Verfahren nach Art. 35 Abs. 1-4 EUV Anwendung, denn in der Rs. C-187/01- Gözütok haben die deutsche, die niederländische und die französische Regierung sowie die Kommission und in der Rs. C-385-01- Brügge, die deutsche, die niederländische, die belgische Regierung und die Kommission schriftliche Erklärungen innerhalb der Frist von zwei Monaten beim Gerichtshof eingereicht, so dass vor allem auch die Kommission im modifizierten Vorabentscheidungsverfahren die Möglichkeit hat Stellungnahmen abzugeben.[693] Dies entspricht auch dem Regelungssystem in Art. 46 lit. b) EUV, da die zuständigkeitsbegleitenden Normen des Gemeinschaftsrechts wie z.B. die Satzung des Gerichtshofes in das unionsrechtliche modifizierte Vorabentscheidungsverfahren „importiert“ werden.[694]

690 Vgl. EuGH, Rs. 338/85, Slg. 1988, 2041, 2074 f.- Pardini.
691 G/T/E, Handbuch des Europäischen Rechts, IA 83-IA 89, IA 83a Rn. 22, 26.
692 So aber Ludwig, S. 129.
693 Schlussantrag des Generalanwalts vom 19. September 2002, verb. Rs. C-187-01, C-385-01, Rn. 27- Gözütok/Brügge; a.A. Ludwig, S. 129, der davon ausgeht, dass Art. 35 Abs. 4 EU eine abschließende Regelung darstellt und Art. 20 der Satzung des Gerichtshofes im Verfahren nach Art. 35 Abs. 1-4 EUV nicht zur Anwendung gelangt.
694 Cremer, in: Calliess/Ruffert, Art. 46 Rn.17.

8. Wirkung der Entscheidung des Gerichtshofes

a) Inhalt

Auf Grund der fehlenden Regelung in Art. 35 EUV[695] richtet sich die Bindungswirkung der Entscheidung des Gerichtshofes im modifizierten Vorabentscheidungsverfahren nach den allgemeinen Grundsätzen des Art. 234 EGV, da diese über Art. 46 lit. b) EUV in das Unionsrecht importiert werden.[696] Im Verfahren nach Art. 234 EGV hat das Urteil des Gerichtshofes hinsichtlich der Auslegungsentscheidung grundsätzlich nur inter partes-Wirkung im Hinblick auf den Ausgangsrechtsstreit.[697] Außerhalb des Ausgangsrechtsstreits hat die Entscheidung des Gerichtshofes daher keine unmittelbare Bindungswirkung, kann aber faktisch in anderen Verfahren Wirkungen entfalten.[698] Daneben kann der Gerichtshof auch Rechtsakte auf ihre Gültigkeit hin überprüfen und deren Nichtigkeit feststellen.[699] Dies gilt nicht nur im Bereich des Verfahrens nach Art. 234 EGV, sondern nicht zuletzt auch auf Grund des Wortlauts des Art. 35 Abs. 1 EUV „Gültigkeit" auch für das modifizierte Vorabentscheidungsverfahren. Die Nichtigkeitserklärung ist im Bereich des Gemeinschaftsrechts von allen Gerichten zu beachten, so dass ihr eine erga-omnes Wirkung zukommt.[700] Dies gilt daher grundsätzlich auch für das modifizierte Vorabentscheidungsverfahren, denn für eine Abweichung bestehen keine Hinweise.[701]

b) Das Problem bei den Mitgliedstaaten ohne Anerkennungserklärung

Problematischer erscheint die Frage, ob die Entscheidungen des Gerichtshofes im modifizierten Vorabentscheidungsverfahren die gleiche Bindungswirkung auch auf die Mitgliedstaaten entfaltet die keine Anerkennungserklärung nach Art. 35 Abs. 2 EUV abgegeben haben.

aa) Die Lösung

Zur Lösung dieses Problems muss zunächst zwischen Entscheidungen des Gerichtshofes hinsichtlich der Auslegung auf der einen und der Gültigkeit auf der

---

695 Ludwig, S. 130.
696 Cremer, in: Calliess/Ruffert, Art. 46 Rn. 17.
697 Dauses, in: Dauses, Band 2, P.II Rn. 137.
698 Krück, in: G/T/E, Art. 177 Rn. 89.
699 Ausführlich hierzu Borchardt, in: Lenz, Art. 234 Rn. 49 ff.
700 Wegener, in: Calliess/Ruffert, Art. 234 Rn. 33; Koenig/Sander, Rn. 499; Krück, in: G/T/E, Art. 177 Rn. 89; Dauses, in: Dauses, P. II Rn. 143.
701 Ludwig, S. 132.

anderen Seite unterschieden werden.[702] Auslegungsentscheidungen des Gerichtshof im Verfahren nach Art. 35 Abs. 1-4 EUV haben, wie im Verfahren nach Art. 234 EGV, nur inter partes- Wirkung, so dass die Bindung der Gerichte der Mitgliedstaaten die keine Anerkennungserklärung abgegeben haben und somit am Verfahren nicht beteiligt sind nicht weitergehen kann.[703]
Anders stellt sich die Situation aber bei Entscheidungen des Gerichtshofes hinsichtlich der Gültigkeit eines Rechtsakts der dritten Säule dar. Erklärt der Gerichtshof im modifizierten Vorabentscheidungsverfahren einen Rechtsakt für ungültig, bindet dies auch die Mitgliedstaaten die keine Anerkennungserklärung nach Art. 35 Abs. 2 EUV abgegeben haben.[704] Diese Mitgliedstaaten haben nicht die Zuständigkeit des Gerichtshofes an sich, sondern nur den Zugang der eigenen nationalen Gerichte zu dem modifizierten Vorabentscheidungsverfahren ausgeschlossen.[705] Der Sinn und Zweck der Anerkennungserklärung liegt nicht darin, dass die Mitgliedstaaten den Inhalt und die Wirkung des Unionsrechts modifizieren können, sondern sie soll den Mitgliedstaaten die Möglichkeit einräumen, die Vorlage durch eigene Gerichte zu kontrollieren.[706] Dies ergibt sich bereits daraus, dass im Bereich der Verfahren nach Art. 35 Abs. 6 und 7 EUV der Gerichtshof für alle Mitgliedstaaten zuständig ist, eine Anerkennungserklärung gibt es dort nicht.
Ein weiteres Argument für die erga omnes- Wirkung von Entscheidungen des Gerichtshofes über die Gültigkeit von Rechtsakten der dritten Säule ist in dem Interventionsrecht gemäß Art. 35 Abs. 4 EUV zu sehen. Es wäre nicht nachvollziehbar, warum die Mitgliedstaaten die keine Anerkennungserklärung abgegeben haben sich in einem Verfahren für die Ungültigkeit eines Rechtsakt der dritten Säule argumentativ aussprechen könnten, aber von der Wirkung der Entscheidung dann nicht betroffen wären.[707] Entgegen ihrer Rechtsauffassung und Erklärungen im Verfahren wären sie an die Entscheidung des Gerichtshofes nicht gebunden und ihnen freigestellt, diese Entscheidung zu berücksichtigen.[708]
Des Weiteren ist die Rechtseinheit im Raum der Freiheit, der Sicherheit und des Rechts nur durch eine erga omnes- Wirkung der Entscheidung des Gerichtshofes über die Gültigkeit von Sekundärrechts zu wahren, denn es wäre nicht erklärbar, warum ein und derselbe Rechtsakt in einigen Mitgliedstaaten ungültig und in

---

702 Ludwig, S. 130.
703 Ludwig, S. 131.
704 Böse, in: Schwarze, Art. 35 Rn. 6; Thun-Hohenstein, S. 47 f.; Classen, EuR 1999, Beiheft 1, S. 86; wohl auch Röben, in: Grabitz/Hilf, Band I, Art. 35 Rn. 18; Ludwig, S. 132 f.; a.A. Albors-Llorens, CML Rev. 1998, 1273 (1281); Dörr/Mager, AöR 2000, 386 (410 f.).
705 Böse, in: Schwarze, Art. 35 Rn. 6.
706 Röben, in: Grabitz/Hilf, Band I, Art. 35 Rn. 18.
707 Ludwig, S. 133.
708 Vgl. Dörr/Mager, AöR 2000, 386 (410 f.), der davon ausgeht, dass eine Pflicht zur Berücksichtigung insgesamt nicht besteht, da auch die Abgabe einer Anerkennungserklärung ihnen freigestellt worden ist.

anderen wiederum gültig sein soll.[709] Außerdem ist es nicht sinnvoll, wenn nach einer Entscheidung des Gerichtshofes hinsichtlich der Ungültigkeit eines Rechtsakts innerhalb der dritten Säule, noch eine modifizierte Nichtigkeitsklage nach Art. 35 Abs. 6 EUV eingeleitet werden müsste, um die Nichtigkeit für alle Mitgliedstaaten feststellen zu lassen.[710]

bb) Ergebnis

Kommt der Gerichtshof im modifizierten Vorabentscheidungsverfahren, zu dem Ergebnis, dass ein Rechtsakt der dritten Säule nichtig ist, erstreckt sich die Bindungswirkung der Entscheidung des Gerichtshofes auch auf die Mitgliedstaaten die keine Anerkennungserklärung nach Art. 35 Abs. 2 EUV abgegeben haben.

c) Ergebnis

Art. 35 Abs. 1-4 EUV enthält hinsichtlich der Bindungswirkung der Entscheidung keine eigenständige Regelung, so dass sich diese aus den allgemeinen Grundsätzen zu Art. 234 EGV ergibt. Darüber hinaus bindet die Entscheidung des Gerichtshofes hinsichtlich der Gültigkeit eines Vorlagegegenstands der dritten Säule auch die Mitgliedstaaten die keine Anerkennungserklärung nach Art. 35 Abs. 2 EUV abgegeben haben.

III. Die modifizierte Nichtigkeitsklage, Art. 35 Abs. 6 EUV

1. Inhalt

Art. 35 Abs. 6 EUV lautet:

„Der Gerichtshof ist für die Überprüfung der Rechtmäßigkeit der Rahmenbeschlüsse und Beschlüsse bei Klagen zuständig, die ein Mitgliedsstaat oder die Kommission wegen Unzuständigkeit, Verletzung wesentlicher Formvorschriften, Verletzung dieses Vertrags oder bei seiner Durchführung anzuwendenden Rechtsnorm oder wegen Ermessensmissbrauchs erhebt. Das in diesem Absatz vorgesehene Gerichtsverfahren ist binnen zwei Monaten nach Veröffentlichung der Maßnahme einzuleiten.“

Die modifizierte Nichtigkeitsklage nach Art. 35 Abs. 6 EUV ist von ihrer Ausgestaltung und Funktion in Anlehnung an die Nichtigkeitsklage nach Art. 230

[709] Ludwig, S. 133.
[710] Böse, in: Schwarze, Art. 35 Rn. 6. Mit einer ähnlichen Argumentationsweise Röben, in: Grabitz/Hilf, Band I, Art. 35 Rn. 18.

EGV ausgestaltet worden.[711] Sie enthält aber auf Grund der spezifischen Regelungen innerhalb der dritten Säule inhaltlich einige Besonderheiten.[712] Im Gegensatz zum modifizierten Vorabentscheidungsverfahren nach Art. 35 Abs. 1-4 EUV steht die modifizierte Nichtigkeitsklage nach Art. 35 Abs. 6 EUV nicht unter der Bedingung einer Anerkennungserklärung durch die Mitgliedsstaaten.[713]

2. zuständiges Gericht

Nach dem Wortlaut des Art. 35 Abs. 6 EUV ist der Gerichtshof für modifizierte Nichtigkeitsklagen zuständig. Damit entspricht der Wortlaut dem der Nichtigkeitsklage nach Art. 230 EGV. Genau wie bei dieser ist bei der Klage nach Art. 35 Abs. 6 EUV auch der durch den Vertrag von Nizza geänderte Art. 225 Abs. 1 EGV zu beachten, wonach bei der Nichtigkeitsklage nach Art. 230 EGV teilweise das Gericht zuständig ist.[714]

a) Änderungen des Art. 225 EGV durch den Vertrag von Nizza im Bereich direkter Klagen

Durch den Vertrag von Nizza ist Art. 225 Abs. 1 EGV neu gefasst worden und bringt im Bereich der Zuständigkeit weitreichende Veränderungen im Verhältnis zwischen dem Gerichtshof und dem Gericht bei Direktklagen mit sich.[715] Die neue Zuständigkeitsvertreilung hat zum jetzigen Zeitpunkt noch keine praktischen Auswirkungen, da die Umsetzung durch Bestimmungen der Satzung des Gerichtshofes noch nicht geschehen ist.[716] Die eigentliche Neuverteilung der Zuständigkeit bleibt somit der Satzung des Gerichtshofes vorbehalten.[717]
Durch Art. 225 Abs. 1 EGV wird nun aber gesetzlich festgelegt, dass das Gericht erstinstanzlich zuständig ist für Klagen nach Art. 230 EVG (Nichtigkeitsklage gegen Rechtsakte der Gemeinschaft), Art. 232 EGV (Untätigkeitsklage), Art. 235 EGV (Schadensersatzklage), Art. 236 EGV (Streitsachen zwischen

711 Harrings, EuR 1998, Beiheft 2, 81 (92); Brechmann, in: Calliess/Ruffert, Art. 35 Rn. 6; Vedder, EuR 1999, Beiheft 1, 7 (14); Classen, EuR 1999, Beiheft 1, 73 (83); Böse, in: Schwarze, Art. 35 Rn. 7.

712 Röben, in: Grabitz/Hilf, Band I, Art. 35 EUV Rn. 22.

713 Böse, in: Schwarze, Art. 35 Rn. 7.

714 Wie bereits ausgeführt hat Art. 46 EUV konstitutive Wirkung hinsichtlich der zuständigkeitsbegleitenden Vorschriften des Gemeinschaftsrechts, denn die allgemeinen Verfahrensregeln nach Art. 220 ff. EGV und somit auch die Zuständigkeitsverteilung werden in das Unionsrecht transferiert,[714] da Art. 35 EUV hierzu keine eigene Regelung enthält.

715 Epiney/Freiermuth Abt/Mosters, DVBl 2001, 941 (949); Wegener, DVBl 2001, 1258 (1259).

716 Wegener, in: Calliess/Ruffert, Art. 225 Rn. 2.

717 Wegener, DVBl 2001, 1258 (1259).

Gemeinschaft und Bediensteten) und Art. 238 EGV (Zuständigkeit auf Grund einer von der Gemeinschaft vereinbarten Schiedsklausel).[718] Von dieser grundsätzlichen Zuständigkeit des Gericht sind jedoch die Klagen, die einer gerichtlichen Kammer nach Art. 225 Abs. 1 EGV übertragen werden sowie die Klagen, die nach der Satzung des Gerichtshofes dem Gerichtshof vorbehalten sind, ausgeschlossen.[719] Dem Gerichtshof bleiben daher nach der jetzigen Fassung des Art. 51 Satzung des Gerichtshofes Klagen der Mitgliedstaaten, der Gemeinschaftsorgane und der EZB vorbehalten.[720]

Außerdem kann nach Art. 225 Abs. 1 UAbs. 1 S. 2 EGV durch eine nunmehr erleichterte Änderung der Satzung des Gerichtshofes dem Gericht die Zuständigkeit für weitere Klagegruppen übertragen werden.[721] Die Zuständigkeit des Gerichts erster Instanz im Bereich direkter Klagen ist damit nur sprachlich neu gefasst, aber nicht in der Sache erweitert worden.[722] Auf der Regierungskonferenz konnten sich die Mitgliedstaaten hinsichtlich der Ausweitung der Zuständigkeit des Gerichts erster Instanz im Bereich direkter Klagen nur auf eine allgemeine Erklärung verständigen.[723] Danach sollen der Gerichtshof und die Kommission ersucht werden, so bald wie möglich eine umfassende Überprüfung der Zuständigkeitsverteilung zwischen dem Gerichtshof und dem Gericht, insbesondere bei direkten Klagen, vorzunehmen und geeignete Vorschläge vorzulegen, die geprüft werden sollen, sobald der Vertrag von Nizza Inkraftgetreten ist. Ein solcher Vorschlag ist hinsichtlich der Direktklagen durch das Arbeitsdokument des Gerichtshofes in Bezug auf eine neue Zuständigkeitsverteilung zwischen dem Gerichtshof und dem Gericht bei direkten Klagen mit einem Entwurf für Änderungen der Artikel 51 und 54 der dem Vertrag von Nizza beigefügten künftigen Satzung des Gerichtshofes geschehen.[724] Der Vorschlag des Gerichtshofes sieht vor, dass das Gericht nur für diejenigen der in Artikel 225 Absatz 1 Satz 1 EG genannten Direktklagen nicht im ersten Rechtszug zuständig sein soll, bei denen es sich um Nichtigkeits- und Untätigkeitsklagen handelt, die von einem Mitgliedstaat, einem Gemeinschaftsorgan oder der EZB gegen das Parlament oder gegen den Rat oder gegen das Parlament und den Rat erhoben werden, sowie um derartige Klagen, die von einem Gemeinschaftsorgan oder der

718 Epiney/Abt/Moster, DVBl 2001, 941 (950).
719 Wegener, DVBl 2001, 1258 (1260).
720 Pache/Schorkopf, NJW 2001, 1377 (1380).
721 Kamann, ZEuS 2001, 627 (639)
722 Wegener, DVBl 2001, 1258 (1260).
723 Wegener, DVBl 2001, 1258 (1260).
723 Nr. 12 der von der Konferenz angenommenen Erklärung. Fischer, S. 238; Lenz, EuGRZ 2001, 433 (437); Pache/Schorkopf, NJW 2001, 1377 (1380); Wegener, DVBl 2001, 1258 (1260).
724 Arbeitsdokument des Gerichtshofes hinsichtlich der Zuständigkeitsverteilung, www.curia.eu.int/de/instit/txtdocfr/index.htm.

EZB gegen die EZB oder die Kommission erhoben werden.[725] Nach dem Artikel 225 Absatz 1 S. 1 EGV wird das Gericht grundsätzlich im ersten Rechtszug nicht mehr nur für Klagen von Einzelpersonen und Unternehmen zuständig sein sondern für alle in Artikel 225 Absatz 1 Satz 1 EGV genannten Direktklagen.[726] In den Fällen, in denen der Gerichtshof, wie nach dem obigen Vorschlag, eine ausschließliche Zuständigkeit behalten soll, bedürfen daher einer besonderen Rechtfertigung. Ausschlaggebend hierfür und damit für die teilweise Zuständigkeit des Gerichtshofes bei Direktklagen ist dabei, die quasi verfassungsgerichtliche Rolle, die dem Gerichtshof eingeräumt worden ist.[727] Diese soll durch die Zuständigkeit des Gerichtshofes in Teilbereichen der Direktklagen bewahrt und bestätigt werden. In diesem Sinne sollten die Kontrolle der grundlegenden Rechtsetzungstätigkeit und die Entscheidung von Streitigkeiten zwischen den Organen in der alleinigen Zuständigkeit des Gerichtshofes bleiben. Das Gericht wäre demnach für die Entscheidung in den übrigen Gruppen von Rechtssachen zuständig.[728] Um zu einer solchen konkreten Einteilung zu gelangen hat der Gerichtshof die Klagen, die in diesem Rahmen in den letzten fünf Jahren (1996 bis 2000) von den Organen und den Mitgliedstaaten erhoben wurden, einer statistischen und inhaltlichen Betrachtung unterzogen. Danach waren von 169 Klagen (sämtlich Nichtigkeitsklagen) 132 gegen die Kommission, 30 gegen den Rat, vier gegen Parlament und Rat, eine gegen das Parlament, eine gegen Rat und Kommission und eine gegen die EZB gerichtet.[729] 122 der 132 Klagen gegen die Kommission enthielten nichts, was eine alleinige Zuständigkeit des Gerichtshofes rechtfertigen würde; von den übrigen zehn Klagen konnte keine wirklich als die Kontrolle der grundlegenden Rechtsetzungstätigkeit der Organe betreffend angesehen werden. Dagegen waren die Klagen gegen das Parlament und den Rat und gegen das Parlament zweifelsfrei dem Gerichtshof vorzubehalten.[730] Bei dem überwiegenden Teil der 30 Klagen gegen den Rat sprach mehr für eine alleinige Zuständigkeit des Gerichtshofes. Die Zahl der Rechtssachen, für die sich dies nicht sagen lässt, war zu gering, als dass man daran denken

---

725 Arbeitsdokument des Gerichtshofes hinsichtlich der Zuständigkeitsverteilung, www.curia.eu.int/de/instit/txtdocfr/index.htm.

726 Arbeitsdokument des Gerichtshofes hinsichtlich der Zuständigkeitsverteilung, www.curia.eu.int/de/instit/txtdocfr/index.htm; Pache/Schorkopf, NJW 2001, 1377 (1380).

727 Arbeitsdokument des Gerichtshofes hinsichtlich der Zuständigkeitsverteilung, www.curia.eu.int/de/instit/txtdocfr/index.htm; Bericht der Reflexionsgruppe über die Zukunft des Gerichtssystems der Europäischen Gemeinschaften / Due-Report, EuGRZ 2001, 523 (528).

728 Arbeitsdokument des Gerichtshofes hinsichtlich der Zuständigkeitsverteilung, www.curia.eu.int/de/instit/txtdocfr/index.htm.

729 Arbeitsdokument des Gerichtshofes hinsichtlich der Zuständigkeitsverteilung, www.curia.eu.int/de/instit/txtdocfr/index.htm.

730 Arbeitsdokument des Gerichtshofes hinsichtlich der Zuständigkeitsverteilung, www.curia.eu.int/de/instit/txtdocfr/index.htm.

könnte, ein Unterkriterium einzuführen, das Verwirrung stiften würde, ohne dass dies durch einen tatsächlichen statistischen Vorteil ausgeglichen wäre. Des Weiteren ist festgestellt worden, dass trotz der Erweiterung des Bereiches der im Mitentscheidungsverfahren erlassenen Rechtsakte nach dem Inkrafttreten des Vertrages von Nizza die Liste der Zuständigkeiten, die weiterhin allein beim Rat liegen werden, es rechtfertigt, dass der Gerichtshof auch in Zukunft die alleinige Kontrolle darüber ausübt.[731] Die am besten geeignete Lösung, um die verfolgten Ziele miteinander in Einklang zu bringen, schien daher darin zu bestehen, dem Gerichtshof nur die Klagen gegen Handlungen und Unterlassungen des Europäischen Parlaments und des Rates, ob im Rahmen der Alleinzuständigkeiten jedes dieser Organe oder im Rahmen des Mitentscheidungverfahrens, vorzubehalten.[732] Außerdem behält der Änderungsvorschlag für Artikel 51 dem Gerichtshof die Klagen anderer Gemeinschaftsorgane gegen die Kommission und gegen die EZB vor.[733] Für Klagen der Mitgliedstaaten gegen die Kommission und die EZB wäre damit grundsätzlich das Gericht zuständig.[734] Darüber hinaus soll für den Fall, dass beim Gerichtshof und beim Gericht miteinander im Zusammenhang stehende Klagen eingereicht werden (z. B. eine Klage gegen eine Grundverordnung des Rates und eine Klage gegen eine Durchführungsverordnung der Kommission), in Artikel 54 Absatz 3 der Satzung des Gerichtshofes vorgesehen werden, dass sich das Gericht in einem solchen Fall zugunsten des Gerichtshofes für nicht zuständig erklären kann. Artikel 54 Absatz 3 Satz 2 wäre dann überflüssig und könnte aufgehoben werden.[735] Der konkrete Vorschlag, den Artikel 51 und Artikel 54 Absatz 3 des Protokolls über die Satzung des Europäischen Gerichtshofes zu ändern sieht demnach folgendermaßen aus:

Artikel 51

„Abweichend von der in Artikel 225 Absatz 1 EG-Vertrag und Artikel 140a Absatz 1 EAG-Vertrag vorgesehenen Regelung sind dem Gerichtshof die Klagen gemäß den Artikeln 230 und 232 EG-Vertrag und den Artikeln 146 und 148 EAG-Vertrag vorbehalten, die von einem Mitgliedstaat, einem Gemeinschaftsorgan oder der Europäischen Zentralbank gegen einen Rechtsakt oder wegen unterlassener Beschlussfassung des Europäischen Parlaments oder des Rates oder dieser beiden Organe in den Fällen, in denen sie gemeinsam beschließen,

---

731 Arbeitsdokument des Gerichtshofes hinsichtlich der Zuständigkeitsverteilung, www.curia.eu.int/de/instit/txtdocfr/index.htm.

732 Arbeitsdokument des Gerichtshofes hinsichtlich der Zuständigkeitsverteilung, www.curia.eu.int/de/instit/txtdocfr/index.htm.

733 Arbeitsdokument des Gerichtshofes hinsichtlich der Zuständigkeitsverteilung, www.curia.eu.int/de/instit/txtdocfr/index.htm.

734 Arbeitsdokument des Gerichtshofes hinsichtlich der Zuständigkeitsverteilung, www.curia.eu.int/de/instit/txtdocfr/index.htm.

735 Arbeitsdokument des Gerichtshofes hinsichtlich der Zuständigkeitsverteilung, www.curia.eu.int/de/instit/txtdocfr/index.htm.

erhoben werden. Dem Gerichtshof sind ebenfalls die Klagen gemäß denselben Artikeln vorbehalten, die von einem Gemeinschaftsorgan oder der Europäischen Zentralbank gegen einen Rechtsakt oder wegen unterlassener Beschlussfassung der Kommission erhoben werden, sowie die Klagen, die von einem Gemeinschaftsorgan gegen einen Rechtsakt oder wegen unterlassener Beschlussfassung der Europäischen Zentralbank erhoben werden."

Artikel 54 Absatz 3

„Sind bei dem Gerichtshof und dem Gericht Rechtssachen anhängig, die den gleichen Gegenstand haben, die gleiche Auslegungsfrage aufwerfen oder die Gültigkeit desselben Rechtsaktes betreffen, so kann das Gericht nach Anhörung der Parteien das Verfahren bis zum Erlass des Urteils des Gerichtshofes aussetzen, oder, wenn es sich um Klagen gemäß Artikel 230 EG-Vertrag oder Artikel 146 EAG-Vertrag handelt, sich für nicht zuständig erklären, damit der Gerichtshof über diese Klagen entscheidet. Unter den gleichen Voraussetzungen kann auch der Gerichtshof die Aussetzung des bei ihm anhängigen Verfahrens beschließen; in diesem Fall wird das Verfahren vor dem Gericht fortgeführt."

Die Kommission begrüßt die Initiative des Gerichtshofes zugunsten der Umsetzung der Erklärung Nr. 12 zum Vertrag von Nizza und weist auf die Bedeutung einer neuen Abgrenzung der gerichtlichen Zuständigkeiten hin. Sie stellt gleichwohl die vom Gerichtshof vorgeschlagene Verteilung in Frage und vertritt die Auffassung, dass sich die Zuständigkeit des Gerichtshofes auf alle Streitigkeiten zwischen den Organen erstrecken sollte.[736] Dem kann aber entgegengehalten werden, dass nach dem Vorschlag des Gerichtshofes dieser Kritikpunkt nicht zum tragen kommen kann, da nach der vorgesehenen Regelung des Art. 51 der Satzung des Gerichtshofes alle internen institutionellen Streitigkeiten zwischen den Organen gerade eine Zuständigkeit des Gerichtshofes und nicht des Gerichts begründen. Nur die Streitigkeiten zwischen den Mitgliedstaaten und der Kommission bzw. den Mitgliedstaaten und der EZB unterliegen hingegen der Zuständigkeit des Gerichts. Die Klagen anderer Gemeinschaftsorgane gegen die Kommission und gegen die EZB, die aller Wahrscheinlichkeit nach sehr selten sein werden, unterliegen dagegen auf Grund ihres interinstitutionellen Charakter, auch weiterhin der Zuständigkeit des Gerichtshofes, so dass der quasi verfassungsmäßige Rolle des Gerichtshofes weiter hin Rechnung getragen wird.[737] Eine solche Regelung ist hinsichtlich des Ziels des Vertrags von Nizza, eine Entlastung des Gerichtshofes im Bereich der direkten Klagen herbeizuführen, als überaus positiv zu sehen. Von den in den letzten 5 Jahren erhobenen 169 Nichtigkeitsklagen waren 132 gegen die Kommission gerichtet. Diese enthielten

736 Stellungnahme der Kommission am 20.09.2002, Bulletin EU 9-2002, Rn. 1.9.9.

737 Arbeitsdokument des Gerichtshofes hinsichtlich der Zuständigkeitsverteilung, www.curia.eu.int/de/instit/txtdocfr/index.htm.

dabei nichts, was eine alleinige Zuständigkeit des Gerichtshofes, unter dem Gesichtspunkt der verfassungsmäßigen Rolle desselben, hätte rechtfertigen können.[738] Daher erscheint es nicht notwendig diese Klagen, die überwiegend von einem Mitgliedsstaat erhoben werden, der Zuständigkeit des Gerichtshofes zu unterwerfen. Das gebotene Ziel der Entlastung des Gerichtshofes im Bereich der Nichtigkeitsklagen würde somit durch die neue Regelung des Art. 51 der Satzung des Gerichtshofes erreicht werden. Außerdem würde nach dieser Regelung die Kontrolle der grundlegenden Rechtsetzungstätigkeit und die Entscheidung von Streitigkeiten zwischen den Organen in der alleinigen Zuständigkeit des Gerichtshofes bleiben und damit eine Regelung getroffen werden, die das Rechtsschutzsystem im Bereich der direkten Klagen weiterhin überschaubar hält und nicht mehrdeutig ist.[739] Der Vorschlag des Art. 54 Abs. 3 der Satzung des Gerichtshofes ist eine logische Konsequenz aus der Zuständigkeitsverteilung zwischen dem Gerichtshof und dem Gericht, denn nur durch eine solche Regelung kann eine unterschiedliche Auslegung desselben Klagegegenstands vermieden werden. Daher ist auch der Vorschlag der Regelung des Art. 54 Abs. 3 der Satzung des Gerichtshofes als positiv zu bewerten.

b) Auswirkungen auf das Verfahren nach Art. 35 Abs. 6 EUV

In Bezug auf die Zuständigkeitsverteilung innerhalb der Nichtigkeitsklage hat sich durch den Vertrag von Nizza zum jetzigen Zeitpunkt lediglich in sprachlicher aber nicht abschließend in inhaltlicher Hinsicht eine Veränderung ergeben. Aus dem obigen Vorschlag des Gerichtshofes und der Stellungnahme der Europäischen Kommission ist aber bereits ersichtlich, dass im Bereich der modifizierten Nichtigkeitsklage der Gerichtshof weiterhin zuständig sein wird. Der Gerichtshof hat diesbezüglich ausgeführt, dass die übrigen Klagen, die nicht im ersten Satz des Artikels 225 EGV genannt sind, nicht von der neuen Zuständigkeitsverteilung betroffen sind, denn es ist zu berücksichtigen, dass die Folgen, die ihre Unterwerfung unter zwei Instanzen hätte, ungewiss sind und dass diese Klagen zahlenmäßig kaum ins Gewicht fallen.[740] Auf Grund dieser Überlegungen erscheint es gerechtfertigt, die betreffenden Klagen und damit auch die modifizierte Nichtigkeitsklage weiterhin dem Gerichtshof vorzubehalten.[741] Dafür

---

738 Arbeitsdokument des Gerichtshofes hinsichtlich der Zuständigkeitsverteilung, www.curia.eu.int/de/instit/txtdocfr/index.htm.

739 Arbeitsdokument des Gerichtshofes hinsichtlich der Zuständigkeitsverteilung, www.curia.eu.int/de/instit/txtdocfr/index.htm.

740 Arbeitsdokument des Gerichtshofes hinsichtlich der Zuständigkeitsverteilung, www.curia.eu.int/de/instit/txtdocfr/index.htm.

741 Arbeitsdokument des Gerichtshofes hinsichtlich der Zuständigkeitsverteilung, www.curia.eu.int/de/instit/txtdocfr/index.htm.

spricht auch, dass bis zum jetzigen Zeitpunkt noch kein Verfahren nach Art. 35 Abs. 6 EUV beim Gerichtshof anhängig gemacht worden ist, so dass daher davon auszugehen ist, dass in diesem Bereich keine Übertragung auf das Gericht stattfinden wird, denn Sinn und Zweck der Zuständigkeitsverteilung ist nicht zuletzt die Entlastung des Gerichtshofes sowie die Wahrung dessen Funktionsfähigkeit nach dem Abschluss der Erweiterung.[742]

c) Ergebnis

Bei der modifizierten Nichtigkeitsklage nach Art. 35 Abs. 6 EUV ist daher der Gerichtshof ausschließlich zuständig.

3. Klagebefugnis

Eine Berechtigung zur Erhebung einer modifizierten Nichtigkeitsklage nach Art. 35 Abs. 6 EUV haben ausdrücklich nur die einzelnen Mitgliedstaaten und die Kommission.[743] Eine Klageberechtigung anderer Organe als der Kommission ist im Wortlaut von Art. 35 Abs. 6 EUV nicht vorgesehen.[744] Die fehlende Klageberechtigung des Rates ist nur logisch, da Klagegegenstand der modifizierten Nichtigkeitsklage nur die Handlungen des Rates sein können und weder die Kommission noch das Europäische Parlament dazu befugt worden ist Rechtswirkungen gegenüber Dritten zu setzen.[745]
Hingegen erscheint die fehlende Klageberechtigung der natürlichen und juristischen Personen auf den ersten Blick als systemwidrig. Die individuelle Nichtigkeitsklage nach Art. 230 Abs. 4 EGV ist zum gesicherten Rechtsschutzstandart des Gemeinschaftsrechts geworden.[746] Außerdem gebietet auch der Grundsatz des effektiven Rechtsschutzes, der über Art. 6 Abs. 2 EUV auch im Unionsrecht gilt, dass der Zugang zur gerichtlichen Kontrolle, soweit einzelne durch die europäische Hoheitsgewalt beeinträchtigt werden, gewährt wird.[747] Das dieser Zugang den Einzelnen im Verfahren nach Art. 35 Abs. 6 EUV verwehrt wird, ist jedoch hinzunehmen und im Ergebnis konsequent[748], denn die Beschlüsse und Rahmenbeschlüsse, als die in Frage kommenden Klagegegenstände, haben nach Art. 34 Abs. 2 lit. b) und c) EUV keine unmittelbare Wirkung. Sie begründen

742 Bericht der Reflexionsgruppe über die Zukunft des Gerichtssystems der Europäischen Gemeinschaft/Due-Report, EuGRZ 2001, 523 (530).
743 Böse, in: Schwarze, Art. 35 Rn. 8.
744 Fischer, S. 279.
745 Ludwig, S. 136.
746 Dörr/Mager, AöR 2000, 386 (416).
747 Kingreen, in: Calliess/Ruffert, Art. 6 EUV Rn. 198 ff.
748 Pechstein, EuR 1999, 1 (22).

somit keine subjektiven Rechte für den Einzelnen.[749] Die Rechte des Einzelnen können erst durch die mitgliedsstaatliche Umsetzung betroffen sein. Hierfür steht dann der nationale Rechtsweg offen.[750] Außerdem zeigt der Wortlautvergleich mit Art. 230 Abs. 4 EGV deutlich, dass bei der modifizierten Nichtigkeitsklage nach Art. 35 Abs. 6 EUV eine Klage von natürlichen und juristischen Personen ausgeschlossen sein soll.[751]

a) Das Problem der Klagebefugnis des Europäischen Parlaments

Im Rahmen der Klagebefugnis stellt sich das Problem, ob neben der Kommission und den Mitgliedstaaten auch das Europäische Parlament eine Klagebefugnis im Bereich der modifizierten Nichtigkeitsklage nach Art. 35 Abs. 6 EUV besitzt.

aa) Die Lösung

Nach dem Wortlaut des Art. 35 Abs. 6 EUV ist das Europäische Parlament nicht als klagerechtigtes Organ aufgeführt worden. Dem Europäischen Parlament keine Klagebefugnis im Rahmen der modifizierten Nichtigkeitsklage zuzusprechen wäre daher mit dem Wortlaut des Art. 35 Abs. 6 EUV durchaus vereinbar.[752] Andererseits muss das europäische Parlament nach Art. 39 Abs. 1 S. 1 EUV zu allen Rechtakten im Sinne von Art. 34 EUV, mit Ausnahme der gemeinsamen Standpunkte, angehört werden.[753] Diese Anhörung steht nicht im Ermessen des Ratsvorsitzes, sondern der Rat hat die Pflicht das Europäische Parlament vor Erlass der Maßnahmen nach Art. 34 Abs. 2 lit. b), c) und d) EUV anzuhören.[754] Geschieht diese Anhörung nicht, liegt eine Verletzung der Rechte des Europäischen Parlaments vor. Das Europäische Parlament hat somit in die-

---

749 Brechmann, in: Calliess/Ruffert, Art. 34 EUV Rn. 9 f.

750 Böse, in: Schwarze, Art. 35 Rn. 8.

751 Ludwig, S. 137.

752 Vgl. Classen, EuR 1999, Beiheft 1, 73 Fn. 34; Meyring, EuR 1999, 309 (319); Harrings, EuR 1998, Beiheft 2, 81 (92); Müller-Graff, in: Hummer, S. 274; Ludwig, S. 136 f.; Röben, in: Grabitz/Hilf, Band I, Art. 35 Rn. 23 der dort eine Klagebefugnis auf Grund des Wortlauts des Art. 35 Abs. 6 EUV ablehnt, aber in Rn. 29 dem EP die Befugnis einräumt seine Rechte in Titel VI EUV über Art. 35 Abs. 6 EUV geltend machen zu können.; Albors-Llorenz, CML Rev. 1998, 1273 (1282 f.), der dies aber als bedauerlich (regrettable) ansieht und hierzu ausführt: „The European Parliament and private parties have been excluded from the list of potential applicants. In addition to being given only a consultative role in the legislative process, it has also been barred from the possibility of bringing an action for annulment.“

753 Geiger, Art. 39 Rn. 1 ff.

754 Böse, in: Schwarze, Art. 39 Rn. 1.

sem Bereich ein schützenswertes Interesse an einer verbindlichen Feststellung seiner Befugnisse durch den Gerichtshof.[755]
Aus diesem Grund hat der Gerichtshof dem Europäischen Parlament im Gemeinschaftsrecht bereits eine auf Wahrung seiner eigenen Rechte beschränkten Klagebefugnis eingeräumt, als diese im Bereich der gemeinschaftlichen Nichtigkeitsklage noch nicht ausdrücklich vorgesehen war.[756] Eine Anwendung dieses Grundsatzes auch auf die modifizierte Nichtigkeitsklage nach Art. 35 Abs. 6 EGV erscheint sachgerecht und kann auch nicht entgegengehalten werden, dass der Grundsatz des ungeschriebenen Klagerechts zur Wahrung seiner vertraglichen Befugnisse nur für Beteiligungsrechte aus dem EG-Vertrag und nicht für unionsrechtliche Verfahrensrechte entschieden worden ist[757] und auf Grund der begrenzten unionsrechtlichen Zuständigkeit des Gerichtshofes nicht von einer Ausweitung der Klageberechtigung auf das Europäischen Parlament durch den Gerichtshof ausgegangen werden kann.[758]
Die Wahrung des Rechts bei der Auslegung und Anwendung des Vertrags ist in Art. 220 EGV normiert und findet über Art. 46 lit. b) EUV auch in der dritten Säule Anwendung. Um diese Aufgabe auch im Bereich der PJZS wahrzunehmen muss dem Gerichtshof auch in diesem Bereich die Möglichkeit eröffnet werden, dass „institutionelle Gleichgewicht"[759] zu kontrollieren. Dem kann auch nicht entgegengehalten werden, dass es in der dritten Säule ein dem im Gemeinschaftsrecht vergleichbares institutionelles Gefüge nicht gibt, da das Europäische Parlament zur Zeit keine bindenden Befugnisse hat.[760] Zwar hat das Europäische Parlament im Vergleich zum Gemeinschaftsrecht, im Bereich der dritten Säule eine stark eingeschränkte Funktion, die nicht mit den im EG-Vertrag eingeräumten Befugnisse im Rechtssetzungsprozess zu vergleichen sind,[761] trotzdem besteht aber ein institutionelles Gefüge zwischen dem Rat, der Kommission, dem Europäischen Parlament, dem Gerichtshof und den Mitgliedstaaten.
Sowohl die Mitgliedstaaten als auch jedes einzelne Organ ist im Bereich der dritten Säule mit Rechten ausgestattet. Die Wahrung dieser Rechte innerhalb des Rechtssetzungsprozesses der dritten Säule ist Aufgabe des Gerichtshofes. Die

755 Röben, in : Grabitz/Hilf, Band I, Art. 35 EUV Rn. 29.
756 Vgl. EuGH, Rs. C-70/88, Slg. 1990, I-2041 Rn. 24 ff. – Tschernobyl I; Gesser, S. 72 ff.
757 Ludwig, S. 137.
758 So aber Dörr/Mager, AöR 2000, 386 (416).
759 Vgl. EuGH, Rs. C-70/88, Slg. 1990, I-2041 Rn. 27 - Parlament/Rat.
„Dem Gerichtshof obliegt es nach den Verträgen, über die Wahrung des Rechts bei deren Auslegung und Anwendung zu wachen. Er muss daher in der Lage sein, die Aufrechterhaltung des institutionellen Gleichgewichts und folglich die richterliche Kontrolle der Beachtung der Befugnisse des Parlament, wenn dieses ihn zu diesem Zweck anruft, durch einen Rechtsbehelf sicherstellen, der ihm die Erfüllung seiner Aufgabe ermöglicht."
760 Ludwig, S. 168.
761 Ludwig, S. 168.

Erfüllung dieser Aufgabe ist aber nur möglich, wenn das Europäische Parlament auch im Rahmen der modifizierten Nichtigkeitsklage die Verletzung des Art. 39 Abs. 1 EUV geltend machen kann. Außerdem sorgt die Einbeziehung des Europäischen Parlaments in die intergouvernemental strukturierte dritte Säule der EU für eine Kohärenz der PJZS,[762] welche durch eine fehlende Klagebefugnis des Europäischen Parlaments im Rahmen ihrer Rechte wieder umgekehrt werden würde. Darüber hinaus dient die Beteiligung des Europäischen Parlaments auch der Fortentwicklung der EU, [763] die in der Praxis nur erreicht und umgesetzt werden kann, wenn nicht nur auf vertraglicher Ebene ein Beteiligungsrecht nach Art. 39 Abs. 1 EUV verbindlich eingeführt worden ist, sondern dieses auch auf der Rechtsschutzebene vom Europäischen Parlament eingefordert und vom Gerichtshof gewahrt werden kann. Jede andere Lösung ließe den Schutz der Rechte des Europäischen Parlaments in den Händen der in Art. 35 Abs. 6 EUV aufgeführten Kläger, die kein eigenes Interesse an der Sache haben.[764]
Auch ist das Argument, dass die Beteiligungsrechte des Europäischen Parlaments im Gegensatz zum EG-Vertrag in der dritten Säule sehr gering ausgeprägt sind und somit gute Gründe gegen eine Ausdehnung der Klagebefugnis auf das Europäische Parlament sprechen,[765] zu vordergründig. Eine Bestimmung der Klagebefugnis nach quantitativen Gesichtspunkten kann zu keiner rechtsstaatlich objektiven Lösung führen. Es reicht vielmehr aus, wenn das Europäische Parlament ihr einziges Mitwirkungsrecht nach Art. 39 Abs. 1 EUV verletzt sieht und die Nichtigkeitsklage nach Art. 35 Abs. 6 EUV hierauf stützt.[766] Auch kann nicht davon ausgegangen werden, dass durch die Nichtaufführung des Europäischen Parlaments im Rahmen des Art. 35 Abs. 6 EUV bewusst darauf verzichtet worden ist, dass das Europäische Parlament seine Rechte geltend machen kann. Zwar ist das Europäische Parlament durch den Vertrag von Nizza sowohl in der Nichtigkeitsklage nach Art. 230 Abs. 2 EGV als auch im Gutachtenverfahren nach Art. 300 Abs. 6 EGV in den Kreis der privilegierten Klagebefugten aufgenommen worden.[767] Daraus ergibt sich aber noch nicht, dass das Europäische Parlament in der modifizierten Nichtigkeitsklage bewusst ausgeschlossen worden ist.
Außerdem ist die institutionelle Rolle des Parlaments durch den Vertrag von Amsterdam erheblich aufgewertet worden, denn die Anhörung steht anders als in Art. K.6 S. 2 EUV a.F. nicht mehr im Ermessen des Ratsvorsitzes, sondern ist zwingend. Auch ist das Europäische Parlament bei einer vereinfachten Vertrags-

762 Vgl. Huber, S. 204 Rn. 60.
763 Huber, S. 204 Rn. 60.
764 Vgl. Gesser, S. 96 f.
765 Ludwig, S. 167 f.
766 Böse, in: Schwarze, Art. 35 Rn. 8.
767 Fischer, S. 145, 155.

änderung nach Art. 42 EUV anzuhören.[768] Im Sinne der Aufwertung des Europäischen Parlaments durch den Vertrag von Nizza und dem Hintergrund, dass der Gerichtshof in der Lage sein muss das institutionelle Gleichgewicht herzustellen und aufrechtzuerhalten, sollte der Gerichtshof den Wortlaut des Art. 35 Abs. 6 EUV d.h. die Nichtaufführung des Europäischen Parlaments im Wege richterlicher Rechtsfortbildung insoweit korrigieren, dass das Europäische Parlament im Verfahren nach Art. 35 Abs. 6 EUV klagebefugt ist, soweit es die Verletzung des Anhörungsrechts nach Art. 39 Abs. 1 EUV geltend machen kann.

bb) Ergebnis

Neben den ausdrücklich in Art. 35 Abs. 6 EUV aufgeführten Mitgliedstaaten und der Kommission ist auch das Europäische Parlament in der modifizierten Nichtigkeitsklage nach Art. 35 Abs. 6 EGV zur Erhebung der Klage berechtigt, soweit es eine Verletzung des Mitwirkungsrechts nach Art. 39 Abs. 1 EUV geltend macht.

b) Ergebnis

Zur Erhebung einer modifizierten Nichtigkeitsklage nach Art. 35 Abs. 6 EUV sind die Mitgliedstaaten, die Kommission und das Europäische Parlament, im Rahmen seiner Rechte, berechtigt.

c) Vergleich zwischen Art. 35 Abs. 6 EUV und Art. 230 EGV

aa) Klagebefugnis bei der Nichtigkeitsklage nach Art. 230 EGV

Die Nichtigkeitsklage nach Art. 230 EGV unterscheidet zwischen privilegierten und nichtprivilegierten Klagebefugten. Als privilegiert klagebefugt gelten nach Art. 230 Abs. 2 EGV die Mitgliedstaaten, der Rat, die Kommission und nach dem Vertrag von Nizza auch das Europäische Parlament.[769] Nichtprivilegiert klagebefugt, d.h. auf die Wahrung eigener Rechte angewiesen, sind nach Art. 230 Abs. 3 EGV die EZB und der Europäische Rechnungshof.[770] Darüber hinaus sind auch natürliche und juristische Personen gemäß Art. 230 Abs. 4 EGV unter dort vorgesehenen bestimmten Voraussetzungen klagebefugt.[771]

---

768 Böse, in: Schwarze, Art. 35 Rn. 8.

769 Brok, Integration 2001, 86 (89); Cremer, in: Calliess/Ruffert, Art. 230 Rn. 19.

770 Cremer, in: Calliess/Ruffert, Art. 230 Rn. 20.

771 Koenig/Sander, Rn. 283 ff.

bb) Parallelen und Unterschiede

Der wesentliche Unterschied zwischen der gemeinschaftlichen Nichtigkeitsklage nach Art. 230 EGV und der unionsrechtlichen modifizierten Nichtigkeitsklage nach Art. 35 Abs. 6 EGV besteht hinsichtlich des Kreises der Klagebefugten. Im Gegensatz zur Klage nach Art. 35 Abs. 6 EUV sind nach Art. 230 Abs. 2 EGV neben den Mitgliedstaaten und der Kommission auch der Rat und seit dem Vertrag von Nizza nach Art. 230 Abs. 2 EGV auch das Europäische Parlament privilegiert klagebefugt. Das Europäische Parlament muss daher nicht mehr wie nach Art. 230 Abs. 3 EGV a.F. sowie nach Art. 35 Abs. 6 EUV die Verletzung eigener Rechte geltend machen.[772]

Des Weiteren bedeutet die Klagebefugnis des Europäischen Parlaments im Gemeinschaftsrecht für Art. 35 Abs. 6 EUV eine Einschränkung, denn im Bereich der PJZS ist das Europäische Parlament nicht privilegiert klagebefugt, sondern auf Grund der begrenzten Mitwirkungsrechte auf die Verletzung des Anhörungsrechts nach Art. 39 Abs. 1 EUV angewiesen. Außerdem ist anders als bei der Nichtigkeitsklage nach Art. 230 Abs. 4 EGV bei der modifizierten Nichtigkeitsklage keine Klagebefugnis natürlicher und juristischer Personen vorgesehen, so dass dieser Personenkreis keine Nichtigkeitsklage im Bereich der dritten Säule erheben kann.[773] Eine Rechtsschutzlücke ist hierin aber nicht zu erkennen, denn die Rechtsakte nach Art. 34 Abs. 2 EUV haben keine unmittelbare Wirkung gegenüber Einzelnen.[774]

4. Klagegegenstand

Gegenstand einer Nichtigkeitsklage nach Art. 35 Abs. 6 EUV sind die in Art. 34 Abs. 2 S. 2 lit. b) und c) EUV geregelten Rahmenbeschlüsse und Beschlüsse.[775] Aus dem ausdrücklichen Wortlaut kann grundsätzlich geschlossen werden, dass gegen andere Rechtsakte des Art. 34 Abs. 2 EUV keine modifizierte Nichtigkeitsklage erhoben werden kann.[776] Für die gemeinsamen Standpunkte nach Art. 34 Abs. 2 S. 2 lit. a) EUV ergibt sich dies neben dem Wortlaut auch aus ihrer Bindungswirkung.[777] Die gemeinsamen Standpunkte beziehen sich vor allem auf die völkerrechtliche Verpflichtung der Mitgliedstaaten, alle erforderlichen Maßnahmen zu treffen, um nach den gemeinsam festgelegten Standpunkten zu han-

---

772 Fischer, S. 145.

773 Brechmann, in: Calliess/Ruffert, Art. 35 Rn. 6.

774 Pechstein/Koenig, Rn. 390; Brechmann, in: Calliess/Ruffert, Art. 35 Rn. 6; Röben, in: Grabitz/Hilf, Band I, Art. 35 Rn. 33.

775 Näher zu den Begriffen und ihrer inhaltlichen Regelung vgl. o. unter Teil IV, C., II., 3., a)-b).

776 Böse, in: Schwarze, Art. 35 Rn. 9; Geiger, Art. 35 Rn. 7; Zott, S. 234, 279.

777 Böse, in: Schwarze, Art. 35 Rn. 9.

deln. Gemeinsame Standpunkte bedürfen daher keiner innerstaatlichen Umsetzung. Solche Maßnahmen sind durch die anderen Handlungsinstrumente in Art. 34 Abs. 2 S.2 EUV zu beschließen.[778] Für einen Rechtsschutz gegenüber gemeinsamen Standpunkten besteht daher kein Grund, denn auf Grund der fehlenden Verbindlichkeit ist kein, bzw. ein zu geringes Rechtsschutzinteresse vorhanden.[779]
Des Weiteren sind auch Übereinkommen nach Art. 34 Abs. 2 S. 2 lit. d) EUV nicht Klagegegenstand einer Nichtigkeitsklage, denn ihre Verbindlichkeit hängt von der Ratifizierung durch die Mitgliedstaaten ab. Nach der Ratifizierung stehen sie dem Rang des Primärrechts gleich, so dass dann keine Überprüfung mehr am Maßstab des Unionsrechts stattfindet.[780] Daher sind auch Durchführungsmaßnahmen zu Übereinkommen nicht Gegenstand der modifizierten Nichtigkeitsklage.[781] Hierfür sieht Art. 35 Abs. 7 S. 2 EUV das Streitbeilegungsverfahren vor.[782]

a) Das Problem der Durchführungsmaßnahmen zu Beschlüssen

Innerhalb der Klagegegenstände der modifizierten Nichtigkeitsklage stellt sich aber das Problem, ob neben den Rahmenbeschlüssen und Beschlüssen, auch die zu den Beschlüssen ergangenen Durchführungsmaßnahmen Gegenstand einer Klage nach Art. 35 Abs. 6 EUV sein können.

aa) Die Lösung

Gegen die Aufnahme der Durchführungsmaßnahmen zu Beschlüssen in den Kreis der Klagegegenstände der modifizierten Nichtigkeitsklage nach Art. 35 Abs. 6 EUV spricht zunächst der Wortlaut der Norm.[783] Im Gegensatz zu dem Verfahren nach Art. 35 Abs. 7 EUV führt Art. 35 Abs. 6 EUV ausdrücklich nur die Rahmenbeschlüsse und Beschlüsse auf. Daraus kann auf den ersten Blick geschlossen werden, dass auch nur diese beiden Maßnahmen des Art. 34 Abs. 2 EUV Gegenstand einer modifizierten Nichtigkeitsklage sein sollen und eine Erweiterung der Klagegegenstände über den Wortlaut hinaus nicht gewollt gewesen ist.[784] Auf der anderen Seite muss aber beachtet werden, dass die Durchführungsmaßnahmen nicht einstimmig sondern mit qualifizierter Mehrheit beschlossen werden und somit gerade für die Mitgliedstaaten ein Bedürfnis an

778 Brechmann, in: Calliess/Ruffert, Art. 34 EUV Rn. 6.
779 Böse, in: Schwarze, Art. 35 Rn. 9.
780 Böse, in: Schwarze, Art. 35 Rn. 5 und 9.
781 Thun-Hohenstein, S. 49; Röben, in: Grabitz/Hilf, Band I, Art. 35 Rn. 22.
782 Thun-Hohenstein, S. 48.
783 Classen, EuR 1999, Beiheft 1, 73 (83).
784 Classen, EuR 1999, Beiheft 1, 73 (83).

einer Klagemöglichkeit besteht.[785] Ansonsten wäre Art. 35 Abs. 6 EUV auf eine Reuerechtsqualität beschränkt, wenn als Klagegegenstand nur einstimmig erlassenen Rahmenbeschlüsse und Beschlüsse in Frage kommen würden.[786] Dem Bedürfnis nach umfassenden Rechtsschutz kann nur entsprochen werden, wenn auch Durchführungsmaßnahmen zu Beschlüssen Gegenstand der Klage nach Art. 35 Abs. 6 EUV sein können, denn die Kommission ist im Verfahren nach Art. 35 Abs. 7 S. 1 EUV nicht Verfahrensbefugt und hat daher nur nach Art. 35 Abs. 6 EUV die Möglichkeit Durchführungsmaßnahmen auf deren Rechtmäßigkeit durch den Gerichtshof überprüfen zu lassen. Des Weiteren ist bei einer anderweitigen Sichtweise der Klagegrund „einer bei seiner Durchführung anzuwendenden Rechtsnorm" überflüssig, denn die dort vorausgesetzte Normenhierarchie ist nur zwischen Beschlüssen und den dazugehörigen Durchführungsmaßnahmen denkbar.[787]
Darüber hinaus wäre es nicht einsichtig, dass Durchführungsmaßnahmen zwar innerhalb des Verfahrens nach Art. 35 Abs. 1 EUV und Art. 35 Abs. 7 EUV überprüft werden können, gleichzeitig eine Überprüfung im Rahmen der Klage nach Art. 35 Abs. 6 EUV aber ausgeschlossen sein soll.[788] Vieles spricht daher für die Einbeziehung der Durchführungsmaßnahmen zu Beschlüssen in den Kreis der Verfahrensgegenstände.

bb) Ergebnis

Klagegegenstand der modifizierten Nichtigkeitsklage nach Art. 35 Abs. 6 EUV sind auch die zu den Beschlüssen ergangenen Durchführungsmaßnahmen.

b) Ergebnis

Klagegegenstand der modifizierten Nichtigkeitsklage nach Art. 35 Abs. 6 EUV sind Rahmenbeschlüsse gemäß Art. 34 Abs. 2 lit. b) EUV, Beschlüsse gemäß Art. 34 Abs. 2 lit. c) S. 1 EUV sowie die hierzu ergangenen Durchführungsmaßnahmen gemäß Art. 34 Abs. 2 lit. c) S. 2 EUV.

---

785 Thun-Hohenstein, S. 49; Böse, in: Schwarze, Art. 35 Rn. 9; Röben, in: Grabitz/Hilf, Band I, Art. 35 Rn. 22.

786 Röben, in: Grabitz/Hilf, Band I, Art. 35 EUV Rn. 22.

787 Böse, in: Schwarze, Art. 35 Rn. 9.

788 Ludwig, S. 135.

c) Vergleich zwischen Art. 35 Abs. 6 EUV und Art. 230 EGV

aa) Klagegegenstand der Nichtigkeitsklage nach Art. 230 EGV

Nach dem Wortlaut der Nichtigkeitsklage nach Art. 230 EGV können mit dieser „ gemeinsame Handlungen des Europäischen Parlaments und des Rates, die Handlungen des Rates, der Kommission und der EZB sowie die Handlungen des Europäischen Parlaments, soweit sie Rechtswirkungen gegenüber Dritten entfalten“, angegriffen werden.[789] Der Begriff der Handlungen ist im Rahmen des Art. 230 EGV sehr weit zu verstehen. Nach ständiger Rechtsprechung des Gerichtshofes sind dies alle Rechtsakte, die eine verbindliche Rechtswirkung nach außen erzeugen.[790] Hierzu zählen vor allem die in Art. 249 EGV aufgeführten Maßnahmen, aber auch ein von einem Gemeinschaftsorgan abgeschlossener völkerrechtlicher Vertrag.[791] Nicht angreifbar sind hingegen die Empfehlungen und Stellungnahmen der Gemeinschaftsorgane.[792]

bb) Parallelen und Unterschiede

Aus einem Vergleich zu Art. 35 Abs. 6 EUV ergibt sich, dass die Klagegegenstände der Nichtigkeitsklage nach Art. 230 EGV nicht nur auf die zwei Handlungsformen[793] des Rahmenbeschlusses und Beschlusses sowie der hierzu ergangenen Durchführungsmaßnahmen, sondern erheblicher weiter gefasst sind. Dieser Unterschied ergibt sich bereits aus den begrenzten Handlungsmöglichkeiten im Bereich der dritten Säule, wonach ausschließlich der Rat die dort vorgesehenen Maßnahmen beschließen kann. Sieht man einmal von der spezifischen Ausgestaltung der Klagegegenstände innerhalb der unionsrechtlichen Nichtigkeitsklage ab, lässt die Ausgestaltung aber eine wesentliche Anlehnung an die Nichtigkeitsklage nach Art. 230 EGV erkennen.
Gemeinsam ist den Klagegegenständen beider Klagen, dass sich die Rechtswirkungen von Handlungen der Organe nicht durch die verwendete Handlungsform abschließend bestimmt wird, sondern durch die Auslegung im Einzelfall ermittelt wird.[794]

---

789 Borchardt, in: Lenz, Art. 230 Rn. 5, 9.

790 EuGH, Rs. C-325/91, Slg. 1993, I-3283- Frankreich/Kommission.

791 Fischer, S. 164.

792 Stotz, in: Dauses, Band 2, P. I Rn. 56.

793 Zum ausführlichen Vergleich zwischen Rahmenbeschlüssen/Beschlüssen und den Handlungsformen des Art. 249 EGV vgl. o. unter Teil IV, C., II., 3., h).

794 EuGH, Rs. 22/70, Slg. 1971, 263- AETR-Urteil; Röben, in: Grabitz/Hilf, Band I, Art. 34 Rn. 4.

5. Klagegründe

Art. 35 Abs. 6 EUV nennt abschließend als Klagegründe die Unzuständigkeit, Verletzung wesentlicher Formvorschriften, Verletzung dieses Vertrags oder einer bei seiner Durchführung anzuwendenden Rechtsnorm sowie den Ermessensmissbrauch. Vom Grundsatz her entsprechen die genannten Klagegründe denen des Art. 230 EGV und zeigen deutlich, dass Art. 35 Abs. 6 EUV an Art. 230 Abs. 2 EGV angelehnt ist.[795]

a) Unzuständigkeit

Innerhalb der Unzuständigkeit gibt es keine Unterschiede zwischen den beiden Verfahren. Genau wie bei der Nichtigkeitsklage nach Art. 230 EGV liegt bei der modifizierten Nichtigkeitsklage nach Art. 35 Abs. 6 EUV Unzuständigkeit vor, wenn es entweder an der Verbandszuständigkeit,[796] Organzuständigkeit,[797],räumlichen Zuständigkeit[798] oder an der sachlichen Zuständigkeit[799] gefehlt hat.[800]

b) Verletzung wesentlicher Formvorschriften

Auch der Klagegrund der Verletzung wesentlicher Formvorschriften weist zur gemeinschaftsrechtlichen Nichtigkeitsklage keine Besonderheiten auf. Auch in der dritten Säule sind Formvorschriften diejenigen Bestimmungen, die das Verfahren regeln, in denen der Rechtsakt ausgearbeitet wird. Wesentlich sind dabei vor allem die Formvorschriften, welche die Beteiligung anderer „Unionsorgane" vorsehen.[801] Innerhalb der dritten Säule kommt hier insbesondere das Verfahren nach Art. 34 Abs. 3 EUV sowie die Anhörung des EP nach Art. 39 Abs. 1 EUV in Betracht, welches sich inhaltlich von der erheblich komplexeren Regelung des Art. 251, 252 EGV unterscheidet.[802]

---

795 Brechmann, in: Calliess/Ruffert, Art. 35 Rn. 6; Pechstein, EuR 1999, 1 (22); Böse, in: Schwarze, Art. 35 Rn. 10.

796 Liegt vor, wenn die Regelungsmaterie nicht in den Zuständigkeitsbereich der dritten Säule gefallen ist.

797 Ist z.B. gegeben, wenn anstatt des Rates ein anderes Organ einen Rahmenbeschluss oder Beschluss erlassen hat, denn nach Art. 34 Abs. 2 EUV ist hierfür der Rat zuständig.

798 Sie fehlt, wenn sich das Handeln des Rates unzulässigerweise auf das Gebiet außerhalb der Union auswirkt.

799 Diese ist nicht gegeben, wenn der Rat sich unzulässigen Handlungsformen bedient.

800 Ausführlich hierzu Koenig/Sander, Rn. 315 ff.

801 Bleckmann, Rn. 857 ff.; Cremer, in: Calliess/Ruffert, Art. 230 Rn. 71 ff.

802 Ausführlich Kluth, in: Calliess/Ruffert, Art. 251 Rn. 1 ff, Art. 252 Rn. 1 ff.

c) Verletzung diesen Vertrages

Der Klagegrund ist im Verfahren nach Art. 35 Abs. 6 EUV genau wie im Gemeinschaftsrecht dann erfüllt, wenn der Rahmenbeschluss oder Beschluss nicht von der zuständigen Ermächtigungsgrundlage getragen ist.[803] Im Gegensatz zur gemeinschaftsrechtlichen Nichtigkeitsklage nach Art. 230 EGV ist es für die modifizierten Nichtigkeitsklage nach Art. 35 Abs. 6 EUV nicht selbstverständlich, dass der Rahmenbeschluss oder der Beschluss auch auf die Vereinbarkeit mit den Grundrechte geprüft wird, denn der Klagegegenstand wird nicht am gesamten Unionsrecht, sondern nur innerhalb der Zuweisung durch Art. 46 lit. b) EUV geprüft.[804] Prüfungsmaßstab sind somit grundsätzlich nur die Bestimmungen des Titels VI EUV. Etwas anderes ergibt sich aber aus Art. 46 lit. d) EUV i.V.m. Art. 6 Abs. 2 EUV, wonach der Gerichtshof im Rahmen seiner Zuständigkeit des Art. 35 EUV auch zur Prüfung der Vereinbarkeit mit den Grundrechten verpflichtet ist.[805]

d) Verletzung einer bei seiner Durchführung anzuwendenden Rechtsnorm

Genau wie der Klagegrund „Verletzung des Vertrages" stellt auch der Tatbestand der „ Verletzung einer bei seiner Durchführung anzuwendenden Rechtsnorm" einen Auffangtatbestand dar.[806] Im Gemeinschaftsrecht wird dieser Tatbestand durch jede Handlung erfüllt, die nicht mit höherrangigen Gemeinschaftsrecht vereinbar ist.[807] Bei der modifizierten Nichtigkeitsklage gelangt dieser Tatbestand zur Anwendung, wenn eine Durchführungsmaßnahme zu Beschlüssen Klagegegenstand ist.[808]

e) Ermessensmissbrauch

In Bezug auf den Klagegrund des Ermessensmissbrauchs ergeben sich zwischen der Nichtigkeitsklage nach Art. 230 EGV und der modifizierten Nichtigkeitsklage nach Art. 35 Abs. 6 EUV keine Unterschiede. Es kann daher auf die gemeinschaftsrechtlichen Grundsätze zurückgegriffen werden. Danach hält der Gerichtshof eine Handlung der Organe dann für ermessensmissbräuchlich, wenn auf Grund objektiver, schlüssiger und übereinstimmender Indizien anzunehmen ist, dass die Maßnahmen zumindest vorwiegend zu anderen als den angegebenen

803 Für das Gemeinschaftsrecht Krück, in: G/T/E, Band 4, Art. 173 Rn. 87 ff.

804 Pechstein, EuR 1999, 1 (23 f.).

805 Knapp, DÖV 2001, 12 (18 f.); Vedder, EuR 1999, Beiheft 1, 7 (13).

806 Cremer, in: Calliess/Ruffert, Art. 230 Rn. 78.

807 Cremer, in: Calliess/Ruffert, Art. 230 Rn. 78.

808 Böse, in: Schwarze, Art. 35 Rn. 9.

Zwecken oder zur Umgehung eines im Vertrag vorgesehenen Verfahrens erlassen wurde.[809]

f) Ergebnis

Klagegründe einer modifizierten Nichtigkeitsklage nach Art. 35 Abs. 6 EUV sind die Unzuständigkeit, die Verletzung wesentlicher Formvorschriften, die Verletzung dieses Vertrags oder einer bei seiner Durchführung anzuwendenden Rechtsnorm oder der Ermessensmissbrauch. Damit entsprechen die Klagegründe der modifizierten Nichtigkeitsklage nach Art. 35 Abs. 6 EUV denen des Art. 230 Abs. 2 EGV.

6. Klagefrist

a) Inhalt

Nach Art. 35 Abs. 6 S. 2 EUV ist die modifizierte Nichtigkeitsklage „binnen zwei Monaten nach Veröffentlichung der Maßnahme einzuleiten." Mit der Veröffentlichung ist die Bekanntgabe im Amtsblatt der EG gemeint. Der Tag an dem die Klagefrist zu laufen beginnt, ist für die Erhebung der Klage zum Gerichtshof nach 35 Abs. 6 S.2 EUV i.V.m. Art. 80 § 1 und 81 § 1 VerfO-EuGH zu ermitteln.[810] Durch den Vertrag von Nizza ist nach Art. 81 § 2 VerfO-EuGH für die Verfahrensfristen eine pauschale Verlängerung der Entfernungsfrist von 10 Tagen eingeführt worden.

b) Ergebnis

Die modifizierte Nichtigkeitsklage nach Art. 35 Abs. 6 EUV muss innerhalb einer Frist von zwei Monaten nach Veröffentlichung der Rechtsakte im Amtsblatt der EG eingeleitet werden.

c) Vergleich zwischen Art. 35 Abs. 6 EUV und Art. 230 EGV

aa) Klagefrist der Nichtigkeitsklage nach Art. 230 Abs. 5 EGV

Die Klagefrist für die Erhebung einer Nichtigkeitsklage beträgt nach Art. 230

---

809 EuGH, verb. Rs. 16 u. 35/66, Slg. 1966, 153, 176-Gutmann/Kommission, EuGH, Rs. C-331/88, Slg. 1990, I-4023, Rn. 24- Fedesa u.a.

810 Gerichtliche Fristen sind demnach unter Ausschluss des Tages zu berechnen, auf den das Ereignis fällt, mit dem die Frist beginnt. Hinsichtlich des Klagefristende ausführlich in Cremer in: Calliess/Ruffert, Kommentar zu EU-/EG-Recht, Art. 230 Rn. 67 f.

Abs. 5 EGV zwei Monate.[811] Art. 230 Abs. 5 EGV enthält drei Varianten für den Beginn der Klagefrist. Demnach beginnt die Klagefrist entweder mit der Bekanntgabe, bzw. der Veröffentlichung im Amtsblatt der EG[812], mit der Mitteilung an den Kläger oder bei anderweitiger Kenntniserlangung, wenn der Rechtsakt weder bekannt gegeben noch dem Kläger mitgeteilt worden ist.[813] Die Berechnung der Klagefrist ergibt sich aus Art. 80 § 1 und 2 sowie Art. 81 § 1 VerfO des Gerichtshofes.[814]

bb) Parallelen und Unterschiede

Eine Parallele zwischen beiden Verfahren besteht in der Beachtung einer Klagefrist an sich. Sowohl bei der Klage nach Art. 230 Abs. 5 EGV als auch nach Art. 35 Abs. 6 EUV gilt für die Erhebung der Klage eine Frist[815] von zwei Monaten.[816] Im Gegensatz zu Art. 35 Abs. 6 S. 2 EUV enthält Art. 230 Abs. 5 EGV jedoch drei Varianten für den Beginn der Klagefrist. Das bei Art. 35 Abs. 6 S. 2 EUV nur die Variante der Veröffentlichung der Maßnahme für den Beginn der Klagefrist vorgesehen ist, stellt sich als logisch heraus, da die Mitgliedstaaten in einer Erklärung zum Amsterdamer Vertrag[817] übereingekommen sind, dass die in Art. 34 Abs. 2 EUV angenommenen Rechtsakte im Amtsblatt der EG zu veröffentlichen sind,[818] so dass es weiterer Varianten nicht bedurfte. Die Berechnung der Klagefrist ergibt sich bei beiden Klagen aus der Verfahrensordnung des Gerichtshofes, da die entsprechenden Bestimmungen ins Unionsrecht transferiert werden.[819]

811 Koenig/Sander, Rn. 304.

812 Die Begriffe der Bekanntgabe und der Veröffentlichung sind synonym. Dies belegt auch die englische Fassung „of the publication".

813 Borchardt, in: Lenz, Art. 230 Rn. 51 ff.

814 Cremer, in: Calliess/Ruffert, Art. 230 Rn. 63 ff.

815 Der Tag an dem die Klagefrist zu laufen beginnt, ist für die Erhebung zum Gerichtshof nach Art. 230 Abs. 5 EGV bzw. 35 Abs. 6 S.2 EUV i.V.m. Art. 80 § 1 und 81 § 1 der Verfahrensordnung des Gerichtshofes zu ermitteln. Nach Art. 81 § 2 der Verfahrensordnung des Gerichtshofes sind die Verfahrensfristen durch den Vertrag von Nizza um eine pauschale Entfernungsfrist von 10 Tagen zu verlängern. Ausführlich zur Klagefrist Cremer, in: Calliess/Ruffert, Art. 230 Rn. 63 ff.

816 Röben, in: Grabitz/Hilf, Band I, Art. 35 Rn. 22.

817 Erklärung Nr. 9 zu Art. 34 Abs. 2 des Vertrags über die Europäische Union, vgl. in Thun-Hohenstein, S. 343.

818 Brechmann, in: Calliess/Ruffert, Art. 34 Rn. 3.

819 Cremer, in: Calliess/Ruffert, Art. 46 Rn. 17.

7. Bindungswirkung der Entscheidung des Gerichtshofes

In Folge der fehlenden eigenständigen Regelungen in Art. 35 EGV hinsichtlich der Bindungswirkung eines innerhalb der unionsrechtlichen modifizierten Nichtigkeitsklage ergangenen Urteils, richtet sich diese grundsätzlich nach den allgemeinen Grundsätzen des Art. 230, 231 EGV, es sei denn aus der Besonderheit des Unionsrechts ergibt sich etwas anderes.[820] Daher ist davon auszugehen, dass das Urteil nach Art. 35 Abs. 6 EUV für alle Mitgliedstaaten und Organe eine erga omnes Wirkung entfaltet, egal ob der Mitgliedsstaat eine Anerkennungserklärung nach Art. 35 Abs. 2 EUV abgegeben hat oder nicht, denn die Anerkennungserklärung bezieht sich nur auf das modifizierte Vorabentscheidungsverfahren.[821]

a) Das Problem der Wirkung des Urteils nach Art. 35 Abs. 6 EUV

Da für die modifizierte Nichtigkeitsklage eine Norm wie Art. 231 Abs. 1 EGV fehlt[822], stellt sich die Frage, ob sich das Urteil des Gerichtshofes auf eine Feststellung beschränkt oder der Gerichtshof den betroffenen Rechtsakt für nichtig erklären kann.

aa) Die Lösung

Anders als im Gemeinschaftsrecht mit der Vorschrift des Art. 231 Abs. 1 EGV ist dem Gerichtshof im Verfahren nach Art. 35 Abs. 6 EGV nicht ausdrücklich die Kompetenz zur Nichtigkeitserklärung eines angegriffenen Rechtsakts zugesprochen worden. Vom Wortlaut des Art. 35 Abs. 6 EUV wäre daher eine Beschränkung der Entscheidung des Gerichtshofes auf eine feststellende Wirkung gerechtfertigt. [823] Auf der anderen Seite muss aber auch beachtet werden, dass der Wortlaut die Möglichkeit der Nichtigkeitserklärung auch nicht explizit ausschließt[824] und Art. 46 lit. b) EUV die gemeinschaftlichen Vorschriften über den Gerichtshof in das Unionsrecht transferiert, soweit sie die „Ausübung" seiner Zuständigkeit betreffen. [825] Dadurch, dass die modifizierte Nichtigkeitsklage keine Regelung wie Art. 231 EGV vorsieht und die Nichtigkeitserklärung nicht ausschließt, findet Art. 231 EGV über Art. 46 lit. b) EUV im Verfahren nach

---

820 Dörr/Mager, AöR 2000, 386 (417).
821 Ludwig, S. 139.
822 Pechstein, EuR 1999, 1 (23).
823 Brechmann, in: Calliess/Ruffert, Art. 35 EUV Rn. 6; Vedder, EuR 1999, Beiheft 1, 7 (14); Classen, EuR 1999, Beiheft 1, 73 (83).
824 Ludwig, S. 140.
825 Dörr/Mager, AöR 2000, 386 (417 f.).

Art. 35 Abs. 6 EUV Anwendung.[826] Daher führt eine zulässige und begründete modifizierte Nichtigkeitsklage auch im Unionsrecht zur Nichtigkeitserklärung des betreffenden Rechtsakts durch den Gerichtshof, so dass das Urteil ein Gestaltungsurteil darstellt.[827]
Dem kann auch nicht entgegengehalten werden, dass eine Nichtigkeitserklärung mit dem intergouvernementalen Charakter der dritten Säule nur schwer in Einklang zu bringen ist.[828] Eine solche Sichtweise verkennt, dass der Gerichtshof auch im Verfahren nach Art. 35 Abs. 1 EUV über die Gültigkeit eines Rechtsakts gestaltend befinden kann und es daher nicht einzusehen, warum der Gerichtshof zwar im Verfahren nach Art. 35 Abs. 1 EUV, aber nicht im Verfahren nach Art. 35 Abs. 6 EUV einen Rechtsakt für ungültig erklären kann.[829] Aber auch durch einen Vergleich mit den allgemeinen völkerrechtlichen Gesichtspunkten ergibt sich, dass der Gerichtshof Rahmenbeschlüsse und Beschlüsse und dazu ergangene Durchführungsmaßnahmen für nichtig erklären kann. Grundsätzlich bereitet es im Völkerrecht Schwierigkeiten Normenwidersprüche zu lösen, da es eine Normenhierarchie wie im Gemeinschaftsrecht oder nationalem Recht nicht gibt.[830] Würde es daher auch im Bereich des Unionsrechts keine Normenhierarchie geben, wäre eine Nichtigkeitserklärung durch den Gerichtshof im Bereich der PJZS schwer zu erklären. Eine Lösung könnte dann anlehnend an das allgemeine Völkerrecht, wo ein rechtswidriger Beschluss einer internationalen Organisation materiell unwirksam ist, gefunden und auf rechtswidrige Rahmenbeschlüsse und Beschlüsse übertragen werden. Vom Ergebnis her gesehen würde das gleiche Ergebnis erreicht werden wie bei Art. 231 EGV.[831] Eine solche Brücke ist im Bereich des Art. 35 Abs. 6 EUV aber nicht notwendig. Wie bereits ausgeführt können nach Art. 6 Abs. 2 EUV auch die Grundrechte Prüfungsmaßstab für einen Rahmenbeschluss oder Beschluss sein, so dass sich bereits hieraus eine Normenhierarchie zwischen Unionsprimärrecht und Unionssekundärrecht ergibt. Außerdem ist in Abweichung zum allgemeinen Völkerrecht innerhalb der dritten Säule durch Art. 35 Abs. 6 EUV eine Normenhierarchie zwischen Unionsprimärrecht- und Unionssekundärrecht geschaffen worden, zu deren Einhaltung der Gerichtshof berufen ist.[832] Dies ist auch mit dem Völkerrecht vereinbar, denn den Mitgliedstaaten steht es im Hinblick auf ihre Gestaltungsfreiheit zu, dem Unionsprimärrecht gegenüber dem Unionssekundärrecht einen Vorrang einzuräumen, mit der Folge, dass Unionssekundär-

[826] Dörr/Mager, AöR 2000, 386 (417 f.).
[827] Pechstein, EuR 1999 1 (23 ff.); Geiger, Art. 35 Rn. 10; Knapp, DÖV 2001, 12 (13 f.); Dörr/Mager, AöR 2000 386 (417 f.); Röben, in: Grabitz/Hilf, Band I, Art. 35 Rn. 22.
[828] Harings, EuR 1998, Beiheft 2, 81 (92 f.).
[829] Pechstein, EuR 1999, 1 (22).
[830] Ipsen, § 20 Rn. 1.
[831] Classen, EuR 1999, Beiheft 1, 73 (83 f.).
[832] Knapp, DÖV 2001, 12 (13); Pechstein, EuR 1999, 1 (23 ff.).

recht, welches gegen das Unionsprimärrecht verstößt, nichtig ist.[833] Insgesamt lässt sich daher festhalten, dass abweichend vom allgemeinen Völkerrecht im Bereich der dritten Säule eine Normenhierarchie begründet worden ist, die dazu führt, dass die rangniedrigere Norm für nichtig erklärt werden kann. Für die Organe und Behörden in den Mitgliedstaaten entfällt damit die Verbindlichkeit der Umsetzung des Rahmenbeschlusses oder Beschlusses, wenn dieser für nichtig erklärt worden ist.

bb) Ergebnis

Der Gerichtshof kann im Rahmen der modifizierten Nichtigkeitsklage nach Art. 35 Abs. 6 EUV die dort vorgesehenen Rechtsakte für nichtig erklären, da Art. 231 EGV über Art. 46 lit. b) EUV in das unionsrechtliche Verfahren nach Art. 35 Abs. 6 EUV transferiert wird.

b) Ergebnis

Die Wirkung und der Umfang der Entscheidung des Gerichtshofes in der Klage nach Art. 35 Abs. 6 EUV richtet sich nach Art. 231 EGV. Daher kann der Gerichtshof innerhalb der modifizierten Nichtigkeitsklage nach Art. 35 Abs. 6 EUV den Rechtsakts erga omnes und ex tunc nach Art. 46 lit. b) EUV i.V.m. Art. 231 EGV für nichtig erklären.

c) Vergleich zwischen Art. 35 Abs. 6 EUV und Art. 230, 231 EGV

aa) Wirkung und Umfang der Entscheidung bei der Nichtigkeitsklage nach Art. 231 EGV

Die Nichtigkeitserklärung des Gerichtshofes ist in Art. 231 EGV eigenständig geregelt und wirkt grundsätzlich erga omnes und ex tunc,[834] wobei eine Beschränkung auf eine ex nunc Wirkung im Interesse des Einzelnen als auch zur Schonung mitgliedsstaatlicher oder gemeinschaftlicher Ressourcen ergehen kann.[835]

bb) Parallelen und Unterschiede

Nach dem oben aufgezeigten Ergebnis haben beide Verfahren den gleichen Entscheidungsumfang, in dem der Gerichtshof die betreffenden Rechtsakte erga omnes und grundsätzlich ex tunc nichtig erklärt. Ein Unterschied besteht ledig-

---

[833] Pechstein, EuR 1999, 1 (23 ff.).
[834] Stotz, in: Dauses, Band 2, P. I Rn. 170.
[835] Cremer, in: Calliess/Ruffert, Art. 231 Rn. 2 ff.

lich darin, dass bei der gemeinschaftsrechtlichen Nichtigkeitsklage nach Art. 230, 231 EGV die Rechtsfolge der Nichtigkeit explizit gesetzlich geregelt ist und im Rahmen der modifizierten Nichtigkeitsklage Art. 231 EGV über Art. 46 lit. b) EUv Anwendung findet. Im Ergebnis lässt sich daher festhalten, dass sowohl bei der Nichtigkeitsklage nach Art. 230, 231 EGV als auch bei der modifizierten Nichtigkeitsklage nach Art. 35 Abs. 6 EUV der Gerichtshof die entsprechenden Rechtsakte für nichtig erklären kann und nicht auf die Feststellung der Nichtigkeit beschränkt ist.

8. Das Problem einer Verpflichtung zur Beseitigung nationaler Anwendungs- oder Umsetzungsmaßnahmen

Hat der Gerichtshof einen Rechtsakt im Rahmen der modifizierten Nichtigkeitsklage für nichtig erklärt, stellt sich die Frage, ob die Mitgliedstaaten verpflichtet sind, die bereits bestehenden mitgliedsstaatlichen Anwendungs- oder Umsetzungsmaßnahmen wieder aufzuheben und wenn dies der Fall ist, woraus sich diese Pflicht ergibt.[836]

a) Die Lösung

Ausgangspunkt der Lösung dieses Problems ist die Tatsache, dass für die Beseitigung nationaler Anwendungs- oder Umsetzungsmaßnahmen eine eindeutige rechtliche Lösung im Unionsvertrag nicht getroffen worden ist.[837] Das Problem ist offenbar übersehen worden. Jedenfalls ist eine Verpflichtung der einzelnen Mitgliedstaaten zur Beseitigung der innerstaatlichen Maßnahmen nicht aus dem Unionsvertrag zu entnehmen.[838] Eine Gemeinschaftstreue wie sie sich im Gemeinschaftsrecht aus Art. 10 EGV ergibt ist im Unionsrecht nicht gegeben, so dass sich eine Verpflichtung zur Beseitigung auch nicht aus einer Art Unionstreue ergeben kann.[839] Des Weiteren fehlt es im Unionsrecht auch an einem hierarchischen Über- und Unterordnungsverhältnis zweier abgrenzbarer Kompetenzebenen, so dass eine Annahme einer Unionstreue verfehlt wäre.[840] Aber auch der Gerichtshof selber kann die mitgliedsstaatlichen Maßnahmen nicht beseitigen. Zum einen spricht gegen eine solche Lösung, dass der Wortlaut des Art. 35 Abs. 6 EUV als Klagegegenstand nur Rahmenbeschlüsse und Beschlüsse vorsieht, zum anderen, dass dies die Kassationsbefugnis für mitgliedsstaatli-

---

836 Pechstein, EuR 1999, 1 (25); Schütz/Sauerbier, JuS 2002, 658 (661).

837 Pechstein, EuR 1999, 1 (24 f.).

838 Pechstein, EuR 1999, 1 (24). a.A ohne nähere Begründung Harings, EuR 1998, Beiheft 2, 81 (93).

839 Pechstein, EuR 1999, 1 (24). a.A. Zuleeg, NJW 2000, 2846 (2847) der in Parallele zur Gemeinschaftstreue von einer Unionstreue ausgeht.

840 Blanke, in: Calliess/Ruffert, Art. 2 Rn. 20.

ches Recht bedeuten würde und der Vertrag von Amsterdam eine solche Kompetenzerweiterung nicht vornehmen wollte und aus verfassungsrechtlicher Sicht auch nicht könnte.[841]
Fraglich ist allerdings, ob sich eine solche Pflicht der Mitgliedstaaten aus dem in Art. 1 Abs. 3 S. 2 EUV geregelten Solidaritätsprinzip ergeben könnte. Das Solidaritätsprinzip ist in Art. 1 Abs. 3 S. 2 EUV geregelt und besagt nichts über eine Treue der Mitgliedstaaten gegenüber der Union aus.[842] Die wörtliche Bezugnahme auf das Verhältnis der Mitgliedstaaten untereinander lässt vielmehr erkennen, dass sich das Solidaritätsprinzip nur auf das Verhalten der Mitgliedstaaten untereinander bezieht.[843] Welche Pflichten sich für die Mitgliedstaaten aus dem Solidaritätsprinzip ergeben, hat der Gerichtshof in seiner Schlachtprämien-Entscheidung[844] für das Gemeinschaftsrecht folgendermaßen umschrieben:
„Der Vertrag erlaubt es den Mitgliedstaaten, die Vorteile der Gemeinschaft für sich zu nutzen, er erlegt ihnen aber auch die Verpflichtung auf, deren Rechtsvorschriften zu beachten. Stört ein Staat aufgrund der Vorstellung, die er sich von seinem nationalen Interesse macht, einseitig das mit der Zugehörigkeit zur Gemeinschaft verbundene Gleichgewicht zwischen Vorteilen und Lasten, so stellt dies die Gleichheit der Mitgliedstaaten vor dem Gemeinschaftsrecht in Frage und schafft Diskriminierungen für die einzelnen, und zwar in erster Linie für die Staatsangehörigen des Staates, der sich außerhalb des Gemeinschaftsrechts stellt. Ein solcher Verstoß gegen die Pflicht zur Solidarität, welche die Mitgliedstaaten durch ihren Beitritt zur Gemeinschaft übernommen haben, beeinträchtigt die Rechtsordnung der Gemeinschaft bis in ihre Grundfesten. Sonach hat die Italienische Republik mit ihrer vorsätzlichen Weigerung, die eine der beiden Verordnungen vorgesehenen Regelungen auf ihrem Hoheitsgebiet zu vollziehen, eindeutig gegen die Verpflichtung verstoßen, die sie aufgrund ihrer Zugehörigkeit zur Europäischen Wirtschaftsgemeinschaft eingegangen ist."
Daraus lässt sich schließen, dass die Mitgliedstaaten ihre nationalen Eigeninteressen nicht zu Lasten anderer Mitgliedstaaten und ihrer Völker verfolgen dürfen.[845] Diese Rechtsprechung ist inhaltlich auch auf das Solidaritätsprinzip im Unionsrecht übertragbar. Art. 1 Abs. 3 S. 2 EUV stellt eine verbindliche und von allen Mitgliedstaaten zu beachtende Leitidee dar, die im Rahmen des Unionsvertrags entsprechende zentralisierende Handlungskompetenzen begründen kann.[846] Damit die Leitidee des Solidaritätsprinzips im konkreten Fall inhaltlich ausgefüllt werden kann, bedarf es jedoch deren Konkretisierung durch den Unionsvertrag selber. Als konkretisierende Bestimmungen kommen dabei die in

841 Pechstein, EuR 1999, 1 (25).
842 Stumpf, in: Schwarze, Art. 1 Rn. 47.
843 Stumpf, in Schwarze, Art. 1 Rn. 47.
844 EuGH, Rs. 39/72, Slg. 1973, 101 Rn. 24 f.- Kommission/Italien.
845 Stumpf, in Schwarze, Art. 1 Rn. 47.
846 Blanke, in: Calliess/Ruffert, Art. 2 Rn. 1; Stumpf, in: Schwarze, Art. 1 Rn. 47 f.

Art. 2 EUV aufgeführten Zielbestimmungen in Betracht.[847] Art. 2 EUV ist wegen der Nichtaufführung in Art. 46 EUV nicht justiziabel, kann aber zur Rechtsfortbildung und Prinzipienbildung innerhalb der unionsrechtlich geregelten Bereiche zur Rechtsfortbildung herangezogen werden.[848]
Danach verfolgt die Europäische Union nach Art. 2 Spiegelstrich 4 EUV i.V.m. Art. 29 ff. EUV das Ziel, einen „ Raum der Freiheit, der Sicherheit und des Rechts“ zu erhalten und weiterzuentwickeln. Art. 2 EUV ist keine leere Hülle, sondern durch seine Formulierung als Ziel der EU allgemein verbindlich.[849] Die nähere Ausgestaltung des Art. 2 Spiegelstrich 4 EUV erfolgt im Unionsrecht durch Art. 29 ff. EUV. Dadurch, dass in Art. 2 EUV die Leitlinien/Ziele der Union proklamiert werden, müssen sämtliche Vorschriften des Unionsvertrags im Lichte des Art. 2 EUV ausgelegt werden.[850] Die Mitgliedstaaten verpflichten sich dadurch zu einem gemeinsamen Vorgehen innerhalb der konkreten Ziele des Art. 2 Spiegelstrich 4 EUV i.V.m. Art. 29 Abs. 2 EUV.[851] In Anwendung der Schlachtprämien-Entscheidung des Gerichtshofes haben die Mitgliedstaaten nicht nur die Vorteile der Rechtsschutzmöglichkeit und Zusammenarbeit im Bereich der PJZS zu nutzen, sondern auch die Pflicht, innerhalb des Ziels eines Raums der Freiheit, der Sicherheit und des Rechts alles zu machen damit der Erfüllung dieses Ziels entsprochen wird. Zu dieser solidarischen Zusammenarbeit und Zielverwirklichung gehört auch die Beseitigung innerstaatlicher Durchführungs- oder Umsetzungsmaßnahmen die mit den gemeinsamen Zielen der dritten Säule nicht mehr in Einklang stehen.
Die Verpflichtung der Mitgliedstaaten zur Beseitigung, der auf rechtswidrigen Rahmenbeschlüssen oder Beschlüssen basierenden innerstaatlichen Anwendungs- oder Umsetzungsmaßnahmen, kann somit aus dem im Unionsvertrag ausgestalteten Solidaritätsprinzip entnommen werden. Die unter den Mitgliedstaaten bestehende mitgliedsstaatliche Pflicht zur Solidarität nach Art. 1 Abs. 3 S. 2 EUV in Verbindung mit dem in Art. 2 Spiegelstrich 4 EUV aufgeführten Ziel der „Erhaltung und Weiterentwicklung der Union als Raum der Freiheit, der Sicherheit und des Rechts“, welches durch Art. 29 ff. EUV konkretisiert wird, führt zur Verpflichtung der Beseitigung seitens der Mitgliedstaaten.
Die mitgliedsstaatlichen Durchführungs- oder Umsetzungsmaßnahmen sind daher nicht automatisch ungültig, nur weil der Rahmenbeschluss oder Beschluss nichtig ist, sondern müssen nach den mitgliedsstaatlichen Vorschriften aufgehoben oder angefochten werden.[852] Auf Grund des Fehlens eines Vertragsverletzungsverfahrens nach Art. 226 EGV steht diese Pflicht der Mitgliedstaaten je-

847 Blanke, in: Calliess/Ruffert, Art. 2 Rn. 1; Stumpf, in: Schwarze, Art. 2 Rn. 26.
848 Stumpf, in: Schwarze, Art. 2 Rn. 24 f.
849 Stumpf, in: Schwarze, Art. 2 Rn. 24.
850 Stumpf, in: Schwarze, Art. 2 Rn. 24 f.
851 Brechmann, in: Calliess/Ruffert, Art. 29 Rn. 1 ff.
852 Für das Gemeinschaftsrecht Cremer, in: Calliess/Ruffert, Art. 231 Rn. 2.

doch nicht unter der Kontrolle des Gerichtshofes.[853] Die Durchsetzung der Verpflichtung liegt nur im Bereich der Mitgliedstaaten, so dass als Druckmittel lediglich politische Maßnahmen durch die einzelnen Mitgliedstaaten ergriffen werden können,[854] die aber aus politischen Gründen gering ausfallen dürften.[855] Die konkrete Beachtung der Pflicht zur Aufhebung der nationalen Durchführungs- und Umsetzungsmaßnahmen hängt auf Grund der fehlenden Justiziabilität somit vor allem von dem vertragstreuen und solidarischen Verhalten der einzelnen Mitgliedstaaten ab.[856]

b) Ergebnis

Die Mitgliedstaaten sind verpflichtet die innerstaatlichen Durchführungs- oder Umsetzungsmaßnahmen, welche auf einem rechtswidrigen Rahmenbeschluss oder Beschluss beruhen, separat nach nationalem Recht aufzuheben. Diese Pflicht ergibt sich aus dem unter den Mitgliedstaaten bestehenden Solidaritätsprinzip in Verbindung mit dem gemeinsamen Ziel „ den Bürgern in einem Raum der Freiheit, Sicherheit und des Rechts ein hohes Maß an Sicherheit zu bieten," Art. 1 Abs. 3 S. 2 EUV i.V.m. Art. 2 Spiegelstrich 4, Art. 29 ff. EUV. Diese Pflicht ist aber nicht justiziabel, da im Bereich des Art. 35 EUV ein dem gemeinschaftsrechtlichen Vertragsverletzungsverfahren nach Art. 226 EGV vergleichbares Verfahren fehlt.

c) Vergleich zwischen Unionsrecht und Gemeinschaftsrecht

aa) Die Gemeinschaftstreue nach Art. 10 EGV

Auch im Gemeinschaftsrecht führt die Nichtigkeitserklärung eines gemeinschaftlichen Rechtsakts durch den Gerichtshof nicht automatisch zur Ungültigkeit und Aufhebung der darauf ergangenen mitgliedsstaatlichen Durchführungsmaßnahmen. Dies geschieht vielmehr durch den mitgliedsstaatlichen Ge-

---

853 Vgl. Pechstein, EuR 1999, 1 (24).

854 Da im Unionsrecht eine dem Art. 228 EVG vergleichbare Norm fehlt, kann die Verpflichtung nicht zwangsweise durchgesetzt werden. In zweierlei Hinsicht bestehen hier jedoch Möglichkeiten. Zum einen können gegen den Mitgliedsstaat politische Druckmittel geltend gemacht werden (ausführlich Borchardt, in: Dauses, P.I Rn. 38). Zum anderen stellt die Verwirklichung des vereinten Europas in Deutschland eine zwingende verfassungsrechtliche Pflicht dar, was sich in aus Art. 23 Abs. 1 S. 1 GG ergibt. Durch diese Pflicht zur Mitwirkung innerhalb der europäischen Union ergibt sich auf nationaler Vollzugsebene die Pflicht, nationale Umsetzungsmassnahmen zu nichtig erklärten Rahmenbeschlüssen oder Beschlüssen zu entfernen. Kommt Deutschland dieser Pflicht nicht nach, ist die Mitwirkungspflicht nach nationalem Recht justiziabel.

855 Ludwig, S. 306.

856 Ludwig, S. 306.

setzgeber, bzw. den jeweiligen Vorschriften des nationalen Rechts.[857] Die Beseitigungs- oder Aufhebungspflicht ergibt sich aus den Grundsätzen der Gemeinschaftstreue, welche ihre Ausprägung in Art. 10 EGV gefunden hat.[858] Danach trifft die Mitgliedstaaten nach Art. 10 Abs. 1 S. 1 EGV eine Bereinigungspflicht, wonach sie zur Sicherung des Vorrangs des Gemeinschaftsrechts und im Interesse der Rechtssicherheit die Vorschriften aufheben oder anpassen müssen, die gegen das Gemeinschaftsrecht verstoßen.[859]

bb) Parallelen und Unterschiede

Daraus ergibt sich, dass im Gemeinschaftsrecht mit Art. 10 EGV eine Norm besteht aus der eine Beseitigungs- und Aufhebungspflicht abgeleitet werden kann, während im Unionsrecht eine dem Art. 10 EGV vergleichbare Norm nicht vorgesehen ist. Im Ergebnis führt dieser Unterschied aber zu keiner anderen Rechtsfolge, denn im Unionsrecht ergibt sich die Aufhebungs- und Beseitigungspflicht zwar nicht aus einer Verpflichtung zur Europäischen Union, aber aus dem Solidaritätsprinzip zu den anderen Mitgliedstaaten in Verbindung mit dem gemeinsamen Ziel „ den Bürgern in einem Raum der Freiheit, Sicherheit und des Rechts ein hohes Maß an Sicherheit zu bieten." Ein wesentlicher Unterschied zum Gemeinschaftsrecht besteht aber hinsichtlich der Durchsetzung dieser unionsrechtlichen Verpflichtung. Während im Gemeinschaftsrecht die Mitgliedstaaten und vor allem die Kommission im Wege eines Vertragsverletzungsverfahrens nach Art. 226, 227 EGV gegen einen Mitgliedsstaat vorgehen können, der die Beseitigung der auf Grund von nichtigen Rechtsakten ergangenen innerstaatlichen Durchführungs- oder Umsetzungsmaßnahmen nicht vornimmt, besteht diese Möglichkeit im Unionsrecht nicht, weil Art. 35 EUV ein solches Vertragsverletzungsverfahren im Bereich der dritten Säule nicht vorsieht. Etwas anderes ergibt sich auch nicht aus dem Streitbeilegungsverfahren nach Art. 35 Abs. 7 EUV, da es hier nur konkret um die Auslegung und Anwendung von Rechtsakten nach Art. 34 Abs. 2 EUV geht und die Mitgliedstaaten sich aus politischen Gründen nur ungern und eher selten vor den Gerichtshof ziehen.[860] Anders als im Gemeinschaftsrecht ist die Aufhebungs- und Beseitigungspflicht auf Unionsebene daher nicht gerichtlich durchsetzbar bzw. überprüfbar. Die Durchsetzung unionsrechtlicher Verpflichtungen sowie die Entwicklung hin zu einem Raum der Freiheit, der Sicherheit und des Rechts in den Bereichen der PJSZ hängt daher von dem vertragstreuen Verhalten jedes einzelnen Mitgliedsstaats ab.[861]

857 Cremer, in: Calliess/Ruffert, Art. 231 Rn. 2.
858 Hatje, in: Schwarze, Art. 10 Rn. 23.
859 EuGH, Rs. C-303/89, Slg. 1991, I-2903 Rn. 13 – Kommission/Frankreich
860 Ludwig, S. 306.
861 Ludwig, S. 306.

IV. Das Streitbeilegungsverfahren[862] gemäß Art 35 Abs. 7 EUV

1. Inhalt

Art. 35 Abs. 7 EUV lautet:

„Der Gerichtshof ist für Entscheidungen über alle Streitigkeiten zwischen Mitgliedstaaten bezüglich der Auslegung oder der Anwendung der nach Artikel 34 Absatz 2 angenommenen Rechtsakte zuständig, die der Rat nicht innerhalb einer Frist von sechs Monaten nach seiner Befassung durch eines seiner Mitglieder beilegen kann. Ferner ist der Gerichtshof für Entscheidungen über alle Streitigkeiten zwischen Mitgliedstaaten und der Kommission bezüglich der Auslegung oder der Anwendung der nach Artikel 34 Absatz 2 Buchstabe d erstellten Übereinkommen zuständig."

Das Streitbeilegungsverfahren nach Art. 35 Abs. 7 EUV ist ein besonderes Verfahren des Unionsrechts, welches als solches im Rechtsschutzsystem des EG-Vertrags fehlt.[863] Es ist an völkerrechtliche Vorbilder angelehnt[864] und bereits aus mehreren Übereinkommen im Rahmen der ZBJI bekannt.[865] Beispielhaft kann auf Art. 40 des Europol-Übereinkommen hingewiesen werden.[866] Innerhalb des Streitbeilegungsverfahrens nach Art. 35 Abs. 7 EUV ist zwischen dem Streitbeilegungsverfahren zwischen den Mitgliedstaaten bezüglich der Auslegung und Anwendung der nach Art. 34 Abs. 2 EUV angenommenen Rechtsakten nach Art. 35 Abs. 7 S. 1 EUV und dem Streitbeilegungsverfahren zwischen den Mitgliedstaaten und der Kommission bezüglich der Auslegung oder Anwendung der nach Art. 34 Abs. 2 lit. d) EUV erstellten Übereinkommen nach Art. 35 Abs. 7 S. 2 EUV zu unterscheiden.[867] Sinn und Zweck des Streitbeilegungsverfahrens nach Art. 35 Abs. 7 EUV ist es, den einzelnen Mitgliedstaaten, bzw. der Kommission im Rahmen von Übereinkommen die Möglichkeit zu geben den Gerichtshof anzurufen und von diesem prüfen zu lassen, ob ein Mitgliedsstaat die erforderlichen Maßnahmen hinsichtlich der Umsetzung der Rechtsakte im innerstaatlichen Recht ergriffen hat und so seiner Verpflichtung

---

862 Für die Beschreibung des Verfahrens werden in der Literatur verschiedene Bezeichnungen wie z.B. Streitschlichtungsverfahren, Streitbeilegungsverfahren, Zuständigkeit für Organstreitigkeiten sowie Verfahren zur Klärung von Auslegungs- und Anwendungsfragen verwendet.

863 Böse, in: Schwarze, Art. 35 Rn. 11.

864 Vedder, EuR 1999, Beiheft 1, 7 (15).

865 Böse, in: Schwarze, Art. 35 Rn. 11.

866 ABl.EG 1995 C 316/22; vgl. Hölscheidt/Schotten, NJW 1999, 2851 (2852).

867 Schütz/Sauerbier, JuS 2002, 658 (661).

im Rahmen der PJZS nachgekommen ist.[868] Außerdem soll durch das Verfahren die einheitliche Auslegung von Sekundärrechtsakten und die einheitliche Anwendung von Übereinkommen der dritten Säule ermöglicht werden.[869] Auch wenn das Streitbeilegungsverfahren grundsätzlich nicht dem gemeinschaftlichen Vertragsverletzungsverfahren nachgebildet ist, dient das Streitbeilegungsverfahren im Unionsrecht, genau wie das Vertragsverletzungsverfahren im Gemeinschaftsrecht, dazu, die Mitgliedstaaten zu unionsrechtskonformen Verhalten anzuhalten.[870] Aus dieser gemeinsamen Zielrichtung heraus erscheint es daher sinnvoll im Einzelnen die Unterschiede und Parallelen zwischen beiden Verfahren herauszuarbeiten, um so die Verschiedenheit beider Verfahren zu verdeutlichen.

2. zuständiges Gericht

a) Inhalt

Das zuständige Gericht für die Entscheidung über die Auslegung oder Anwendung der jeweils in Frage stehenden Rechtsakte ist nach Art. 35 Abs. 7 EUV der Gerichtshof, da ihm die „Entscheidung über alle Streitigkeiten" zugewiesen worden ist. Etwas anderes ergibt sich auch nicht aus Art. 225 Abs. 1 S. 2 EGV i.V.m. der Satzung des Gerichtshofes, denn in der Satzung ist diesbezüglich noch keine andere Regelung getroffen worden und auch der Vorschlag des Gerichtshofs sieht im Bereich des Streitbeilegungsverfahrens keine Zuständigkeitsübertragung auf das Gericht vor.[871]

b) Ergebnis

Der Gerichtshof ist im Streitbeilegungsverfahren nach Art. 35 Abs. 7 S. 1 und S. 2 EUV zuständig.

c) Vergleich zwischen Art. 35 Abs. 7 EUV und Art. 226, 227 EGV

Auch im Vertragsverletzungsverfahren nach Art. 226, 227 EGV ist mangels Zuweisung an das Gericht, bzw. die zu errichtenden gerichtlichen Kammern der Gerichtshof zuständig. Eine Übertragung der Zuständigkeit auf das Gericht, bzw. auf die vorher zu errichtenden gerichtlichen Kammern ist nach dem Vertrag von Nizza nach Art. 225 Abs. 1 S. 2 EGV möglich, wenn die Satzung des

[868] Böse, in: Schwarze, Art. 35 Rn. 11.
[869] Thun-Hohenstein, S. 48.
[870] Vedder, EuR 1999, Beiheft 1, 7 (15).
[871] Vgl. Arbeitsdokument des Gerichtshofes hinsichtlich der Zuständigkeitsverteilung, www.curia.eu.int/de/instit/txtdocfr/index.htm.

Gerichtshofes entsprechendes vorsieht.[872] Da für beide Verfahren noch keine andere Regelung getroffen worden ist, bleibt es zum jetzigen Zeitpunkt bei der ausschließlichen Zuständigkeit des Gerichtshofes, so dass sich hinsichtlich der Zuständigkeit kein Unterschied zwischen dem Vertragsverletzungsverfahren auf der einen und dem Streitbeilegungsverfahren auf der anderen Seite ergibt.

3. Antragsberechtigung

a) Inhalt

Bei der Antragsberechtigung ist zwischen dem Streitbeilegungsverfahren nach Art. 35 Abs. 7 S. 1 EUV und Art. 35 Abs. 7 S. 2 EUV zu unterscheiden. Während bei dem Streitbeilegungsverfahren nach S. 1 nur die Mitgliedstaaten antragsberechtigt sind, ist im Verfahren nach S. 2 die Kommission zur Anrufung des Gerichtshofes berechtigt.[873]

b) Ergebnis

Die Mitgliedstaaten sind im Streitbeilegungsverfahren nach Art. 35 Abs. 7 S. 1 EUV ausschließlich antragsberechtigt. Dagegen beseht im Verfahren nach Art. 35 Abs. 7 S. 2 EUV eine Antragsberechtigung für die Kommission.

c) Vergleich zwischen Art. 35 Abs. 7 EUV und Art. 226, 227 EGV

aa) Antragsberechtigung im Vertragsverletzungsverfahren

Im Vertragsverletzungsverfahren muss bei der Antragsberechtigung zwischen dem Verfahren nach Art. 226 EGV und dem Verfahren nach Art. 227 EGV unterschieden werden. Innerhalb des Verfahrens nach Art. 226 EGV ist die Kommission als Klägerin aktiv und der Mitgliedsstaat als Beklagte Partei passiv beteiligtenfähig, da sich das Verfahren gegen einen Mitgliedsstaat richtet.[874] Dagegen stehen sich im Verfahren nach Art. 227 EGV zwei Mitgliedstaaten als Parteien gegenüber, so dass hier nur die Mitgliedstaaten beteiligtenfähig sind.[875]

bb) Parallelen und Unterschiede

In beiden Verfahren sind zum einen die Kommission und zum anderen die Mitgliedstaaten zur Einleitung des Verfahrens berechtigt, so dass beide Verfahren

---

872 Cremer, in: Calliess/Ruffert, Art. 226 Rn. 25.
873 Böse, in: Schwarze, Art. 35 Rn. 11.
874 Koenig/Sander, Rn. 175.
875 Borchardt, in: Lenz, Art. 227 Rn. 1.

hinsichtlich der Antragsberechtigung zwischen den Mitgliedstaaten und der Kommission unterscheiden.

4. Verfahrensgegenstand

Sowohl im Streibeilegungsverfahren nach S. 1 als auch nach S. 2 ist der Gerichtshof nicht zur unmittelbaren Auslegung des Unionsvertrags selbst befugt,[876] kann dieses aber im Rahmen von Streitigkeiten über die Auslegung und Anwendung von Unionssekundärrecht heranziehen.[877] Im Übrigen ist hinsichtlich des Gegenstands des Streitbeilegungsverfahrens zwischen dem Verfahren nach S. 1 und S. 2 zu unterscheiden. In dem Verfahren nach S. 1 kommen als Verfahrensgegenstand, bezogen auf die Besonderheit der dritten Säule, nur Streitigkeiten zwischen den Mitgliedstaaten in Betracht, welche die Auslegung und Anwendung und nicht die Gültigkeit der in Art. 34 Abs. 2 EUV erlassenen Rechtsakte betrifft.[878] Im Gegensatz zu S. 1 betrifft S. 2 nur die Auslegung oder Anwendung von Übereinkommen nach Art. 34 Abs. 2 lit. d) EUV.[879] Das Streitbeilegungsverfahren nach S. 2 stellt daher für die Kommission eine Sondervorschrift hinsichtlich der Auslegung oder Anwendung von Übereinkommen dar, denn die anderen Rechtsakte des Art. 34 Abs. 2 EUV sind im Verfahren nach S. 2 von der Prüfungskompetenz des Gerichtshofes ausgeschlossen.[880]
In beiden Verfahren wird neben der Auslegung vor allem Gegenstand des Verfahrens die konkrete Frage sein, ob der Mitgliedsstaat die erforderlichen Maßnahmen vorgenommen hat, um die Verpflichtungen aus den nach Art. 34 Abs. 2 EUV erlassenen Rechtsakten zu erfüllen.[881] Dabei fällt unter den Prüfungspunkt der „Anwendung" nicht nur die fehlerhafte Umsetzung, sondern auch die Nichtumsetzung, denn es ist kein Grund ersichtlich warum der Gerichtshof zwar die fehlerhafte Umsetzung, aber nicht die weniger einschneidende und einfachere Feststellung der gänzlich fehlende Umsetzung prüfen dürfte.[882] Im Gegensatz zum abstrakten Auslegungsverfahren nach Art. 68 Abs. 3 EGV, ist das Streitbeilegungsverfahren konkret ausgestaltet, da der Gerichtshof anders als im abstrakten Auslegungsverfahren nicht über abstrakte Auslegungsfragen, sondern über konkrete Streitigkeiten zu entscheiden hat.[883]

---

876 Dörr/Mager, AöR 2000, 386 (418); Classen, EuR 1999, Beiheft 1, 73 (84).
877 Ludwig, S. 144.
878 Röben, in: Grabitz/Hilf, Band 1, Art. 35 EUV Rn. 24.
879 Fischer, S. 280.
880 Böse, in: Schwarze, Art. 35 Rn. 12.
881 Böse, in: Schwarze, Art. 35 Rn. 11 f.; Ludwig, S. 146 f.
882 Ludwig, S. 146 f.
883 Zum Vorlagegegenstand des abstrakten Auslegungsverfahren vgl. o. unter Teil III, C., II., 4.

a) Das Problem der Einbeziehung der Übereinkommen nach Art. 34 Abs. 2 lit. d) EUV

Im Rahmen des Streitbeilegungsverfahrens nach Art. 35 Abs. 7 S.1 EUV stellt sich das Problem, ob auch die Auslegung und Anwendung eines Übereinkommen nach Art. 34 Abs. 2 lit. d) EUV Verfahrensgegenstand dieses Verfahrens sein kann.

aa) Die Lösung

Die Einbeziehung der Übereinkommen in das Streitbeilegungsverfahren nach Art. 35 Abs. 7 S. 1 EUV ist nur konsequent, denn der eindeutige Wortlaut „nach Art. 34 Absatz 2 EUV angenommenen Rechtsakte" lässt keinen anderen Schluss zu.[884] Neben dem Argument, dass auch Übereinkommen und dazu ergangene Durchführungsmaßnahmen Rechtsakte sind, [885] ist auch kein Grund erkennbar, warum Übereinkommen nicht Streitgegenstand des Art. 35 Abs. 7 S. 1 EUV sein sollten. Eine Ausgrenzung wäre willkürlich und auch nicht mit dem Verweis auf die Vorschrift des Art. 35 Abs. 7 S. 2 EUV zu rechtfertigen, denn das dort aufgeführte Streitbeilegungsverfahren stellt eine Sondervorschrift nur hinsichtlich der Klageberechtigung der Kommission dar.[886] Demnach können alle in Art. 34 Abs. 2 EUV aufgeführten Rechtsakte, einschließlich der Übereinkommen, Gegenstand des Streitbeilegungsverfahrens nach Art. 35 Abs. 7 S. 2 EUV sein.[887]
Würde man eine Entscheidung des Gerichtshofes über die Auslegung oder Anwendung der Übereinkommen im Verfahren nach S. 1 verneinen, hätte dies zur Folge, dass Streitigkeiten diesbezüglich zwischen den Mitgliedstaaten nur auf politischer Ebene gelöst werden könnten. Der Gerichtshof wäre zur Lösung der Streitigkeiten über Übereinkommen zwischen den Mitgliedstaaten nicht zuständig. Des Weiteren widerspricht eine gegenteilige Auslegung des Art. 35 Abs. 7 S. 1 EUV auch dem Sinn und Zweck der Einführung des Verfahrens nach Art. 35 Abs. 7 EUV. Das Streitbeilegungsverfahren ist auch eingeführt worden, um Streitigkeiten unter den Mitgliedstaaten, die die Weiterentwicklung der dritten Säule erheblich beeinträchtigen können, zu verhindern. Der Gerichtshof soll als „neutrales und unabhängiges Organ" eine schnelle und für beide Mitgliedstaaten akzeptable Lösung der Streitigkeit finden. Eine Nichtmiteinbeziehung von Übereinkommen macht daher unter diesem Gesichtspunkt keinen Sinn und kann

884 a.A. Knapp, DÖV 2001, 12 (13); Classen, EuR 1999, Beiheft 1, 73 (84).
885 Thun-Hohenstein, S. 48.
886 a.A. Classen, EuR 1999, Beiheft 1, 73 (84).
887 Thun-Hohenstein, S. 48; Brechmann, in: Calliess/Ruffert, Art. 35 EUV Rn. 7; Schütz/Sauerbier, JuS 2002, 658 (661); Böse, in: Schwarze, Art. 35 Rn. 11; Röben, in: Grabitz/Hilf, Band I, Art. 35 EUV Rn. 24.

vor allem auch nicht aus dem Wortlaut geschlossen werden, denn auch nach der englischen und französischen Fassung sind alle Maßnahmen nach Art. 34 Abs. 2 EUV von Art. 35 Abs. 7 S. 1 EUV erfasst.[888]

bb) Ergebnis

Neben den gemeinsamen Standpunkten, den Rahmenbeschlüssen, Beschlüssen und dazu ergangenen Durchführungsmaßnahmen können auch die Übereinkommen Gegenstand des Streitbeilegungsverfahrens nach Art. 35 Abs. 7 S. 1 EUV sein. Der Gerichtshof entscheidet somit über die Auslegung und Anwendung aller in Art. 34 Abs. 2 EUV aufgeführten Rechtsakte.

b) Das Problem der Einbeziehung von Durchführungsbeschlüsse zu Übereinkommen

Des Weiteren stellt sich das Problem, ob im Streitbeilegungsverfahren nach Art. 35 Abs. 7 S. 2 EUV neben den Übereinkommen auch die dazu ergangenen Durchführungsmaßnahme nach Art. 34 Abs. 2 S. 4 EUV Gegenstand des Verfahrens sein können.

aa) Die Lösung

Nach dem Wortlaut und auf Grund des Charakters des Art. 35 Abs. 7 S. 2 EUV als Sondervorschrift erscheint das Streitbeilegungsverfahren nach Art. 35 Abs. 7 S. 2 EUV sich nur auf die Übereinkommen nach Art. 34 Abs. 2 lit. d) EUV zu beziehen und die Durchführungsmaßnahmen hierzu nicht zu umfassen.[889] Eine solche enge am Wortlaut angelehnte Sichtweise verkennt aber, dass der Gerichtshof nicht nur mit der Auslegung, sondern auch mit der Anwendung der Übereinkommen befasst werden kann.[890] Gerade die Art und Weise der Anwendung der geschlossenen Übereinkommen kann vom Rat durch die Durchführungsmaßnahmen geregelt werden. Dies bedeutet, dass der Gerichtshof zur Prüfung der Anwendung der Übereinkommen zwangsläufig die hierzu ergangenen Durchführungsmaßnahmen heranzuziehen hat und diese daher als selbstständige Rechtsakte[891] auch direkt Klagegegenstand sein können. Da die Durchführungsmaßnahmen den Inhalt des Übereinkommens strikt zu beachten haben und

---

888 Ludwig, S. 145.

889 Böse, in: Schwarze, Art. 35 Rn. 12. Ohne Begründung Schütz/Sauerbier, JuS 2002, 658 (661); Fischer, S. 280; Knapp, DÖV 2001, 12 (13); Dörr/Mager, AöR 2000, 386 (418); Classen, EuR 1999, Beiheft 1, 73 (84); a.A. Thun-Hohenstein, S. 48.

890 Vgl. Ludwig, S. 146.

891 Degen, in: G/T/E, Kommentar zum EU-/EG-Vertrag, Art. 210-248 EGV, Art. H-S EUV, Art. K.3 Rn. 14.

über diesen nicht hinaus gehen dürfen,[892] ergibt sich auch keine Erweiterung der Prüfungskompetenz des Gerichtshofes über den Regelungsgehalt der Übereinkommen hinaus. Auch die alte Rechtslage vor der Einführung des Verfahrens nach Art. 35 Abs. 7 S. 2 EUV spricht für die Miteinbeziehung der Durchführungsmaßnahmen zu Übereinkommen, denn die zu K.3-Übereinkommen wie etwa der Europol-Konvention[893] vereinbarte EuGH-Zuständigkeit galt auch für Durchführungsbeschlüsse.[894]

bb) Ergebnis

Neben den Übereinkommen nach Art. 34 Abs. 2 lit. d) EUV können auch die vom Rat hierzu erlassenen Durchführungsmaßnahmen Gegenstand des Streitbeilegungsverfahrens nach Art. 35 Abs. 7 S. 2 EUV sein.

c) Ergebnis

Verfahrensgegenstand des Streitbeilegungsverfahrens nach Art. 35 Abs. 7 S. 1 EUV sind Meinungsverschiedenheiten der Mitgliedstaaten untereinander über die Auslegung oder der Anwendung von gemeinsamen Standpunkten nach Art. 35 Abs. 2 lit. a) EUV, Rahmenbeschlüssen nach Art. 35 Abs. 2 lit. b) EUV, Beschlüssen und dazu ergangenen Durchführungsmaßnahmen nach Art. 35 Abs. 2 lit. c) EUV und Übereinkommen und deren Durchführungsmaßnahmen nach Art. 35 Abs. 2 lit. d) EUV. Dagegen umfasst der Streitgegenstand im Verfahren nach Art. 35 Abs. 7 S. 2 EUV nur die Übereinkommen und dazu ergangenen Durchführungsmaßnahmen nach Art. 34 Abs. 2 lit. d) EUV.

d) Vergleich zwischen Art. 35 Abs. 7 EUV und Art. 226, 227 EGV

aa) Verfahrensgegenstand des Vertragsverletzungsverfahrens

Im Vertragsverletzungsverfahren ist Verfahrensgegenstand ein Antrag der Kommission oder eines Mitgliedsstaats auf Feststellung, dass der betreffende Mitgliedsstaat „gegen eine Verpflichtung aus diesem Vertrag verstoßen hat.“[895] Prüfungsmaßstab ist das gesamte Gemeinschaftsrecht.[896] Ein Vertragsverstoß eines Mitgliedsstaats gegen das Gemeinschaftsrecht liegt dann vor, wenn dieser entweder eine Rechtsvorschrift oder Verwaltungspraxis schafft oder beibehält

892 Böse, in: Schwarze, Art. 34 Rn. 9.
893 Vgl. Art. 40 des Europol-Übereinkommen, ABl. EG 1995 Nr. C 316/1 ff.- Europol-Übereinkommen v. 26. Juli. 1995.
894 Thun-Hohenstein, S. 48 (Fn. 48).
895 Borchardt, in: Dauses, Band 2, P. I Rn. 10.
896 Koenig/Sander, Rn. 192.

die dem Gemeinschaftsrecht entgegensteht, oder das Gemeinschaftsrecht nicht, unvollständig oder verspätet durchführt.[897] Auch die Nichtumsetzung eines von der Gemeinschaft nach Art. 300 EGV abgeschlossenen internationalen Übereinkommens durch den Gerichtshof wird hiervon umfasst.[898]

bb) Parallelen und Unterschiede

Die inhaltliche Ausgestaltung des Klagegegenstands zeigt zum einen deutliche Unterschiede zwischen dem Vertragsverletzungsverfahren nach Art. 226, 227 EGV und dem Streitbeilegungsverfahren nach Art. 35 Abs. 7 S. 1 und S. 2 EUV und zum anderen aber auch die Anlehnung des Streitbeilegungsverfahrens an das Vertragsverletzungsverfahren

Während bei dem Streitbeilegungsverfahren auch die Auslegung von Rechtsakten der dritten Säule innerhalb einer konkreten Streitigkeit zwischen Mitgliedstaaten oder hinsichtlich eines Übereinkommens und den dazu ergangenen Durchführungsmaßnahmen zwischen einem Mitgliedsstaat und der Kommission Gegenstand des Verfahrens sein kann, bezieht sich das Vertragsverletzungsverfahren nur auf eine konkrete Verletzungshandlung, bzw. ein konkretes Unterlassen eines Mitgliedsstaats. Eine Auslegung des Gemeinschaftsrechts ist auf die Prüfung in einem Vorabentscheidungsverfahren nach Art. 234 EGV begrenzt. Des Weiteren kann Prüfungsmaßstab des Streitbeilegungsverfahrens nicht das Primärrecht wie im Vertragsverletzungsverfahren sein, sondern nur die Rechtsakte der dritten Säule. Nur im Hinblick darauf ist der Gerichtshof befugt eine konkrete Streitigkeit zwischen den Mitgliedstaaten hinsichtlich der Auslegung und Anwendung zu prüfen. Darin besteht aber zugleich auch eine Parallele zwischen beiden Verfahren, denn sowohl im Vertragsverletzungsverfahren, als auch im Streitbeilegungsverfahren kann der Gerichtshof prüfen, ob der Mitgliedsstaat die erforderlichen Umsetzungsmaßnahmen ergriffen und diesbezüglich seine Verpflichtungen erfüllt hat.[899] Durch den Einschluss auch der Streitigkeit über die Anwendung wird der Sache nach in Art. 35 Abs. 7 S. 1 EUV daher das erreicht, was im Gemeinschaftsrecht durch Art. 227 EGV sichergestellt wird.[900] Ein wesentlicher Unterschied zwischen beiden Verfahren besteht darin, dass die Kommission im Verfahren nach Art. 35 Abs. 7 S. 1 EUV nicht antragsberechtigt ist[901] und somit anders als im Vertragsverletzungsverfahren nach Art. 226 EGV keine umfassende Kompetenz zur Einleitung des Verfahrens hat, sondern lediglich auf Maßnahmen nach Art. 34 Abs. 2 lit. d) EUV beschränkt ist, während sie

---

897 Borchardt, in: Dauses, Band 2, P. I Rn. 12; vgl. auch Ortlepp, S. 98 ff.

898 Borchardt, in: Lenz, Art. 226 Rn. 6.

899 Böse, in: Schwarze, Art. 35 Rn. 11 f.

900 Classen, EuR 1999, Beiheft 1, 73 (84).

901 Böse, in: Schwarze, Art. 35 Rn. 11.

das Vertragsverletzungsverfahren im Hinblick auf einen Verstoß des gesamten Gemeinschaftsrechts einleiten kann.[902]

5. vorheriger Streitbeilegungsversuch

a) Inhalt

Das Streitbeilegungsverfahren nach Art. 35 Abs. 7 S. 1 EUV schreibt, im Gegensatz zum Verfahren nach Art. 35 Abs. 7 S. 2 EUV, vor Anrufung des Gerichtshofes, zwingend einen Streitbeilegungsversuch vor.[903] Die im Rat vertretenen Mitgliedstaaten müssen vor Anrufung des Gerichtshofes, über einen Zeitraum von sechs Monaten, sich im Bezug auf die konkrete Streitigkeit erfolglos um eine gütliche Einigung bemüht haben.[904] Die sechsmonatige Frist beginnt mit der Befassung des Rates durch einen Mitgliedsstaat.[905] Erst nach Ablauf dieser sechs Monate ist eine Befassung des Gerichtshofes mit der Streitigkeit zulässig.[906]

b) Vergleich zwischen Art. 35 Abs. 7 S. 1 EUV und Art. 227 EGV

Das einzige gemeinschaftsrechtliche Verfahren, welches als Zulässigkeitsvoraussetzung vor Erhebung der Klage zum Gerichtshof ein Vorverfahren vorsieht, ist das Vertragsverletzungsverfahren nach Art. 226, 227 EGV. Da nur beim Streitbeilegungsverfahren zwischen zwei Mitgliedstaaten nach Art. 35 Abs. 7 S. 1 EUV ein sog. Vorverfahren erforderlich ist, bietet sich auch in diesem Prüfungspunkt daher lediglich ein Vergleich zum Vertragsverletzungsverfahren nach Art. 227 EGV an.

aa) Inhalt des Vorverfahrens nach Art. 227 Abs. 2 bis 4 EGV

Nach Art. 227 Abs. 1 EGV liegt die Initiative zur Einleitung des Vertragsverletzungsverfahrens bei einem Mitgliedsstaat. Vor Einleitung dieses Verfahrens hat der Mitgliedsstaat in einem Vorverfahren nach Art. 227 Abs. 2 bis 4 EGV die Kommission nach Art. 227 Abs. 2 EGV mit der Angelegenheit zu befassen.[907] Dies geschieht durch einen Antrag, aus dem sich klar ergeben muss, durch welches Verhalten ein Mitgliedsstaat einen Verstoß gegen Gemeinschaftsrecht begangen hat und dem Hinweis, dass ein Vertragsverletzungsverfahren

[902] Vgl. Ortlepp, S. 75 ff.
[903] Knapp, DÖV 2001, 12 (13).
[904] Fischer, S. 279; Böse, in: Schwarze, Art. 35 Rn. 11.
[905] Fischer, S. 279.
[906] Ludwig, S. 149.
[907] Krück, in: G/T/E, Band 4, Art. 170 Rn. 7.

gegen diesen Mitgliedsstaat erwogen wird.[908] Nach diesem Antrag führt die Kommission nach Art. 227 Abs. 3 2. HS EGV ein kontradiktorisches Verfahren durch, in dem die beteiligten Mitgliedstaaten die Gelegenheit haben, sich schriftlich und mündlich zu den Vorwürfen zu äußern.[909] Danach gibt die Kommission eine Stellungnahme ab, in der sie ihre eigenen Auffassung zur Streitigkeit darlegt, Art. 227 Abs. 3 1. HS EGV. Mit dieser Stellungnahme ist das Vorverfahren abgeschlossen. Soweit die Kommission keine Stellungnahme innerhalb einer Frist von drei Monaten abgegeben hat, kann auch ohne eine solche Stellungnahme direkt zum Gerichtshof Klage erhoben werden.[910]

bb) Parallelen und Unterschiede

Genau wie die unterschiedliche Ausgestaltung des Vorlagegegenstands, zeigt sich auch bei dem Prüfungspunkt des Vorverfahrens der wesentliche Unterschied zwischen beiden Verfahren. Zunächst einmal zeigt sich aber in der Verpflichtung der Mitgliedstaaten vor Anrufung des Gerichtshofes ein zwingend vorgeschriebenes Vorverfahren durchzuführen, eine Parallele zwischen beiden Verfahren. Neben dieser Gemeinsamkeit besteht ein wesentlicher Unterschied in der Art und Weise der Durchführung dieses Vorverfahrens. Zum einen muss beim Vertragsverletzungsverfahren nach Art. 227 EGV nicht wie im Verfahren nach Art. 35 Abs. 7 S. 1 EGV der Rat, sondern die Kommission mit der Streitigkeit befasst werden. Sie ist das federführende Organ des Vorverfahrens und die Hüterin der Verträge im Gemeinschaftsrecht.[911] Anders als im Gemeinschaftsrecht hat die Kommission in der dritten Säule nicht die zentrale Aufsichtsposition über die Umsetzung und den Vollzug der Rechtsakte der dritten Säule. Diese liegt vielmehr beim Rat, da die Mitgliedstaaten hier weiterhin ihre nationalen Interessen darlegen und direkten Einfluss auf die Streitbeilegungsverhandlungen ausüben können.[912]
Zum anderen ist es für die Anrufung des Gerichtshofes beim Streitbeilegungsverfahren im Gegensatz zum Vertragsverletzungsverfahren nicht erforderlich, dass der Rat eine Stellungnahme, bzw. innerhalb einer Frist von drei Monaten keine Stellungnahme abgegeben hat. Der Mitgliedsstaat hat im Streitbeilegungsverfahren vielmehr eine Frist von sechs Monaten abzuwarten. Ist die Meinungsverschiedenheit dann noch nicht beigelegt, kann der Mitgliedsstaat das Verfahren zum Gerichtshof eröffnen. Die Frist von sechs Monaten stellt dabei einen weiteren Unterschied zum Vertragsverletzungsverfahren dar, wonach bis zur Anrufung des Gerichtshofes nur eine Frist von drei Monate vorgeschrieben ist.

---

908 Borchardt, in: Dauses, P.I, Rn. 18.
909 Cremer, in: Calliess/Ruffert, Art. 227 Rn. 2.
910 Ausführlich zum Vorverfahren Borchardt, in: Dauses, P.I, Rn.18.
911 Ruffert, in: Calliess/Ruffert, Art. 211 Rn. 2.
912 Ausführlich zum Rat Wichard, in: Calliess/Ruffert, Art. 202 ff.

Dieser Unterschied zeigt deutlich die Verschiedenheit zwischen dem Rechtsschutzverfahren im Gemeinschaftsrecht und dem der dritten Säule. Während im Gemeinschaftsrechtsschutzverfahren das zentrale Organ zur Wahrung des Rechtsschutzes der Gerichtshof darstellt, wird im Unionsrecht erheblich auf eine gütliche Einigung zwischen den Mitgliedstaaten abgestellt. Die Kontrolle über eine wirksame Umsetzung der im Bereich der dritten Säule ergangenen Rechtsakte soll letztendlich den Mitgliedstaaten selbst obliegen.[913] Diesem Grundsatz steht auch nicht die Tatsache entgegen, dass die Mitgliedstaaten nach einem erfolglos durchgeführten Streitbeilegungsversuch nach Art. 35 Abs. 7 S. 1 EUV zur Anrufung des Gerichtshofes verpflichtet sind[914], wohingegen dies im Vertragsverletzungsverfahren nach Art. 227 EGV im Ermessen[915] der Mitgliedstaaten steht.[916] Die Verpflichtung zur Anrufung des Gerichtshofes folgt aus dem Umstand, dass anders als im Vertragsverletzungsverfahren die Kommission im Streibeilegungsverfahren nur im begrenzten Umfang den Gerichtshof anrufen kann, während im Vertragsverletzungsverfahren nach Art. 226 EGV dies die Regel ist und die Kommission ihr Ermessen frei von mitgliedsstaatlichen Erwägungen ausübt.

6. Verfahren

Genau wie das modifizierte Vorabentscheidungsverfahren nach Art. 35 Abs. 1-4 EUV enthält auch das Streitbeilegungsverfahren nach Art. 35 Abs. 7 EUV keine Regelungen hinsichtlich des Verfahrensablaufs. Aus diesem Grund findet die Verfahrensordnung des Gerichtshofes Anwendung. Dabei enthält das Zwölfte Kapitel mit Art. 109b der Verfahrensordnung des Gerichtshofes im Bezug auf die Zustellung,[917] der internen Verteilung[918] und des Verfahrensablaufs[919] eine abschließende eigenständige Regelung. Diese gilt nach Art. 109b § 4 der Verfahrensordnung des Gerichtshofes auch, „ wenn ein zwischen den Mitgliedstaaten geschlossenes Übereinkommen dem Gerichtshof die Zuständigkeit für die Entscheidung über eine Streitigkeit zwischen Mitgliedstaaten oder Mitgliedstaaten und einem Organ verleiht.“

---

913 Böse, in: Schwarze, Art. 35 Rn. 11.

914 In Art. 35 Abs. 7 S. 1 EU „ist“ der Gerichtshof zuständig. Böse, in: Schwarze, Art. 35 Rn. 11.

915 Art. 227 EGV spricht von „kann“.

916 Krück, in: G/T/E, Band 4, Art. 170 Rn. 1.

917 Art. 109b § 1 der Verfahrensordnung des Gerichtshofes.

918 Art. 109b § 2 der Verfahrensordnung des Gerichtshofes.

919 Art. 109b § 3 der Verfahrensordnung des Gerichtshofes.

a) Zustellung

Art. 109b § 1 der Verfahrensordnung unterscheidet hinsichtlich der Zustellung danach, zwischen wem die Streitigkeiten nach Art. 35 Abs. 7 EUV bestehen. Im Fall von Art. 35 Abs. 7 S. 1 EUV, d.h. bei Streitigkeiten zwischen Mitgliedstaaten, wird der Gerichtshof durch einen Antrag einer Partei mit der Streitigkeit befasst und der Antrag den anderen Mitgliedstaaten und der Kommission zugestellt. Im Fall von Art. 35 Abs. 7 S. 2 EUV d.h. bei einer Streitigkeit zwischen Mitgliedstaaten und der Kommission, wird der Gerichtshof durch einen Antrag einer Partei mit der Streitigkeit befasst. Stellt ein Mitgliedsstaat den Antrag, wird dieser den anderen Mitgliedstaaten, dem Rat und der Kommission zugestellt. Stellt dagegen die Kommission den Antrag, wird dieser den Mitgliedstaaten und dem Rat zugestellt. Den Organen und Mitgliedstaaten, denen der Antrag zugestellt wird, erhalten vom Rat eine Frist zur schriftlichen Stellungnahme.

b) interne Verteilung

Der Präsident bestimmt unmittelbar nach Eingang des Antrags den Berichterstatter und der erste Generalanwalt weist den Antrag sogleich einem Generalanwalt zu.

c) Verfahrensablauf

Die Entscheidung des Gerichtshofes über die Streitigkeit ergeht nach der Stellung der Schlussanträge des Generalanwalts durch Urteil. Dabei beinhaltet das Verfahren vor dem Gerichtshof eine mündliche Verhandlung, wenn ein Mitgliedsstaat, der Rat oder die Kommission dies beantragen.

d) Ergebnis

Mit Art. 109b § 1 der Verfahrensordnung des Gerichtshofes bestehen für das Streitbeilegungsverfahren nach Art. 35 Abs. 7 EUV abschließende Sonderegelungen hinsichtlich des Verfahrens. Ein Rückgriff auf die sonstigen Regelungen der Verfahrensordnung des Gerichtshofes ist daher ausgeschlossen.

7. Bindungsumfang und Wirkung der Entscheidung des Gerichtshofes

a) Inhalt

Der Gerichtshof „entscheidet“ beim Streitbeilegungsverfahren über die Auslegung oder Anwendung der nach Art. 34 Abs. 2 EUV angenommenen Rechtsakte. Der Wortlaut lässt auf eine Verbindlichkeit des Urteils des Gerichtshofes

schließen.[920] Der Gerichtshof kann daher verbindlich die Auslegung eines Rechtsakts nach Art. 34 Abs. 2 EUV sowie die ordnungsgemäße mit dem Inhalt des Rechtsakts in Einklang stehende Umsetzung derselben durch den Mitgliedsstaat feststellen.[921] Der Gerichtshof ist im Rahmen des Streitbeilegungsverfahrens jedoch nicht befugt, den Mitgliedsstaat dazu zu verurteilen den rechtswidrigen Zustand zu beseitigen oder ihm aufzuerlegen, wie er die Rechtsakte der dritten Säule umzusetzen hat. Das Urteil hat insoweit keine gestaltende Wirkung und unmittelbare Bindung gegenüber den nationalen Verwaltungsbehörden oder Gerichten zur Folge.[922] Dies ergibt sich zum einen aus dem Vergleich zu Art. 228 EGV und zum anderen dadurch, dass ein dahingehendes Urteil in die Souveränität der Mitgliedstaaten eingreifen würde, da die Umsetzung der Rechtsakte der dritten Säule den innerstaatlichen Stellen überlassen bleibt.[923] Dem steht auch nicht die unmittelbare Wirksamkeit von Entscheidungen im modifizierten Vorabentscheidungsverfahren nach Art. 35 Abs. 1 EUV für das vorlegende Gericht entgegen, da die Zuständigkeit des Gerichtshofes, anders als im Streitbeilegungsverfahren, von einer Anerkennungserklärung der Mitgliedstaaten abhängt.[924]
Des Weiteren ist die Wirkung des Urteils auf den Tenor beschränkt und wirkt nur zwischen den beteiligten Mitgliedstaaten, bzw. zwischen dem Mitgliedstaat und der Kommission, da im Streitbeilegungsverfahren über einen konkreten Rechtsstreit entschieden wird.[925] Außerdem wirkt die Entscheidung des Gerichtshofes auch nicht unmittelbar gegenüber den mitgliedstaatlichen Behörden und Gerichten. Durch den Ausschluss der unmittelbaren Wirksamkeit der Rechtsakte des Art. 34 Abs. 2 EU ist klargestellt worden, dass auch Entscheidungen des Gerichtshofes nicht unmittelbar gelten sollen. Es würde einen Bruch im Rechtssystem darstellen, wenn man auf der einen Seite die unmittelbare Wirksamkeit der Rechtsakte unionsrechtlich ausschließen würde und auf der anderen Seite den Entscheidungen des Gerichtshofes über diese Rechtsakte unmittelbare Wirksamkeit zusprechen würde.[926] Die Nichtigkeit kann der Gerichtshof nicht feststellen, da hierfür das spezielle Verfahren nach Art. 35 Abs. 6 EUV gilt.

b) Ergebnis

Das Urteil des Gerichtshofes im Streitbeilegungsverfahren ist verbindlich und

---

920 Classen, EuR 1999, Beiheft 1, 73 (85); Dörr/Mager, AöR 2000, 386 (418).
921 Böse, in: Schwarze, Art. 35 Rn. 11.
922 Classen, EuR 1999, Beiheft 1, 73 (85).
923 Zum Vertragsverletzungsverfahren Cremer, in: Calliess/Ruffert, Art. 228 Rn. 1.
924 Ludwig, S. 149.
925 Schütz/Sauerbier, JuS 2002, 558 (661); Classen, EuR 1999, Beiheft 1, 73 (85).
926 Classen, EuR 1999, Beiheft 1, 73 (85).

wirkt nur gegenüber den am Verfahren beteiligten Mitgliedstaaten, bzw. der Kommission.

c) Vergleich zwischen Art. 35 Abs. 7 EUV und Art. 226, 227 EGV

aa) Wirkung des Urteils im Vertragsverletzungsverfahren

Das Vertragsverletzungsverfahren hat mit Art. 228 Abs. 1 EGV eine eigenständige Regelung, aus der sich die Wirkung sowie die Rechtsnatur der Entscheidung des Gerichtshofes ergibt. Art. 228 Abs. 1 EGV lautet:

„Stellt der Gerichtshof fest, dass ein Mitgliedsstaat gegen eine Verpflichtung aus diesem Vertrag verstoßen hat, so hat dieser Staat die Maßnahmen zu ergreifen, die sich aus dem Urteil des Gerichtshofes ergeben."

Daraus ergibt sich, dass der Gerichtshof bei einem zulässigen und begründeten Streitbeilegungsverfahren nach Art. 226, 227 EGV feststellen kann, dass der Mitgliedsstaat gegen eine Verpflichtung aus dem Gemeinschaftsrecht verstoßen hat.[927] Durch dieses Feststellungsurteil ist der betreffende Mitgliedsstaat verpflichtet den Vertragsverstoß durch geeignete Maßnahmen aufzuheben. Dieser Verpflichtung haben alle Organe des Mitgliedsstaats Folge zu leisten.[928] Das Urteil des Gerichtshofes hat aber keine gestaltende Wirkung, da es die vertragswidrige Maßnahme nicht selbst aufhebt.[929] Kommt der Mitgliedsstaat oder dessen Organe dieser Pflicht nicht nach, besteht nach Art. 228 Abs. 2 EGV für die Kommission die Möglichkeit, ein Vertragsverletzungsverfahren wegen Nichtausführung des Urteils des Gerichtshofes einzuleiten und die Verhängung von angemessenen Sanktionen gegenüber dem Mitgliedsstaat zu fordern.[930] Der Gerichtshof kann den Mitgliedsstaat dann zur Zahlung eines Zwangsgelds oder Pauschalbetrags verurteilen.[931]

bb) Parallelen und Unterschiede

Die wesentliche Parallele hinsichtlich der Wirkung der Entscheidung des Gerichtshofes liegt zwischen beiden Verfahren in deren Verbindlichkeit. Außerdem kann der Gerichtshof in beiden Verfahren eine mitgliedsstaatliche Maßnahme nicht selbst aufheben. Dies obliegt dem Mitgliedsstaat selber.

---

927 Cremer, in: Calliess/Ruffert, Art. 228 Rn. 1 ff.
928 Geiger, Art. 228 Rn. 6 ff.; Cremer, in: Calliess/Ruffert, Art. 228 Rn. 1 ff.
929 Borchardt, in: Dauses, Band 2, P. I Rn. 36.
930 Schwarze, in: Schwarze, Art. 228 Rn. 7.
931 Vgl. Heidig, S. 1 ff.; Koenig/Sander, Rn. 210; Schwarze, in: Schwarze, Art. 228 Rn. 7.

Ein wesentlicher Unterschied zwischen beiden Verfahren liegt darin, dass sich die Verpflichtung der Beseitigung des Vertragsverstoßes beim Vertragsverletzungsverfahren explizit aus Art. 228 Abs. 1 EGV ergibt. Eine solche Vorschrift sieht das Streitbeilegungsverfahren nicht vor. Auch eine Transferierung dieser Vorschrift über Art. 46 lit. b) EUV kommt nicht in Betracht, da davon auszugehen ist, dass die Mitgliedstaaten bei der Einführung der Rechtskontrolle innerhalb der dritten Säule bewusst eine solche verpflichtende Regelung außer Acht gelassen haben. Mit der Einführung des Streitbeilegungsverfahrens ist gerade nicht auf das im Gemeinschaftsrecht statuierte Vertragsverletzungsverfahren zurückgegriffen worden. Ein weiterer Unterschied liegt im Bindungsumfang der Entscheidung des Gerichtshofes. Während beim Vertragsverletzungsverfahren die Entscheidung des Gerichtshofes neben dem Mitgliedsstaat auch dessen Organe bindet,[932] entfaltet es im Streitbeilegungsverfahren Bindungswirkung nur hinsichtlich der Mitgliedstaaten und der Kommission. Außerdem besteht im Streitbeilegungsverfahren, anders als im Vertragsverletzungsverfahren, nicht die Möglichkeit ein Verfahren wegen der Nichtbeachtung der Entscheidung des Gerichtshofes zu erheben, bzw. den Mitgliedsstaat mit Strafzahlungen zur Beseitigung der nationalen Rechtakte zu bewegen. Bei Nichtbeachtung einer Entscheidung des Gerichtshofes im Streitbeilegungsverfahren bleibt daher für die anderen Mitgliedstaaten nur die Möglichkeit politischen Druck auszuüben.

V. Die Kompetenzbeschränkung des Gerichtshofes, Art. 35 Abs. 5 EUV

Die Kompetenzbeschränkung des Gerichtshofes nach Art. 35 Abs. 5 EUV lautet:

„Der Gerichtshof ist nicht zuständig für die Überprüfung der Gültigkeit oder Verhältnismäßigkeit von Maßnahmen der Polizei oder anderer Strafverfol-gungs-behörden eines Mitgliedsstaats oder der Wahrnehmung der Zuständigkeiten der Mitgliedstaaten für die Aufrechterhaltung der öffentlichen Ordnung und den Schutz der inneren Sicherheit.“

Die Kompetenzbeschränkung nach Art. 35 Abs. 5 EUV sieht zwei verschiedene Ansatzpunkte für eine Beschränkung der Prüfungskompetenz des Gerichtshofes vor.[933] Zum einen bezieht sich Art. 35 Abs. 5 Alt. 1 EUV auf die fehlende Zuständigkeit des Gerichtshofes zur Überprüfung der Gültigkeit oder Verhältnismäßigkeit von Maßnahmen der Polizei und anderer Strafverfolgungsbehörden der Mitgliedstaaten und zum anderen auf die fehlende Zuständigkeit des Gerichtshofes bezüglich der Wahrnehmung der Zuständigkeit der Mitgliedstaaten

932 Borchardt, in: Dauses, P. I Rn. 14.
933 Dörr/Mager, AöR 2000, 386 (415).

für die Aufrechterhaltung der öffentlichen Ordnung und den Schutz der inneren Sicherheit nach Art. 35 Abs. 5 Alt. 2 EUV.[934]

1. Art. 35 Abs. 5 Alt. 1 EUV

Art. 35 Abs. 5 Alt. 1 EUV schließt die Zuständigkeit des Gerichtshofes für die Überprüfung der Gültigkeit oder Verhältnismäßigkeit bestimmter nationaler Maßnahmen der Polizei oder anderer Strafverfolgungsbehörden der Mitgliedstaaten aus.[935] Grundsätzlich wird davon ausgegangen, dass diese Regelung der Rechtsprechung des Gerichtshofes zu Art. 234 EGV entspricht und daher lediglich deklaratorische Bedeutung hat.[936] Der Gerichtshof ist auch im Vorabentscheidungsverfahren nach Art. 234 EGV nur auf die Auslegung und ggf. Gültigkeitsprüfung abstrakter Fragen des Gemeinschaftsrechts beschränkt, so dass staatliches Handeln nicht Gegenstand des Vorabentscheidungsverfahrens sein kann und die Anwendung der Entscheidung des Gerichtshofes im konkreten Einzelfall dem nationalen Richter überlassen bleibt. [937] Die Beziehungen zwischen dem nationalen Gerichten und dem Gerichtshof sind kooperativ ausgestaltet. Die verbindliche Auslegung sowie die Gültigkeitsprüfung des Gemeinschaftsrechts ist Sache des Gerichtshofes wohingegen die Anwendung dieser Normen den nationalen Richtern obliegt.[938]
Überträgt man diese Grundsätze über Art. 46 lit. b) EUV auf das unionsrechtliche modifizierte Vorabentscheidungsverfahren bedeutet dies, dass der Gerichtshof nicht befugt ist nationale Maßnahmen zu überprüfen.[939] Bei der Einordnung des Art. 35 Abs. 5 Alt. 1 EUV und dem Hinweis auf seine lediglich deklaratorische Bedeutung, darf aber nicht außer Acht gelassen werden, dass es auch Situationen geben kann, in denen der Gerichtshof konkrete Aussagen zu treffen hat, die normalerweise dem nationalen Richter vorbehalten sind.[940] Dies wollten die

[934] Geiger, Art. 35 Rn. 14.
[935] Röben, in: Grabitz/Hilf, Band I, Art. 35 Rn. 20.
[936] Böse, in: Schwarze, Art. 35 Rn. 14.
[937] Böse, in: Schwarze, Art. 35 Rn. 14; vgl. EuGH, Rs. C-134/95, Slg. 1997, I-195 Rn. 17-USSL. „...ist der Gerichtshof nach ständiger Rechtsprechung in einem nach Artikel 177 des Vertrags eingeleiteten Verfahren nicht zur Entscheidung über die Vereinbarkeit nationaler Maßnahmen mit dem Gemeinschaftsrecht befugt. Er kann jedoch dem vorlegenden Gericht alle Hinweise zur Auslegung des Gemeinschaftsrechts geben, die es ihm ermöglichen, die Frage der Vereinbarkeit bei der Entscheidung des bei ihm anhängigen Rechtsstreits zu beurteilen."
[938] Iglesias, NJW 2000, 1889 (1890).
[939] Dörr/Mager, AöR 2000, 386 (413).
[940] Iglesias, NJW 2000, 1889 (1890), „Zahlreiche Gerichte des VK hatten die Frage der Vereinbarkeit dieser nationalen gesetzlichen Regelungen mit dem Grundsatz des freien Warenverkehrs aufgeworfen (u.a. EuGH, Slg. 1989, I-3851- Torfaen Borough Council/B & Q plc.)Der EuGH bejahte zunächst die Frage, dass die innerstaatliche Regelung der Verkaufszeiten im Einzelhandel eine berechtigte wirtschaft- und sozialpolitische Ent-

Mitgliedstaaten mit der Regelung des Art. 35 Abs. 5 S. 1 EUV für den Bereich der dritten Säule explizit ausschließen, so dass die Regelung über eine nur deklaratorische Bedeutung hinausgeht. Des Weiteren muss beachtet werden, dass die Rechtsprechung des Gerichtshofes sich ändern kann. Demnach könnten im Wege richterlicher Rechtsfortbildung für das Gemeinschaftsrecht allgemeine Grundsätze entwickelt werden, wonach nationale Maßnahmen in Zukunft vom Gerichtshof überprüft werden können. Auch eine solche Rechtsfortbildung soll durch Art. 35 Abs. 5 Alt. 1 EUV auf den Bereich der dritten Säule verhindert werden.[941]

2. Art. 35 Abs. 5 Alt. 2 EUV

Die Beschränkung des Art. 35 Abs. 5 Alt. 2 EUV ist in Verbindung mit dem Vorbehalt des Art. 33 EUV zu sehen. Art. 33 EUV räumt den Mitgliedstaaten die Befugnis ein, unter Abweichung der Art. 29 ff. EUV nationale Handlungen in Bezug auf die Aufrechterhaltung der öffentlichen Ordnung und dem Schutz innerer Sicherheit vorzunehmen.[942] Art. 35 Abs. 5 Alt. 2 EUV entzieht die Anwendung des Vorbehalts nach Art. 33 EUV der gerichtlichen Kontrolle durch den Gerichtshof.[943] Der Gerichtshof kann eine Befugnis zur Kontrolle auch nicht durch eine restriktive Auslegung des Art. 35 Abs. 5 Alt. 2 EUV begründen, da der Wortlaut die grundsätzliche Unzuständigkeit des Gerichtshofes normiert und die Mitgliedstaaten somit eine Zuständigkeit des Gerichtshofes gerade ausschließen wollten.[944] Die Begriffe der öffentlichen Ordnung und den Schutz der inneren Sicherheit sind unionsrechtlich auszulegen.[945] Dies ergibt sich daraus, dass der Bereich der dritten Säule fakultativ der Kompetenz des Gerichtshofes unterliegt und mit dem Rechtsakt des Rahmenbeschlusses ein dem Gemein-

---

scheidung darstelle. Zur Frage, ob die Wirkungen einer solchen inländischen Regelung nicht über das hinausgingen, was zur Erreichung des angestrebten Ziels notwendig war, stellte der EuGH in seinem Urteil vom 23.11.1989 fest, dass sie eine Tatsachenfeststellung erfordere. Daher müsse sie vom innerstaatlichen Gericht entschieden werden. Folge dieses Urteils war, dass die nationalen Gerichte bei der betreffenden innerstaatlichen Maßnahme im Hinblick auf den freien Warenverkehr zu divergierenden Schlussfolgerungen kamen. Dies brachte eine nicht akzeptable Rechtsunsicherheit in Großbritannien mit sich. Das House of Lords sah sich daher veranlasst, dem EuGH die Frage erneut vorzulegen. Im Jahre 1992 hat der EuGH selbst zur Verhältnismäßigkeit der fraglichen Gesetzgebung Stellung genommen und die Vereinbarkeit des Sonntagsverkaufsverbots mit dem Gemeinschaftsrecht bejaht (EuGH, Slg. 1992, I-6635- Council of the City of Stoke-on-Trent und Norwich City Council/B & Q plc.)."

941 Röben, in: Grabitz/Hilf, Band I, Art. 35 Rn. 20.

942 Böse, in: Schwarze, Art. 33 Rn. 1.

943 Röben, in: Grabitz/Hilf, Band I, Art. 35 Rn. 21; Böse, in: Schwarze, Art. 35 Rn. 14; Schütz/Sauerbier, JuS 2002, 658 (661).

944 Böse, in: Schwarze, Art. 35 Rn. 14; Ludwig, S. 147.

945 Brechmann, in: Calliess/Ruffert, Art. 33.

schaftsrecht vergleichbares Handlungsinstrument vorhanden ist.[946] Die vom Gerichtshof zu den Grundfreiheiten entwickelten ordre-public Grundsätze können jedoch nur bedingt in den Bereich der dritten Säule übertragen werden, so dass den Mitgliedstaaten beim Erlass solcher Maßnahmen ein weiter Ermessenspielraum verbleibt.[947] Ob die öffentliche Ordnung und der Schutz der inneren Sicherheit betroffen sind, kann hingegen vom Gerichtshof festgestellt werden, denn die Reichweite von Art. 35 Abs. 5 EUV ist vom Gerichtshof zu bestimmen.[948] Ihm obliegt die Auslegung der Vorschriften, die seine Zuständigkeit begründen[949] oder ausschließen.

3. Das Problem des Umfangs der Kompetenzbeschränkung

Da Gegenstand des Streitbeilegungsverfahrens nach Art. 35 Abs. 7 EUV auch mitgliedsstaatliche Maßnahmen sein können, die von Art. 35 Abs. 5 EUV erfasst werden,[950] stellt sich die Frage, ob sich Art. 35 Abs. 5 EUV neben dem Verfahren nach Art. 35 Abs. 1-4 EUV auch auf das Verfahren nach Art. 35 Abs. 7 EUV bezieht.[951] Eine Bezugnahme auf das Verfahren Art. 35 Abs. 6 EUV ist bereits auf Grund der fehlenden Möglichkeit zur Überprüfung von nationalen Rechtsakten ausgeschlossen.[952] Des Weiteren wird auch das Vertragsverletzungsverfahren nach Art. 226 EGV nicht von Art. 35 Abs. 5 EUV umfasst, da dieses Verfahren in der dritten Säule nicht zur Anwendung gelangt.[953]

a) Die Lösung

Zunächst scheint bereits die Bezugnahme des Art. 35 Abs. 5 EUV auf das modifizierte Vorabentscheidungsverfahren nach Art. 35 Abs. 1-4 EUV wenig sinnvoll zu sein. Der Gerichtshof stellt in st. Rechtsprechung fest, dass eine Überprüfung mitgliedsstaatlicher Rechtsakte im Vorabentscheidungsverfahren dem Gerichtshof nicht zusteht.[954] Dieser Grundsatz gilt auch im modifizierten Vorabentscheidungsverfahren nach Art. 35 Abs. 1-4 EUV, so dass Art. 35 Abs. 5 EUV nur deklaratorische Bedeutung zu haben scheint. Dabei darf aber nicht außer Acht gelassen werden, dass der Gerichtshof sich bei der Prüfung der Ver-

946 Brechmann, in: Calliess/Ruffert, Art. 33.
947 Vgl. Böse, in: Schwarze, Art. 33 Rn. 2.
948 Thun-Hohenstein, S. 46.
949 Ludwig, S. 120.
950 Ludwig, S. 147.
951 Für eine Beschränkung auf das modifizierte Vorabentscheidungsverfahren: Wölker, EuR 1999, Beiheft 1, 99 (108 f.); Dörr/Mager, AöR 2000, 386 (413 ff.); a.A. Böse, in: Schwarze, Art. 35 Rn. 13 f. und Ludwig, S. 147.
952 Wölker, EuR 1999, Beiheft 1, 99 (108).
953 Dörr/Mager, AöR 2000, 386 (413 f.).
954 Dörr/Mager, AöR 2000, 386 (414); Vgl. EuGH, Slg. 1993, I-363, Rn. 27-Deutsche Shell.

einbarkeit eines nationalen Rechtsakte mit gemeinschaftsrechtlichen Vorgaben zwar nur auf die Auslegung des Gemeinschaftsrechts beschränkt, er jedoch dem nationalen Gericht auch Kriterien vermitteln kann nach denen dieses dazu befähigt werden, die fraglichen nationalen Bestimmungen mit dem Gemeinschaftsrecht beurteilen zu können.[955] Dies sollte im Bereich der dritten Säule durch die Regelung des Art. 35 Abs. 5 EUV ausgeschlossen werden.[956] Der Gerichtshof hat somit nicht die Chance im Wege der Auslegung nach Art. 35 Abs. 1 EUV allgemeine unionsrechtliche Maßstäbe zu entwickeln, die von den nationalen Gerichten bei der Prüfung der nationalen Maßnahmen nach Art. 35 Abs. 5 EUV herangezogen werden müssten.[957] Auf Grund der systematischen Stellung als Abs. 5 nach dem Vorabentscheidungsverfahren sowie dem Ausschluss einer mittelbaren Kontrolle mitgliedsstaatlichen Handelns im Verfahren nach Art. 35 Abs. 1 EUV, erscheint die Bezugnahme des Art. 35 Abs. 5 EUV auf Art. 35 Abs. 1-4 EUV somit durchaus sinnvoll zu sein.[958]

Darüber hinaus spricht der Wortlaut des Art. 35 Abs. 5 EUV auch für eine Anwendung auf das Streitbeilegungsverfahren nach Art. 35 Abs. 7 EUV, in dem er die Unzuständigkeit des Gerichtshofes umfassend ausschließt und nicht auf einzelne Verfahren Bezug nimmt.[959] Einer solchen Auslegung kann auch nicht das Argument entgegenstehen, dass nach dem Wortlaut des Art. 35 Abs. 7 EUV „alle" Streitigkeiten der Entscheidung des Gerichtshofes zugänglich sein sollen und daher Art. 35 Abs. 5 EUV in diesem Verfahren ausgeschlossen ist.[960] Eine solche Sichtweise verkennt, dass Art. 35 Abs. 5 EUV eine Ausnahmevorschrift darstellt, die die im Grundsatz bestehende Zuständigkeit des Gerichtshofes ausschließt.[961] Gerade im Streitbeilegungsverfahren werden sich die einzelnen Mitgliedstaaten auf den Vorbehalt der öffentlichen Ordnung oder Schutz der inneren Sicherheit berufen.[962]

Dass die Mitgliedstaaten diese Möglichkeit im Streitbeilegungsverfahren nicht ausschließen wollten, ergibt sich durch einen Vergleich mit der Regelung des Art. 26 Abs. 8 des Übereinkommens aufgrund von Art. K.3 des Vertrags über die Europäische Union über gegenseitige Amtshilfe und Zusammenarbeit der Zollverwaltungen.[963] Dort ist die Kompetenzbeschränkung des Gerichtshofes in

---

955 Wegener, in: Calliess/Ruffert, Art. 234 Rn. 3.

956 Dörr/Mager, AöR 2000, 386 (414).

957 Dörr/Mager, AöR 2000, 386 (414).

958 Dörr/Mager, AöR 2000, 386 (413 f.)

959 Ludwig, S. 147.

960 Vgl. Wölker, EuR 1999, Beiheft 1, 99 (108).

961 Vgl. Ludwig, S. 147, der davon ausgeht, dass eine Zuständigkeitsbeschränkung a priori durch Art. 35 Abs. 5 EUV möglich ist.

962 Böse, in: Schwarze, Art. 35 Rn. 13.

963 ABl. EG 1998, Nr. C 24/1 ff. In Art. 26 Abs. 8 heißt es: „Der Gerichtshof ist nicht zuständig für die Überprüfung der Gültigkeit oder Verhältnismäßigkeit von Maßnahmen, die im Rahmen dieses Übereinkommens von zuständigen Strafverfolgungsbehörden

systematischer Hinsicht eindeutig nach dem Streitbeilegungsverfahren und dem modifizierten Vorabentscheidungsverfahren aufgeführt und bezieht sich somit auf beide Verfahren.
Darüber hinaus spricht aber auch die systematische Stellung des Art. 35 Abs. 5 EUV nicht gegen eine Anwendbarkeit auf das Streitbeilegungsverfahren.[964] Neben dem modifizierten Vorabentscheidungsverfahren und dem Streitbeilegungsverfahren sieht Art. 35 Abs. 6 EUV als weiteres Verfahren die modifizierte Nichtigkeitsklage vor. Wäre die Kompetenzbeschränkung der Zuständigkeit des Gerichtshofes nun wie bei dem Übereinkommen über die gegenseitige Amtshilfe und Zusammenarbeit der Zollverwaltungen[965] als letzter Absatz aufgeführt worden, hätte dies in Art. 35 EUV auch zu erheblichen Auslegungsschwierigkeiten geführt. Aus systematischer Hinsicht hätte die Kompetenzbeschränkung für alle in Art. 35 EUV aufgeführten Verfahren gegolten. Dies wäre nicht logisch gewesen, denn im Rahmen der modifizierten Nichtigkeitsklage kommt es weder unmittelbar noch mittelbar zur Prüfung oder Auslegung von mitgliedsstaatlichen Maßnahmen oder Handlungen innerhalb der Rechtmäßigkeitsprüfung von Rahmenbeschlüssen oder Beschlüssen. Insgesamt lässt sich daher festhalten, dass die systematische Auslegung nicht zu einer sinnvollen Lösung führen kann und der Sinn und Zweck sowie der Wortlaut des Art. 35 Abs. 5 EUV eher für eine Bezugnahme auch auf das Streitbeilegungsverfahren spricht.

b) Ergebnis

Die Kompetenzbeschränkung nach Art. 35 Abs. 5 EUV findet sowohl auf das modifizierte Vorabentscheidungsverfahren nach Art. 35 Abs. 1 bis 4 EUV als auch auf das Streibeilegungsverfahren nach Art. 35 Abs. 7 EUV Anwendung.

---

durchgeführt werden, oder der Wahrnehmung der Zuständigkeiten der Mitgliedsstaaten für die Aufrechterhaltung der öffentlichen Ordnung und den Schutz der inneren Sicherheit."

964 Böse, in: Schwarze, Art. 35 Rn. 13; Pechstein/Koenig, S. 269; Ludwig, S. 147, der gerade auf Grund der systematischen Stellung als eigener Absatz 5 davon ausgeht, dass Art. 35 Abs. 5 EU über das Vorabentscheidungsverfahren hinaus auf alle Verfahren anwendbar ist.

965 ABl. EG 1998 Nr. C 24/2. Dort sieht das Übereinkommen keine Nichtigkeitsklage vor, sondern nur ein modifiziertes Vorabentscheidungsverfahren und das Streitbeilegungsverfahren.

D. Bewertung und Ausblick

I. Das modifizierte Vorabentscheidungsverfahren

Mit dem Amsterdamer Vertrag sind die Befugnisse des Gerichtshofes zu Vorabentscheidungen erstmals auf die noch stark von nationalen Interessen geprägten Bereiche der dritten Säule erweitert worden.[966] Dem Gerichtshof ist die Möglichkeit eingeräumt worden, sich auf Antrag der nationalen Rechtsprechungsorgane zur Gültigkeit und zur Auslegung der Rahmenbeschlüsse, Beschlüsse und Maßnahmen zur Durchführung von Beschlüssen und Übereinkommen über die polizeiliche und justizielle Zusammenarbeit in Strafsachen sowie zur Auslegung von Übereinkommen in diesem Bereich zu äußern.[967]

Des Weiteren hat der Vertrag von Nizza für die Erstzuständigkeit bei Vorabentscheidungsersuchen eine Flexibilität eingeführt, die für eine Arbeitsentlastung des Gerichtshofes im Bereich der Vorabentscheidungsverfahren sorgen soll[968] und bei sinnvoller Einteilung auch Sorgen wird. Die Zuständigkeitsübertragung auf das Gericht, bzw. diesem bei Errichtung beigeordneten gerichtlichen Kammern, ist grundsätzlich für besondere Sachgebiete angedacht, in denen sich mit fachspezifischen Fragen auseinandergesetzt werden muss.[969] Bereits im Vorfeld der Regierungskonferenz von Nizza hat die Kommission und der Gerichtshof jedoch erkennen lassen, dass die Übertragung der Kompetenz auf das Gericht, im Rahmen des Vorabentscheidungsverfahrens, insgesamt die Ausnahme bleiben und nur besondere Sachbereiche betreffen soll.[970] Daraus lässt sich schließen, dass das Gericht in absehbarer Zeit nicht für den Bereich der PJZS zuständig sein wird. Zwar stellt der Bereich der PJZS einen fachspezifischen Bereich der Europäischen Union dar.

Es wird jedoch bei diesem sensiblen unionsrechtlich geregelten Bereich nicht zuletzt durch die zum jetzigen Zeitpunkt noch geringe praktische Bedeutung des modifizierten Vorabentscheidungsverfahrens nach Art. 35 Abs. 1-4 EUV zunächst bei der Zuständigkeit des Gerichtshofes bleiben. Es ist wahrscheinlich, dass eher einzelne fachspezifische Bereiche aus dem Europäischen Gemeinschaftsrecht dieser Neuregelung unterzogen werden, da hier bereits Erfahrungswerte hinsichtlich der Anzahl der Vorlegungsersuchen aus diesen Bereichen bestehen und man somit absehen kann, mit wie vielen Vorabentscheidungsersuchen in einem Jahr gerechnet werden kann und ob es sich daher „lohnt" eine eigenen „Fachgerichtsbarkeit" einzurichten. Auch der Gerichtshof selbst hat sich mit Skepsis zu einer Verlagerung auf das Gericht geäußert, da eine solche Ver-

---

966 Knapp, DÖV 2001, 12 (13).

967 Röben, in: Grabitz/Hilf, Band I, Art. 35 Rn. 1.

968 Wegener, in: Calliess/Ruffert, Art. 225 Rn. 26.

969 Wegener, in: Calliess/Ruffert, Art. 225 Rn. 28.

970 Streinz/Leible, EWS 2001, 1 (1 ff.).

lagerung mit einer Erhöhung der Zahl der Richter beim Gericht einhergehen muss, um eine völlige Überlastung des Gerichts erster Instanz ausschließen zu können.[971] Daher kann festgehalten werden, dass eine Zuständigkeitsübertragung im Bereich des modifizierten Vorabentscheidungsverfahrens auf das Gericht oder die zu errichtenden gerichtlichen Kammern wohl in absehbarer Zeit nicht stattfinden wird und der Gerichtshof im Rahmen der dritten Säule weiterhin zuständig sein wird.
Insgesamt ist das Verfahren nach Art. 35 Abs. 1-4 EUV zum einen an das Verfahren nach Art. 234 EGV angelehnt und zum anderen deutlich von den Strukturen des klassischen Völkerrechts geprägt.[972] Im Vergleich zum Verfahren nach Art. 234 EGV ist die Zuständigkeit des Gerichtshofes eingeschränkt, da die Prüfungskompetenz im Bereich der dritten Säule von einer Anerkennungserklärung der Mitgliedstaaten abhängt und die Mitgliedstaaten weiter entscheiden können, welche nationalen Gerichte zur Vorlage befugt sind.[973] Das die Zuständigkeit des Gerichtshofes nach Art. 35 Abs. 2 EUV von einer Anerkennungserklärung der Mitgliedstaaten abhängt, ist vor dem Hintergrund der intergouvernementalen Zusammenarbeit im Unionsrecht als ersten Schritt übergangsweise durchaus hinnehmbar. Diese Ausnahme zum gemeinschaftlichen Vorabentscheidungsverfahren kann aber nicht darüber hinwegtäuschen, dass das modifizierte Vorabentscheidungsverfahren eine bemerkenswerte Nähe zum Gemeinschaftsrecht aufweist,[974] die nicht zuletzt dadurch untermauert wird, dass die Vorschriften über die Urteilswirkung, die Satzung des Gerichtshofes, die Verfahrensordnung des Gerichtshofes sowie die Aufteilung der sachliche Zuständigkeit aus dem Gemeinschaftsrecht in das Unionsrecht transferiert werden.[975]
Wie sich in der Vergangenheit gezeigt hat, geschieht die Integration und Weiterentwicklung der verschiedensten Bereiche der EU durch kleine gemeinsame Schritte. So ist hinsichtlich der Rechtskontrolle der Rechtsakte der dritten Säule zum jetzigen Zeitpunkt sehr erfreulich, dass bis auf Dänemark, Irland und das VK alle anderen Mitgliedstaaten eine Anerkennungserklärung nach Art. 35 Abs. 2 EUV abgegeben und außer Spanien die anderen Mitgliedstaaten sich dafür entschieden haben, alle Gerichte zur Vorlage zu berechtigen und teilweise wie in Deutschland das letztinstanzliche Gericht ,wie im Verfahren nach Art. 234 Abs. 3 EGV, zu einer Vorlage zu verpflichten. Dadurch ist grundsätzlich der Weg für eine gerichtliche Kontrolle durch den Gerichtshof im Bereich der dritten Säule frei gemacht worden.

---

971 Gerichtshof der Europäischen Gemeinschaften (EuGH), Luxemburg, Reflexionspapier, EuGRZ 2000, 101 (108).
972 Classen, EuR 1999, Beiheft 1, 73 (88).
973 Fischer, S. 279.
974 Ludwig, S. 255.
975 Cremer, in: Calliess/Ruffert, Art. 46 Rn. 17.

Auf der anderen Seite muss aber auch beachtet werden, dass drei Mitgliedstaaten von ihrer Dispositionsbefugnis Gebrauch gemacht und eine generelle Zuständigkeit des Gerichtshofes prinzipiell ausgeschlossen haben. Sie haben sich somit im Gegensatz zum Gemeinschaftsrecht bewusst gegen eine Kontrolle durch den Gerichtshof und einen einheitlichen Rechtsschutzstandard in der dritten Säule ausgesprochen. Durchaus besteht für die drei Mitgliedstaaten die Möglichkeit, jederzeit von ihrem Interventionsrecht nach Art. 35 Abs. 4 EUV Gebrauch zu machen und somit an der Fortentwicklung und Rechtseinheit der dritten Säule mitzuwirken. Ob sie hiervon in der Praxis ausreichend Gebrauch machen werden steht aber in ihrem Ermessen und kann zur Zeit noch nicht abschließend einer Bewertung unterzogen werden, da erst zwei modifizierte Vorabentscheidungsverfahren vor dem Gerichtshof anhängig gemacht und entschieden wurden. Festgehalten werden kann aber, dass Dänemark, Irland und das VK in diesen beiden Verfahren gerade nicht von ihrem Interventionsrecht Gebrauch gemacht haben.[976] Daher besteht durchaus die Gefahr, dass die Einheitlichkeit der dritten Säule auf Dauer nicht gewährleistet werden kann[977], wenn diese Ausnahmeregelungen über einen längeren Zeitraum Eingang in das Unionsrecht finden.

Genau wie im Gemeinschaftsrecht ist es auch im Bereich der dritten Säule unabdingbar, dass die einheitliche Auslegung von Rechtsakten durch den Gerichtshof gewährleistet wird, denn eine Angleichung und Vereinheitlichung der nationalen Bestimmungen im Bereich des Strafrechts[978] machen nur Sinn, wenn auch die einheitliche Interpretation des Rechts gesichert ist.[979] Die Gefahr der unterschiedlichen Auslegung der Rechtsakte der dritten Säule ergibt sich aber nicht nur aus der Regelung des Art. 35 Abs. 2 EUV, sondern vor allem daraus, dass durch Art. 35 Abs. 3 EUV die Mitgliedstaaten entscheiden können welche Gerichte zur Vorlage an den Gerichtshof berechtigt, bzw. verpflichtet werden. Wie sich in der Praxis gezeigt hat, haben außer Deutschland, Belgien, Frankreich, Italien, Luxemburg, Niederlande und Österreich keine anderen Mitgliedstaaten die letztinstanzlichen Gerichte zur Vorlage verpflichtet. In diesen Mitgliedstaaten kann es bei einer restriktive Handhabung der Vorlage oftmals erst gar nicht zu einer Vorlage kommen, da die mitgliedsstaatlichen Gerichte nicht zu einer Vorlage verpflichtet sind und darüber entscheiden, wann eine Auslegung der Rechtsakte der dritten Säule entscheidungserheblich ist. [980] Dadurch

---

976 Vgl. Schlussantrag des Generalanwalts vom 19. September 2002, verb. Rs. C-187-01, C-385-01, Rn. 27- Gözütok/Brügge.

977 Ludwig, S. 286 ff.

978 z.B. Rahmenbeschluss zur Bekämpfung von Betrug und Fälschung im Zusammenhang mit bargeldlosen Zahlungsmitteln, ABl. EG Nr. L 149/1.

979 Schomburg, NJW 2000, 1833 (1839).

980 Schomburg, NJW 2000, 1833 (1839).

besteht die Gefahr, dass jedes mitgliedsstaatliche Gericht die Rechtsakte anders auslegt, ohne dass der Gerichtshof hierüber endgültig entscheiden kann.
Ein Vergleich zum Gemeinschaftsrecht zeigt, dass im Bereich der dritten Säule der Gerichtshof gerade kein Entscheidungsmonopol hat, denn das Fehlen der Vorlageverpflichtung führt dazu, dass die Foto-Frost Rechtsprechung im Bereich der dritten Säule nicht zur Anwendung gelangt und folglich die mitgliedsstaatlichen Gerichte über die Gültigkeit der Rechtsakte der dritten Säule zu entscheiden haben.[981] Anders als im Gemeinschaftsrecht kann es daher im Bereich der dritten Säule zu divergierenden gerichtlichen Entscheidungen innerhalb der einzelnen Mitgliedstaaten und somit zu einer Rechtsunsicherheit kommen, die durch den Gerichtshof nicht gelöst werden kann.
Die einheitliche Auslegung und mithin das gemeinsame Recht hat genau wie im Gemeinschaftsrecht auch im Bereich der dritten Säule entscheidende Bedeutung für die Integration, denn ohne diese würde die Europäische Union aufhören zu existieren.[982] Dies gilt aber auch und gerade für die Gültigkeit eines Rechtsakts aus dem Bereich der PJZS. Eine unterschiedliche Gültigkeit von Rechtsakten der dritten Säule innerhalb der Mitgliedstaaten wirkt ungleich stärker auf die Einheit der Rechtsordnung als eine uneinheitliche Auslegung.[983] Die Wahrung der Rechtseinheit, d.h. die Koordination der Rechtsprechung der einzelnen mitgliedsstaatlichen Gerichte und somit die einheitliche Auslegung und Gültigkeit der Rechtsakte der dritten Säule hängt daher zurzeit noch von einer unionsfreundlichen Handlung der drei Mitgliedstaaten ab.[984] Zwar ist davon auszugehen, dass die Gerichte der Mitgliedstaaten Dänemarks, Irlands und des VK auf Grund des Solidaritätsprinzips gemäß Art. 1 Abs. 3 S. 2 EUV unter der Beachtung der Rechtsprechung des Gerichtshofes entscheiden werden, sicher ist dies aber nicht. Vor allem, ob die Auslegungsentscheidungen des Gerichtshofes richtig interpretiert und angewendet werden, bleibt offen, denn eine Nachfrage oder erneute Vorlage haben die drei Mitgliedstaaten ihren Gerichten verwehrt.[985]
Außerdem darf nicht außer Acht gelassen werden, dass die Integration und die einheitliche Entwicklung des Gemeinschaftsrechts vorwiegend durch die Kooperation des Gerichtshofes mit den mitgliedsstaatlichen Gerichten vorangetrieben worden ist[986] und dass dies auch im Bereich der dritten Säule nicht nur durch die Beachtung der Entscheidungen des Gerichtshofes, sondern vor allem nur durch die nationale Vorlage strittiger Rechtsfragen zum Gerichtshof erreicht werden kann.

981 Ludwig, S. 301.
982 Hirsch, NJW 2000, 1817 (1819).
983 Ludwig, S. 301.
984 Thun-Hohenstein, S. 47.
985 Classen, EuR 1999, Beiheft 1, S. 89.
986 Hirsch, NJW 2000, 1817 (1819).

Die mitgliedsstaatlichen Gerichte spielen somit eine zentrale Aufgabe im Rechtsschutzsystem der gesamten Union, in dem das Vorabentscheidungsverfahren das Kernstück des Rechtsschutzsystems darstellt.[987] Obwohl die Anwendung des Gemeinschaftsrechts durch die mitgliedsstaatlichen Gerichte vollzogen wird, soll das System der Vorabentscheidungsfragen eine einheitliche Auslegung desselben ermöglichen.[988] Die mitgliedsstaatlichen Gerichte und der Gerichtshof stellen durch das Vorabentscheidungsverfahren eine funktionelle Einheit dar.[989] Dabei kommt den nationalen Gerichten im Bereich der dritten Säule eine noch größere Rolle als in der ersten Säule zu, denn das Unionsrecht ist nicht unmittelbar anwendbar und vorrangig.[990] Daher ist der rechtliche Dialog zwischen den mitgliedsstaatlichen Gerichten und dem Gerichtshof für die Union unverzichtbar.[991] Der Gerichtshof lehnt im Gemeinschaftsrecht eine Beschränkung des Vorlagerechts auf letztinstanzliche mitgliedsstaatliche Gerichte aus diesem Grund daher kategorisch ab.[992]
Somit kann festgehalten werden, dass Art. 46 lit. b) i.V.m. Art. 35 Abs. 1-4 EUV dem Gerichtshof prinzipiell die gleichen Aufgaben zuweist, wie er sie im Gemeinschaftsrecht über Art. 220 ff. EGV zugewiesen bekommt. Im Unterschied zu Art. 220 ff. EGV stehen diese Aufgaben und Befugnisse aber unter der Verfügungsbefugnis der Mitgliedstaaten, was eine Gefahr für die einheitliche Auslegung der Rechtsakte der dritten Säule und eine Begrenzung des Individualschutzes zur Folge hat. [993] Ob sich diese Gefahr bereits verwirklicht hat und die Mitgliedstaaten von einer Vorlage zum Gerichtshof absehen oder diese restriktiv handhaben kann noch nicht abschließend entschieden werden. Zwar sind, wie bereits erwähnt, seit dem In-Kraft-Treten des AV insgesamt erst zwei modifizierte Vorabentscheidungsverfahren beim Gerichtshof anhängig gewesen und entschieden worden. Für ein endgültiges Resümee ist es aber zu früh, denn erstens liegen die vom Rat erlassenen Rechtsakte der dritten Säule zeitlich noch nicht lange genug zurück und zweitens bedarf es zur Vorlage auch eines nationalen Rechtsstreits über den Inhalt eines solchen Rechtsakts. Aber auch die erst kürzlich erfolgte Erweiterung der Europäischen Union auf 25 Staaten darf bei einer Bewertung des modifizierten Vorabentscheidungsverfahrens nicht außer Acht gelassen werden. Die Erweiterung der Europäischen Union zeigt deutlich die Gefahr für die Einheit und den Integrationsprozess innerhalb der dritten Säule, wenn an der jetzigen Ausnahmeregelung des modifizierten Vorabent-

987 Bericht der Reflexionsgruppe über die Zukunft des Gerichtssystems der Europäischen Gemeinschaften/Due-Report, EuGRZ 2001, 523 (526).
988 Iglesias, NJW 2000, 1889 (1889).
989 Hatje, EuR 1998, Beiheft 1, 7 (21 f.).
990 Ludwig, S. 272.
991 Iglesias, NJW 2000, 1889 (1895).
992 Iglesias, NJW 2000, 1889 (1895).
993 Ludwig, S. 296.

scheidungsverfahrens nach Art. 35 Abs. 1-4 EUV festgehalten wird. Auch die neuen Mitgliedstaaten haben nach der jetzigen Regelung die Möglichkeit, selber zu bestimmen, ob der Gerichtshof für Vorlagefragen zuständig sein soll und welche Gerichte zur Vorlage berechtigt und ggf. verpflichtet werden. Legt man diese Wahlmöglichkeiten der Bewertung zu Grunde, ist es durchaus angebracht die Rechtseinheit und Kohärenz der dritten Säule in Frage zu stellen, wenn sich die neuen Beitrittsstaaten durch die Nichtabgebe einer Anerkennungserklärung der Rechtskontrolle durch den Gerichtshof entziehen können. Um dieser möglichen Gefahr für den Integrationsprozess zu begegnen, bleibt zu wünschen, dass vor allem Dänemark, Irland und das VK den nächsten Schritt wagen und ihrerseits eine Anerkennungserklärung nach Art. 35 Abs. 2 EU abgeben um so den neuen Mitgliedstaaten Argumentationsmaterial für eine Berufung auf die Regelung in Art. 35 Abs. 2 EU zu versperren. Sicherlich werden die einzelnen Mitgliedstaaten im Bereich der PJZS weiterhin eine gewichtige Rolle behalten wollen und diese in naher Zukunft auch behalten werden. Dies wird allein schon dadurch garantiert, dass die Rechtsakte innerhalb der dritten Säule vom Rat erlassen werden und hinsichtlich ihrer Wirksamkeit im innerstaatlichen Bereich, im Gegensatz zum Gemeinschaftsrecht, immer der Umsetzung durch die Mitgliedstaaten bedürfen. Es liegt aber auf der Hand, dass ein einheitlicher Raum der Freiheit, der Sicherheit und des Rechts im Bereich der dritten Säule in Zukunft nur durch eine Ausweitung des Rechts auf Zugang zum Vorabentscheidungsverfahren und damit Angleichung an Art. 234 Abs. 2 und 3 EG verwirklicht werden kann. Die Mitgliedstaaten sollten die EU-Erweiterung daher auch als Chance für einen weiteren kleinen Schritt hin zur Vergemeinschaftung der dritten Säule nutzen und die bestehenden Differenzierungen bei der nächsten Regierungskonferenz weiter abbauen.

II. Die modifizierte Nichtigkeitsklage

Die modifizierte Nichtigkeitsklage nach Art. 35 Abs. 6 EUV ist hinsichtlich ihres Regelungsgehalts eng an die allgemeine Nichtigkeitsklage nach Art. 230 EGV angelehnt.[994] Die Klagegegenstände sind mit dem Rahmenbeschluss, dem Beschluss sowie die dazu ergangenen Durchführungsmaßnahmen auf die Besonderheit der dritten Säule abgestimmt.[995] Auch die ausdrückliche Begrenzung der Klageberechtigten in Art. 35 Abs. 6 EUV berücksichtigt die Besonderheiten im Bereich der PJZS und ist bis auf die fehlende Aufführung des Europäischen Parlaments systemgerecht und logisch. Die fehlende Klagebefugnis der natürlichen und juristischen Personen sowie der EZB und des Rechnungshofs innerhalb der Klage nach Art. 35 Abs. 6 EUV folgt zum einen aus der fehlenden un-

---

[994] Brechmann, in: Calliess/Ruffert, Art. 35 Rn. 6.
[995] Röben, in: Grabitz/Hilf, Band 1, Art. 35 EUV Rn. 22.

mittelbaren Geltung der Maßnahmen nach Art. 34 Abs. 2 lit. b) und c) EUV und zum anderen daraus, dass die EZB und der Rechnungshof im Bereich der PJZS keine Handlungen vornehmen können und daher eine Klagebefugnis nicht erforderlich ist.[996]
Für den Schutz der Rechte des Europäischen Parlaments ist die Kontrolle der Verfahrensmäßigkeit, die im Bereich des Art. 35 Abs. 6 EUV erfolgt, von herausragender Bedeutung.[997] Daher sollte nach dem obigen Auslegungsergebnis das Europäische Parlament ausdrücklich in den Kreis der Klagebefugten in Art. 35 Abs. 6 EUV, mit dem Hinweis „auf die Wahrung ihrer Rechte", aufgenommen werden. Im Vertrag von Nizza ist leider die Chance verpasst worden, dass Europäische Parlament auch innerhalb der unionsrechtlichen modifizierten Nichtigkeitsklage explizit in den Kreis der Klagebefugten aufzunehmen und somit auch im Unionsrecht das Europäische Parlament mit den anderen Organen sowie den Mitgliedstaaten bei der Wahrung eigener Rechte gleichzustellen. Im Übrigen ist die modifizierte Nichtigkeitsklage nach Art. 35 Abs. 6 EUV ein wirksames und effektives Instrument zur Kontrolle von Rechtsakten der dritten Säule und daher als überaus positiv zu bewerten.

III. Das Streitbeilegungsverfahren

Die Unterschiede zwischen dem Streitbeilegungsverfahren nach Art. 35 Abs. 7 EUV und dem Vertragsverletzungsverfahren nach Art. 226, 227 EGV ergeben sich aus den grundlegenden Unterschieden zwischen Unionsrecht, insbesondere der dritten Säule, und dem Gemeinschaftsrecht. Während die Kommission im Gemeinschaftsrecht die Hüterin der Verträge und des sekundären Gemeinschaftsrechts ist[998], ist im Bereich der dritten Säule der Rat das zentrale Organ, da die Maßnahmen auf intergouvernementalen Ebene erarbeitet und durch den Rat (Vertreter der Mitgliedstaaten) „beaufsichtigt" werden. Eine Klärung von Streitigkeiten über Rechtsakte der dritten Säule kann demnach nur innerhalb des Rates zwischen den Mitgliedstaaten geschehen. Auch der Umstand, dass der Streitbeilegungsversuch zeitlich drei Monate länger als das Vorverfahren des Vertragsverletzungsverfahren ist, ergibt sich aus dem Bedürfnis der Mitgliedstaaten, im Unionsrecht der dritten Säule eher untereinander im Rat mitstaatlichen Einflussmöglichkeiten eine Lösung zu finden, als diese dem Gerichtshof zu überlassen.
In theoretischer Hinsicht erscheint die Einführung des Streitbeilegungsverfahrens in Art. 35 Abs. 7 EUV, vor dem Hintergrund der eingeschränkten Zuständigkeit des Gerichtshofes im Bereich des modifizierten Vorabentscheidungsverfahrens nach Art. 35 Abs. 1 bis 4 EUV durchaus sinnvoll. Das Streit-

---

996 Brechmann, in: Calliess/Ruffert, Art. 35 Rn. 6.
997 Ludwig, S. 284.
998 Ausführlich hierzu Ruffert, in: Calliess/Ruffert, Art. 221 Rn. 1 ff.

beilegungsverfahren ermöglicht selbst den Mitgliedsstaaten die keine Anerkennungserklärung oder eine solche abgegeben haben, wonach nicht jedes mitgliedsstaatliche Gericht zur Vorlage befugt ist, eine Auslegung der Rechtsakte des Art. 34 Abs. 2 EUV. Auch wenn die Einleitung von der Mitwirkung eines Mitgliedsstaats abhängt, kann dies grundsätzlich zur einheitlichen Auslegung und Rechtsklarheit beitragen.[999] Des Weiteren entspricht das Streitbeilegungsverfahren nach Art. 35 Abs. 7 S. 1 EUV den Regelungen, welche vor dem Vertrag von Amsterdam häufig in völkerrechtlichen Übereinkommen der Mitgliedstaaten enthalten und somit bereits durch die Mitgliedstaaten anerkannt gewesen sind. Ein Fortschritt der Regelung des Art. 35 Abs. 7 EUV gegenüber diesen völkerrechtlichen Übereinkommen besteht darin, dass der Gerichtshof primärrechtlich zuständig ist und somit die Zuständigkeit nicht mehr vom Einvernehmen der Parteien abhängt.[1000]
Über diesen theoretischen Ansatz hinaus wird das Streitbeilegungsverfahren nach Art. 35 Abs. 7 S. 1 EUV in der Praxis aber kaum Bedeutung haben. Dass das Streitbeilegungsverfahren nach Art. 35 Abs. 7 S. 1 EUV kein wirksames Instrument zur Lösung von Meinungsverschiedenheiten oder Vertragsverstößen darstellt, ergibt sich bereits aus der Statistik zum Vertragsverletzungsverfahren nach Art. 227 EGV. Auch in diesem Verfahren kann nur ein Mitgliedsstaat den Gerichtshof anrufen, wenn er der Auffassung ist, dass ein anderer Mitgliedsstaat gegen das Gemeinschaftsrecht verstoßen hat. Im Jahr 2001 ist Art. 227 EGV keinmal Rechtsgrundlage für ein Verfahren vor dem Gerichtshof gewesen. Dies folgt aus dem Umstand, dass die Mitgliedstaaten nicht gewillt sind, sich gegenseitig vor den Gerichtshof zu ziehen, da jeder Mitgliedsstaat im Laufe der Zeit Maßnahmen vornimmt, durch die eine Einleitung eines Vertragsverletzungsverfahrens gerechtfertigt wäre. Außerdem tragen der Souveränitätsgedanke jedes einzelnen Mitgliedsstaats und das Prinzip der Nichteinmischung in „nationale" Angelegenheiten ihr übriges dazu bei. Des Weiteren ist davon auszugehen, dass die Mitgliedstaaten von solchen Maßnahmen absehen werden, um Verstimmungen unter den Mitgliedstaaten zu vermeiden, da diese sich in politischer Hinsicht wiederum negativ gegenüber dem Fortschritt innerhalb der EU auswirken könnten.[1001] Aus diesen Gründen sowie aus der Tatsache das bis zum heutigen Zeitpunkt der Gerichtshof noch nicht im Verfahren nach Art. 35 Abs. 7 EUV entschieden hat, kann angenommen werden, dass auch im Bereich der dritten Säule sich die Mitgliedstaaten grundsätzlich nicht untereinander vor den Gerichtshof ziehen werden und somit das Streitbeilegungsverfahren nach S. 1 auch in Zukunft geringe bis gar keine Bedeutung haben wird. Dafür spricht auch die Frist von sechs Monaten in Art. 35 Abs. 7 S. 1 EUV, die erst in Gang gesetzt

[999] Dörr/Mager, AöR 2000, 386 (418).
[1000] Thun-Hohenstein, S. 48.
[1001] Vgl. Labayle, RTDE 1997, 1 (14).

wird, wenn ein Mitgliedsstaat den Rat mit dem Problem befasst.[1002] Dadurch das die Mitgliedstaaten die Streitigkeiten im Vorfeld halten können, bis sie zu einer Lösung gelangen und den Rat nicht damit befassen, wird der Gerichtshof wohl kaum in diesem Verfahren zu entscheiden haben. Auf Grund der doch noch sehr vom Souveränitätsgedanken geprägten Bereiche der dritten Säule ist es auch sehr wahrscheinlich, dass die Mitgliedstaaten wohl eher eine Lösung untereinander auf dem diplomatischen Weg finden werden, bevor sie diese dem nicht beeinflussbaren und nicht kontrollierbaren Gerichtshof überlassen.[1003]
Im Gemeinschaftsrecht ist das Vertragsverletzungsverfahren das wichtigste Instrument der Kommission um für die einheitliche Beachtung und Durchsetzung des Gemeinschaftsrechts Sorge zu tragen.[1004] Die Kommission hat hier die Möglichkeit gegen objektive Verletzungen eines Mitgliedsstaats gegen den EG-Vertrag vorzugehen.[1005] Dass das Vertragsverletzungsverfahren innerhalb des Gemeinschaftsrechts einen sehr hohen Stellenwert hat, wird nicht zuletzt dadurch belegt, dass Art. 226 EGV im Jahr 2001 insgesamt in 157 Fällen Rechtsgrundlage einer Klage gewesen ist.[1006] Da die Kommission im Verfahren nach Art. 35 Abs. 7 S. 2 EUV lediglich hinsichtlich der Übereinkommen und der dazu ergangenen Durchführungsmaßnahmen antragsberechtigt ist, wird die Funktion des Vertragsverletzungsverfahrens für das Gemeinschaftsrecht innerhalb der dritten Säule daher nicht annähernd erreicht, wobei auf Grund der unionsrechtlichen Besonderheit diese von den Mitgliedstaaten zum jetzigen Zeitpunkt auch nicht erreicht werden wollte.
Es bleibt daher festzuhalten, dass das Streitbeilegungsverfahren keinen adäquaten Ersatz für das gemeinschaftsrechtliche Vertragsverletzungsverfahren darstellt und die Funktion als Mittel der einheitlichen Beachtung und Durchsetzung des Gemeinschaftsrechts[1007] durch das Streitbeilegungsverfahren auf Unionsebene nicht erreicht wird. Ein zwingender Grund für das Fehlen eines umfassenden Vertragsverletzungsverfahrens ist nicht ersichtlich.[1008] Vor allem kann dem nicht entgegengehalten werden, dass im Unionsrecht die Mitgliedstaaten auf Grund der eingegangenen wechselseitigen Gesamtverbindung von einer besonderen Vertragstreue der anderen Mitgliedstaaten ausgehen und daher ihr eigenes Verhalten auch eher Vertragstreu ausrichten.[1009] Bereits die Anzahl der gemeinschaftlichen Vertragsverletzungsverfahren vor dem Gerichtshof zeigt, dass von

---

1002 Böse, in: Schwarze, Art. 35 Rn. 11.
1003 Ludwig, S. 321.
1004 Cremer, in: Calliess/Ruffert, Art. 226 Rn. 2.
1005 Borchardt, in: Lenz, Art. 226 Rn. 1.
1006 Rechtsprechungsstatistiken, Gesamtbericht über die Tätigkeit des Gerichtshofes, www.curia.eu.int/de/instit/presentationfr/rapport/stat/st01cr.pdf, 1 (19).
1007 Cremer, in: Calliess/Ruffert, Art. 226 Rn. 2.
1008 Müller-Graff, in: Hummer, S. 278.
1009 Ludwig, S. 306.

einer Vertragstreue, die eine gerichtliche Überprüfung überflüssig macht, nicht ausgegangen werden kann.[1010] Des Weiteren zeigt auch das Fehlen einer dem Art. 10 EGV vergleichbaren Regelung im Unionsrecht, dass die Mitgliedstaaten nicht selbstverständlich von einer „Unionstreue" ausgehen. Das Fehlen eines gemeinschaftsrechtlichen Vertragsverletzungsverfahrens führt daher in der dritten Säule dazu, dass der Gerichtshof kaum über wirksame Möglichkeiten verfügt, unionsrechtswidriges Verhalten der Mitgliedstaaten zu ahnden,[1011] was wiederum negative Auswirkungen auf die Einheit und Integration der dritten Säule haben kann. Außerdem erscheint die Akzeptanz des Gerichtshofes bei den Bürgern Europas gefährdet, wenn er keine Handhabe gegen rechtswidrig handelnde Mitgliedstaaten hat.[1012]

IV. Die Kompetenzbeschränkung

Art. 35 Abs. 5 EUV ist eine der Auslegung zugängliche und im Rechtsschutzsystem der dritten Säule schwer einzuordnende Rechtsnorm, die in der Literatur sogar als „kryptische Norm"[1013] bezeichnet wird. Durch Art. 35 Abs. 5 i.V.m. Art. 33 EUV haben die Mitgliedstaaten im Bereich der dritten Säule die Verantwortung für den Bereich der „öffentlichen Ordnung" und „den Schutz der inneren Sicherheit" behalten, in dem sie durch Art. 35 Abs. 5 EUV den ordre-public-Vorbehalt des Art. 33 EUV von der gerichtlichen Kontrolle durch den Gerichtshof ausgenommen haben.

Dies erscheint auch systemgerecht, da die Mitgliedstaaten die Erfüllung der inneren Sicherheit weiter als staatliche Kernaufgabe betrachten und diese täglich eigenständig erfüllen.[1014] Des Weiteren ist zu beachten, dass die Überprüfung der Gültigkeit mitgliedsstaatlicher Maßnahmen noch nicht einmal im Bereich des Titels IV EGV der Prüfungskompetenz des Gerichtshofes unterliegt. Art. 35 Abs. 5 i.V.m. Art. 33 EUV kann daher als Schranke im Rahmen der Zielverwirklichung des Art. 29 EUV verstanden werden, der die vereinbarte Zusammenarbeit nicht versperrt, aber in Teilen beschränkt, so dass der intergouvernementalen Charakter der dritten Säule deutlich in den Bestimmungen über die Kompetenzen des Gerichtshofes widergespiegelt wird.[1015]

Insgesamt lässt sich festhalten, dass Art. 35 Abs. 5 EUV durchaus eine Gefahr für die Einheit der dritten Säule darstellen kann, da sie den mitgliedsstaatlichen Gerichten die Möglichkeit gibt, über eine weite Auslegung zu einem weitreichenden Kompetenzausschluss des Gerichtshofes zu gelangen und so Vorlagen

---

1010 Vgl. Gündisch, AnwBl. 1998, 170 (172).
1011 Albors-Llorens, CML Rev. 1998, 1273 (1282).
1012 Vgl. Ludwig, S. 307.
1013 Dörr/Mager, AöR 2000, 386 (413).
1014 Röben, in: Grabitz/Hilf, Band I, Art. 33 Rn. 6.
1015 Vgl. Wölker, EuR 1999, Beiheft 1, 99 (107).

zu vermeiden, wobei zumindest die Ausnahmeklausel des Art. 35 Abs. 5 EUV vom Gerichtshof einheitlich ausgelegt wird.[1016] In naher Zukunft ist es wenig wahrscheinlich, dass die Mitgliedstaaten im Bereich der dritten Säule von Art. 35 Abs. 5 EUV absehen werden, auch wenn es für den Integrationsprozess und die Einheit der dritten Säule ein wünschenswertes und deutliches Zeichen wäre.

[1016] Ludwig, S. 302.

Teil V: Zusammenfassung

A.
Der Vertrag von Nizza brachte eine weitreichende Reform des Gerichtswesens auf der Ebene des Gemeinschaftsrechts mit sich. Dadurch sind der Gerichtshof und das Gericht der Art reformiert worden, dass sie auf die Erweiterung der Europäischen Union und den stetig anwachsenden Bedarf an Entscheidungen durch eine neue Gerichtsorganisation und Funktionsweise angemessen reagieren können.

1.
Durch die Neuformulierung des Art. 221 Abs. 1 EGV wird klargestellt, dass der Gerichtshof aus einem Richter je Mitgliedsstaat besteht, so dass der Gerichtshof nach der Erweiterung nun aus 25 Richtern besteht und somit die Grundauffassungen aller Mitgliedstaaten berücksichtigt werden.

2.
Nach Art. 221 Abs. 2 EGV tagt der Gerichtshof in Kammern (3-5 Richtern) oder als große Kammer (11 Richtern). Die Kammer mit sieben Richtern entfällt somit. Die Entscheidung als Plenum kommt nur selten und in den Fällen in Betracht, in denen die Satzung des Gerichtshofes dies vorsieht.

3.
Seit dem Vertrag von Nizza sieht Art. 225a Abs. 1 EGV einen neuen Spruchkörper für das Gemeinschaftsgerichtssystem vor. Danach kann der Rat durch einstimmigen Beschluss gerichtliche Kammern bilden die im ersten Rechtszug für Klagen zuständig sind, die in „besonderen Sachgebieten“ anhängig gemacht werden. Die gerichtlichen Kammern sollen zu einer Entlastung des Gerichtssystems führen und wirken wie eine Fachgerichtsbarkeit. Dabei sind sie dem Gericht beigeordnet. Eine Einrichtung der gerichtlichen Kammern ist bis zum jetzigen Zeitpunkt noch nicht geschehen. De facto besteht die Möglichkeit, dass die zu errichtenden gerichtlichen Kammern für alle Verfahrens-/Klagearten eingerichtet werden und sich auf spezielle Rechtsgebiete wie z.B. das Dienstrecht oder Teile des Titels IV EG-Vertrag beziehen, denn Art. 225a Abs. 1 EGV ist sehr offen formuliert.

4.
Für Rechtsmittel gegen Entscheidungen der gerichtlichen Kammern ist nach Art. 225 Abs. 2, 225a Abs. 3 EGV das Gericht zuständig. Gegen die Entscheidung des Gerichts erster Instanz ist grundsätzlich kein Rechtsmittel zum Gerichtshof gegeben, es sei denn die Einheit und Kohärenz des Gemeinschaftsrechts könnte

gefährlich berührt sein, Art. 225 Abs. 2 UAbs. 2 EGV.

5.
Das Kernstück der Reform stellt die Verselbstständigung und Aufwertung des Gerichts erster Instanz dar. Das Gericht ist dem Gerichtshof nicht mehr nur beigeordnet sondern beide Gemeinschaftsgerichte stehen selbstständig nebeneinander. Durch Art. 225 Abs. 1 EGV wird nun gesetzlich geregelt, was inhaltlich aber keine Erweiterung darstellt, dass das Gericht für Klagen nach Art. 230, 232, 235, 236 und 238 EGV zuständig ist. Von diesen Klagen sind aber solche ausgeschlossen, die einer gerichtlichen Kammer oder durch die Satzung des Gerichtshofes dem Gerichtshof zugeordnet worden sind. Daneben besteht die Möglichkeit, dass die Satzung des Gerichtshofes dem Gericht weitere Klagegruppen übertragen werden, was jedoch bis zum jetzigen Zeitpunkt noch nicht abschließend geschehen ist.
Diesbezüglich liegt aber ein Vorschlag des Gerichtshofs vor, nachdem das Gericht für Nichtigkeitsklagen die von einem Mitgliedsstaat gegen die Europäische Kommission oder EZB erhoben werden zuständig sein soll. Darüber hinaus kann das Gericht erstmals auch Vorabentscheidungsinstanz für besondere in der Satzung festgelegte Sachgebiete sein, Art. 225 Abs. 3 EGV. Die Vorabentscheidungen des Gerichts erster Instanz können auch verfahrensabschließend sein, soweit nicht die zwei Ausnahmen des Art. 225 Abs. 3 UA. 2 und 3 EGV eingreifen. Da auch diesbezüglich noch keine konkrete Zuständigkeitsverteilung in der Satzung des Gerichtshofes stattgefunden hat, bleibt die konkrete Aufteilung abzuwarten.

B.
Mit dem Vertrag von Amsterdam sind Teilbereiche der dritten Säule in die erste Säule (Titel IV EGV) vergemeinschaftet worden. Für den Bereich des Titels IV EGV besteht im Vergleich zu den Art. 220 ff. EGV mit Art. 68 EGV ein modifiziertes Rechtsschutzsystem das primär zur Anwendung gelangt. Trifft Art. 68 EGV dagegen keine eigenständige Regelung finden die Vorschriften und Verfahren der Art. 220 ff. EGV auch im Bereich des Titels IV EGV Anwendung.

1.
Mit Art. 68 Abs. 1 EGV besteht für den Titel IV EGV ein modifiziertes Vorabentscheidungsverfahren. Ein Rückgriff auf das Vorabentscheidungsverfahren nach Art. 234 EGV ist nur insoweit möglich, als Art. 68 Abs. 1 EGV keine Besonderheiten vorsieht. Die Voraussetzungen für das modifizierte Vorabentscheidungsverfahren nach Art. 68 Abs. 1 EGV stellen sich im Vergleich zum Vorabentscheidungsverfahren nach Art. 234 EGV wie folgt dar:

a)
Zuständig für ein Vorabentscheidungsersuchen eines mitgliedsstaatlichen Gerichts im Verfahren nach Art. 68 Abs. 1 EGV ist wie im Verfahren nach Art. 234 EGV grundsätzlich der Gerichtshof, es sei denn die Zuständigkeit wird nach Art. 225 Abs. 3 EGV i.V.m. der Satzung des Gerichtshofes auf das Gericht oder nach Art. 225 a EGV auf die gerichtlichen Kammern übertragen, was hinsichtlich einzelner Bereiche sehr sinnvoll erscheint um zum einen die Verfahrensdauer zu verkürzen und zum anderen die Qualität der Urteile weiter anzuheben. Dies ist zum jetzigen Zeitpunkt aber noch nicht geschehen.

b)
Der wesentliche Unterschied zwischen beiden Verfahren ist im Bereich der Vorlageberechtigung und Vorlageverpflichtung zu finden. Im Unterschied zu Art. 234 Abs. 2 und 3 EGV ist in Art. 68 Abs. 1 EGV nur das letztinstanzliche mitgliedsstaatliche Gericht zur Vorlage an den Gerichtshof berechtigt und verpflichtet, wenn es eine Entscheidung darüber zum Erlass seines Urteils für erforderlich hält. Unterinstanzliche Gerichte sind nach Art. 68 Abs. 1 EGV somit nicht vorlageberechtigt. Als letztinstanzliches Gericht wird in beiden Verfahren das Gericht bezeichnet, gegen dessen Urteil kein Rechtsmittel mehr eingelegt werden kann. Im Unterschied zum Vorabentscheidungsverfahren nach Art. 234 EGV müssen auch die unterinstanzlichen nationalen Gerichte bei Zweifeln über die Wirksamkeit des Gemeinschaftsrechtsaktes diesen anwenden und müssen sich nicht mit einer Vorlagefrage an den Gerichtshof wenden. Die Foto-Frost-Entscheidung des Gerichtshofes ist daher nur insoweit auf das Verfahren nach Art. 68 Abs. 1 EGV übertragbar, als dass das mitgliedsstaatliche unterinstanzliche Gericht die Rechtswidrigkeit eines Sekundärrechtsakts nicht feststellen darf. Eine Vorlagepflicht für unterinstanzliche mitgliedsstaatliche Gerichte wie bei Art. 234 Abs. 2 EGV ergibt sich aus der Foto-Frost-Rechtsprechung für Art. 68 Abs. 1 EGV nicht.

c)
Ein Unterschied zwischen dem Vorabentscheidungsverfahren nach Art. 234 EGV und dem modifizierten Vorabentscheidungsverfahren nach Art. 68 Abs. 1 EGV hinsichtlich des Vorlagegegenstands ergibt sich auf Grund der Sonderstellung und ausschließlichen Bezugnahme des Art. 68 Abs. 1 EGV auf den Titel IV EGV. Daher kann dem Gerichtshof im Verfahren nach Art. 68 Abs. 1 EGV nur eine Frage über die Auslegung des Titels IV EGV sowie der Auslegung und Gültigkeit von auf Titel IV EGV erlassenen Rechtsakten vorgelegt werden. Von der Begrifflichkeit der Auslegung und Gültigkeit besteht zwischen beiden Verfahren kein Unterschied.

d)
Da sich die Rechtswirkung der Entscheidung im Verfahren nach Art, 68 Abs. 1 EGV nach den Grundsätzen des Vorabentscheidungsverfahrens nach Art. 234 EGV richtet bestehen keine Unterschiede. Bei Auslegungsfragen entfaltet die Entscheidung nur für den konkreten Rechtsstreit im Ausgangsstreitverfahren bindende Wirkung (inter partes). Eine erga omnes Wirkung kommt der Entscheidung dagegen nur ausnahmsweise dann zu, wenn der Gerichtshof die Ungültigkeit des Gemeinschaftsrechts festgestellt hat. In zeitlicher Hinsicht hat die Entscheidung des Gerichtshofes grundsätzlich ex tunc Wirkung, es sei denn aus besonderen Umständen ist in Analogie zu Art. 231 EGV eine ex nunc Wirkung notwendig.

e)
Auch hinsichtlich des Verfahrensablaufs trifft Art. 68 Abs. 1 EGV trifft keine eigenständige Regelung. Daher finden die Verfahrensordnung und Satzung des Gerichtshofes auch im Bereich des Art. 68 Abs. 1 EGV allgemein Anwendung. Mit der Reform des Europäischen Gerichtssystems sind wesentliche Neuerungen im Verfahren vor dem Gerichtshof eingeführt worden. Diese betreffen vor allem die Einführung eines vereinfachten/beschleunigten Verfahrens, die Möglichkeit durch Beschluss zu entscheiden, die Angleichung an moderne Kommunikationsmittel sowie die Möglichkeit von einer Stellungnahme des Generalanwalts abzusehen. Insgesamt sind diese Neuerungen im Hinblick auf eine Verkürzung der Verfahrensdauer und eine Entlastung der Gemeinschaftsgerichte als durchweg positiv zu beurteilen.

f)
Der zentrale Reformpunkt im modifizierten Vorabentscheidungsverfahren nach Art. 68 Abs. 1 EGV ist die Angleichung der Vorlageberechtigung an das Verfahren nach Art. 234 Abs. 2 EGV. Im Sinne der Einheit der Rechtsordnung, der einheitlichen Auslegung des Titels IV EGV und des Individualschutzes ist es dringend notwendig, dass auch im Verfahren nach Art. 68 Abs. 1 EGV unterinstanzliche Gerichte zur Vorlage an den Gerichtshof berechtigt werden. Zum einen ist die Zurücknahme der Entscheidungskompetenz für das Zivilverfahrensrecht unpraktikabel und zum anderen zerstört es das Vertrauen der Bürger in die Justiz, wenn mitgliedsstaatliche Gerichte Rechtsakte des Titels IV EG anwenden müssen, obwohl sie von deren Rechtswidrigkeit ausgehen. Darüber hinaus zeigt auch die Reform von Nizza eine Abkehr von der Vorlagebeschränkung auf letztinstanzliche Gerichte. Nach Art. 67 Abs. 2 Spiegelstrich 2 EGV sollte der Rat einstimmig und nach Anhörung des Europäischen Parlament Art. 68 Abs. 1 EGV an das Vorabentscheidungsverfahren nach Art. 234 EGV angleichen.

2.
Mit dem abstrakten Gutachtenverfahren nach Art. 68 Abs. 3 EGV ist eine neue Verfahrensart in das Gemeinschaftsrecht eingeführt worden, die ihr Vorbild in der früheren Divergenzvorlage nach Art. 4 des Auslegungsprotokolls zum EuGVÜ hat. In diesem Verfahren besteht für den Gerichtshof die Möglichkeit in einem abstrakten, objektiven Verfahren über die Auslegung von auf Titel IV EGV und darauf gestützten Rechtsakten auf Antrag von Rat, Kommission oder der Mitgliedstaaten zu entscheiden. Eine Ausnahme hiervon besteht im Bezug auf bereits rechtskräftig gewordene Entscheidungen mitgliedsstaatlicher Gerichte, welche durch die Entscheidung des Gerichtshofes nicht berührt werden. Auf Grund des neuartigen Verfahrens können die Voraussetzungen für das abstrakte Auslegungsverfahren nach Art. 68 Abs. 3 EGV nur in Teilbereichen mit den bekannten Verfahren nach Art. 220 ff. EGV verglichen werden und stellen sich im Vergleich wie folgt dar:

a)
Das abstrakte Auslegungsverfahren ist speziell für den Bereich des Titels IV EGV in Art. 68 Abs. 3 EGV aufgenommen worden. Es vereint die Funktionen des Vorabentscheidungsverfahrens und des Gutachtenverfahrens, in dem es auf eine einheitliche Auslegung und vorzeitige Rechtsklarheit abzielt. Im Übrigen ist es bereits Gegenstand von Übereinkommen gewesen.

b)
Zuständig für das abstrakte Auslegungsverfahren ist wie im Verfahren nach Art. 234 und 300 Abs. 6 EGV grundsätzlich der Gerichtshof, es sei denn die Zuständigkeit wird nach Art. 225 Abs. 3 EGV i.V.m. der Satzung des Gerichtshofes auf das Gericht oder nach Art. 225 a EGV auf die gerichtlichen Kammern übertragen.

c)
Anders als bei der früheren Divergenzvorlage nach Art. 4 des Auslegungsprotokolls zum EuGVÜ sind nicht nur die Mitgliedstaaten, sondern auch der Rat und die Kommission vorlagebefugt. Eine Vorlagebefugnis des Europäischen Parlaments ergibt sich ausgehend vom Wortlaut des Art. 68 Abs. 3 EGV sowie des Art. 109a § 1 der Verfahrensordnung des Gerichtshofes nicht.

d)
Die Einstufung des Art. 68 EGV als Sondervorschrift für den Titel IV EGV impliziert zugleich den eingeschränkten Prüfungsgegenstand des abstrakten Auslegungsverfahrens im Gegensatz zum Vorabentscheidungsverfahrens nach Art. 234 EGV. Demnach können Gegenstand des Verfahrens nach Art. 68 Abs. 3 EGV nur abstrakte Fragen zur Auslegung des primären oder sekundären

Rechts des Titels IV EGV sein. Eine Auslegung oder Gültigkeitsprüfung des gesamten des Gemeinschaftsrechts bzw. außerhalb des Titels IV EGV ergangenen sekundären Rechtsakte ist daher nicht möglich.

e)
Hinsichtlich des Verfahrensablaufs findet die Verfahrensordnung des Gerichtshofes Anwendung. Diese enthält mit Art. 109 § 1 der Verfahrensordnung des Gerichtshofes eine spezielle Regelung im Bezug auf die Zustellung, interne Verteilung und des Verfahrensablaufs für das abstrakte Auslegungsverfahren nach Art. 68 Abs. 3 EGV.

f)
Die Entscheidung des Gerichtshofes ist für die Gemeinschaftsorgane und die Mitgliedstaaten verbindlich. Darüber hinaus ist der Gerichtshof auf Grund der ausdrücklichen Begrenzung auf die Auslegung nicht befugt die Nichtigkeit festzustellen. Des Weiteren wirkt die Entscheidung des Gerichtshofes erga omnes, wobei rechtskräftige mitgliedsstaatliche Urteile und bestandskräftige Verwaltungsakte von der Bindungswirkung nach Art. 68 Abs. 3 S. 2 EGV ausgenommen sind.

g)
Das abstrakte Auslegungsverfahren nach Art. 68 Abs. 3 EGV hat insgesamt keine Praxisrelevanz und ist für das Zivilprozessrecht, welches die Durchsetzung privater Rechte betrifft, inadäquat. Des Weiteren stellt es einen Fremdkörper im Rechtsschutzsystem des Gemeinschaftsrechts dar und es ist zu befürchten, dass es zur Klärung abstrakter Rechtsfragen auf Grund der hohen Arbeitsbelastung des Gerichtshofes wenig effizient ist. Auch wenn das Verfahren eine Ausdehnung der Befugnisse des Gerichtshofes darstellt, sollte es daher aufgehoben werden.

3.
Nach Art. 68 Abs. 2 EGV sind alle gemeinschaftsrechtlichen Maßnahmen nach Art. 62 Nr. 1 EGV, welche die Aufrechterhaltung der öffentlichen Ordnung und den Schutz der inneren Sicherheit betreffen, in allen Verfahren von der Jurisdiktion des Gerichtshofes ausgeschlossen. Daher besteht Rechtsschutz nur vor den nationalen Gerichten.

a)
Die Begriffe der öffentlichen Ordnung und Schutz der inneren Sicherheit sind gemeinschaftsrechtliche Begriffe und im Sinne des Gemeinschaftsrechts vom Gerichtshof eng auszulegen.

b)
Die mitgliedsstaatliche Kompetenz nach Art. 64 Abs. 1 EGV wird dagegen nicht von Art. 68 Abs. 2 EGV umfasst, da es an der Eröffnung des Anwendungsbereichs fehlt. Aus dem Sinn und Zweck des Art. 64 Abs. 1 EGV ergibt sich aber, dass auch mitgliedsstaatliche Maßnahmen die die Aufrechterhaltung der öffentlichen Ordnung und den Schutz der inneren Sicherheit betreffen in keinem gemeinschaftlichen Verfahren vom Gerichtshof überprüft werden können.

c)
Die Kompetenzbeschränkung des Art. 68 Abs. 2 EGV findet keine entsprechende Regelung im übrigen Gemeinschaftsrecht und sollte auf Grund ihrer extremen Systemwidrigkeit aufgehoben, bzw. an die allgemeinen ordre-public Vorbehalte angeglichen werden. Dadurch, dass Rechtsschutz gegen Maßnahmen nach Art. 62 Nr. 1 EGV nur vor den nationalen Gerichten möglich ist, ist eine einheitliche Auslegung durch den Gerichtshof nicht möglich, was sich wiederum negativ auf die Angleichung der einzelnen mitgliedsstaatlichen Rechtsordnungen auswirkt.

4.
Art. 69 EGV nimmt Bezug auf drei Protokolle zum Amsterdamer Vertrag die ihrerseits wiederum Sonderregelungen für die Mitgliedstaaten VK, Irland und Dänemark im Bezug auf den Titel IV EGV enthalten

a)
Die Urteile des Gerichtshofes bzgl. der Auslegung des Titels IV EGV und darauf ergangene Rechtsakte entfalten für das VK und Irland keine Bindungswirkung. Beide Mitgliedstaaten haben sich aber ein opting-in vorbehalten, wonach sie an den Rechtsakten des Titels IV EGV gleichberechtigt mitwirken können. Für die Zuständigkeit des Gerichtshofes gilt in einem solchen Fall der Art. 68 EGV in vollem Umfang. Des Weiteren hat sich Irland vorbehalten, den Titel IV EGV in vollem Umfang anzuerkennen.

b)
Auch hinsichtlich des Mitgliedsstaats Dänemark entfalten die Urteile des Gerichtshofes keine Bindungswirkung. Dänemark hat aber im Gegensatz zu dem VK und Irland sich kein opting-in vorbehalten. Dafür kann Dänemark jederzeit den anderen Mitgliedstaaten mitteilen, dass es sich nicht mehr an das Protokoll gebunden fühlt und sich damit Art. 68 EGV und deren Rechtswirkungen unterwirft.

C.

Durch den Amsterdamer Vertrag ist erstmals mit Art. 35 EUV ein umfassendes Rechtsschutzsystem im Unionsrecht errichtet worden, wonach die Zuständigkeit des Gerichtshofes für die Anwendung und Auslegung von Rechtsakten im Bereich der dritten Säule geregelt worden ist. Art. 35 EUV stellt Sonderregelungen zu den allgemeinen Verfahren nach Art. 220 ff EGV auf, wobei über Art. 46 lit. b) EUV die allgemeinen Regeln Anwendung finden soweit Art. 35 EUV hierfür keine Regelung trifft.

1.

Art. 35 Abs. 1-4 EUV regelt das modifizierte Vorabentscheidungsverfahren welches sich in Teilbereichen von dem Vorabentscheidungsverfahren nach Art. 234 EGV unterscheidet. Die Voraussetzungen für das modifizierte Vorabentscheidungsverfahren nach Art. 35 Abs. 1-4 EUV stellen sich im Vergleich zum Vorabentscheidungsverfahren nach Art. 234 EGV wie folgt dar:

a)

Solange in der Satzung des Gerichtshofes noch keine Zuständigkeitsverteilung vorgenommen worden ist, ist sowohl im Verfahren nach Art. 35 Abs. 1-4 EUV, als auch im Verfahren nach Art. 234 EGV der Gerichtshof für Vorabentscheidungsersuche zuständig.

b)

Ein Unterschied zwischen dem Vorabentscheidungsverfahren nach Art. 234 EGV und dem modifizierten Vorabentscheidungsverfahren nach Art. 35 Abs. 1-4 EUV hinsichtlich des Vorlagegegenstands, ergibt sich auf Grund der Sonderstellung und ausschließlichen Bezugnahme des Art. 35 Abs. 1-4 EUV auf den Bereich der dritten Säule. Daher kann dem Gerichtshof im Verfahren nach Art. 35 Abs. 1-4 EUV nur über die Gültigkeit und Auslegung von Rahmenbeschlüssen, Beschlüssen und den hierzu ergangenen Durchführungsmaßnahmen sowie über die Auslegung von Übereinkommen und den hierzu ergangenen Durchführungsmaßnahmen entscheiden. Darüber hinaus kann der Gerichtshof auch die Vorschriften des Schengen-Besitzstands, welche der dritten Säule zugeordnet worden sind, auslegen. Anders als im Vorabentscheidungsverfahren nach Art. 234 EGV ist der Gerichtshof im Verfahren nach Art. 35 Abs. 1-4 EUV aber nicht zur Auslegung des Primärrechts selbst befugt. Von der Begrifflichkeit der Auslegung und Gültigkeit besteht zwischen beiden Verfahren kein Unterschied.

c)

Eine der wesentlichen Besonderheiten des modifizierten Vorabentscheidungsverfahrens im Gegensatz zum Vorabentscheidungsverfahren nach Art. 234 EGV besteht in den Erfordernis einer Anerkennungserklärung nach Art. 35 Abs. 2

EGV. Nur durch die Abgabe einer Anerkennungserklärung ist die Zuständigkeit des Gerichtshofes für Vorabentscheidungsersuche im Verfahren nach Art. 35 Abs. 1-4 EUV gegeben. Eine vergleichbare Regelung findet sich in Art. 2 Abs. 1 des Auslegungsprotokolls zum Europol-Übereinkommen und in Art. 36 Abs. 2 IGH-Statut und bringt den Souveränitätsgedanken der Mitgliedstaaten auch für den Bereich der dritten Säule zum Ausdruck.

d)
Ein weiterer wesentlicher Unterschied zum Vorabentscheidungsverfahren besteht darin, dass die Mitgliedstaaten die eine Anerkennungserklärung abgegeben haben, nach Art. 35 Abs. 3 EUV bestimmen können ob nur letztinstanzliche Gerichte zur Vorlage berechtigt sind oder alle mitgliedsstaatlichen Gerichte zur Vorlage ermächtigt werden. Darüber hinaus kann durch innerstaatliches Recht, entsprechend der Vorschrift des Art. 234 Abs. 3 EGV, bestimmt werden, dass letztinstanzliche Gerichte zur Vorlage verpflichtet sind. Für unterinstanzliche Gerichte kann eine Vorlagepflicht, anders als im Verfahren nach Art. 234 EGV, nicht durch die Grundsätze der Foto-Frost-Rechtsprechung begründet werden, da eine Verpflichtung nur durch innerstaatliches Recht begründet werden kann.

e)
Art. 35 Abs. 4 EGV stellt den Mitgliedstaaten die keine Anerkennungserklärung abgegeben haben ein Interventionsrecht zur Verfügung, wonach sich auch diese Mitgliedstaaten am Verfahren durch Schriftsätze schriftliche Erklärungen beteiligen können. Eine vergleichbare Regelung findet sich für das Vorabentscheidungsverfahren nach Art. 234 EGV in Art. 20 Abs. 2 der Satzung des Gerichtshofes, wobei nach dieser Regelung neben den Mitgliedstaaten auch die Parteien und die Organe der Gemeinschaft die Möglichkeit haben innerhalb von zwei Monaten schriftliche Erklärungen oder Schriftsätze einzureichen. Neben Art. 35 Abs. 4 EUV findet auch Art. 20 Abs. 2 der Satzung des Gerichtshofes im modifizierten Vorabentscheidungsverfahren Anwendung, wie sich aus der Rechtssache Gözütok und Brügge ergibt.

f)
Auf Grund der fehlenden Regelung der Bindungswirkung richtet sich diese im Verfahren nach Art. 35 Abs. 1-4 EUV nach den allgemeinen Grundsätzen des Art. 234 EGV. Dabei ist zu beachten, dass die Entscheidung des Gerichtshofes hinsichtlich der Gültigkeit eines Vorlagegegenstands nach Art. 35 Abs. 1 EUV auch die Mitgliedstaaten bindet, die keine Anerkennungserklärung abgegeben haben.

g)
Durch Art. 46 lit. b) i.V.m. Art. 35 Abs. 1-4 EUV werden dem Gerichtshof grundsätzlich die gleichen Aufgaben zugewiesen wie dies im Gemeinschaftsrecht über Art. 220 ff. EGV der Fall ist. Der wesentliche Unterschied zwischen beiden Bereichen besteht aber darin, dass diese Aufgaben und Befugnisse im Bereich der dritten Säule unter der Verfügungsbefugnis der Mitgliedstaaten stehen. Dies stellt eine Gefahr für die einheitliche Auslegung der Rechtsakte der dritten Säule dar, denn das modifizierte Vorabentscheidungsverfahren ist weder für alle Mitgliedstaaten verbindlich, noch kennt es eine unionsrechtlich verankerte Vorlageverpflichtung. Insgesamt ist die Einführung des modifizierten Vorabentscheidungsverfahrens aber ein erheblicher Fortschritt gegenüber der Regelung vor dem Vertrag von Amsterdam wonach der Gerichtshof grundsätzlich keine Zuständigkeit im Bereich der dritten Säule hatte.

2.
Die modifizierte Nichtigkeitsklage nach Art. 35 Abs. 6 EUV ist von ihrer Ausgestaltung und Funktion an die Nichtigkeitsklage nach Art. 230 EGV angelehnt, enthält aber auf Grund der spezifischen Regelungen in der dritten Säule einige Besonderheiten. Die Voraussetzungen der modifizierten Nichtigkeitsklage stellen sich im Vergleich zur Nichtigkeitsklage nach Art. 230 EGV wie folgt dar:

a)
Bei der modifizierten Nichtigkeitsklage ist der Gerichtshof zuständig. Das gleiche gilt auch für die Nichtigkeitsklage nach Art. 230 EGV soweit diese von einem Mitgliedsstaat, einem Gemeinschaftsorgan oder von der EZB erhoben worden ist, Art. 51 der Satzung des Gerichtshofes. Bei beiden Verfahren besteht aber nach dem Vertrag von Nizza die Möglichkeit, dass die Zuständigkeit des Gerichts erster Instanz bei Direktklagen ausgeweitet wird, Erklärung Nr. 12 zu Art. 225 EGV. Diesbezüglich liegt ein Vorschlag des Gerichtshofes vor, nachdem im Bereich der Nichtigkeitsklagen das Gericht für Klagen von Mitgliedstaaten gegen die Europäische Kommission oder EZB zuständig sein soll, was hinsichtlich des Entlastungseffekts für den Gerichtshof positiv zu beurteilen ist. Da eine abschließende Entscheidung hierüber noch nicht getroffen worden ist, bleibt es zunächst noch bei der Zuständigkeit des Gerichtshofes, wenn eine Nichtigkeitsklage von einem Mitgliedsstaat, den Gemeinschaftsorganen oder der EZB erhoben werden.

b)
Zur Erhebung einer modifizierten Nichtigkeitsklage nach Art. 35 Abs. 6 EUV sind neben den Mitgliedstaaten und der Kommission auch das Europäische Parlament berechtigt, soweit dieses eine Verletzung des Mitwirkungsrechts nach Art. 39 Abs. 1 S. 1 EUV geltend macht. Entgegen der Nichtaufführung des Eu-

ropäischen Parlaments in Art. 35 Abs. 6 EUV ergibt sich dessen Klagebefugnis zum einen daraus, dass der Gerichtshof in der Lage sein muss das institutionelle Gleichgewicht wieder herzustellen oder aufrechtzuerhalten und zum anderen aus der generellen Aufwertung des Europäischen Parlament durch den Vertrag von Nizza. Anders und aus der Systematik der dritten Säule erklärbar besteht aber logischerweise keine Klageberechtigung für natürliche und juristische Personen, den Rat sowie für die EZB und den Europäischen Rechnungshof.

c)
Auf Grund der spezifischen Ausgestaltung der dritten Säule können Klagegegenstand bei der modifizierten Nichtigkeitsklage nur der Rahmenbeschluss, der Beschluss und die hierzu ergangenen Durchführungsmaßnahmen sein.

d)
Die Klagegründe der modifizierten Nichtigkeitsklage entsprechen denen der Nichtigkeitsklage nach Art. 230 Abs. 2 EGV. In beiden Verfahren kommen als Nichtigkeitsgründe die Unzuständigkeit, die Verletzung wesentlicher Formvorschriften, die Verletzung dieses Vertrags oder einer bei seiner Durchführung anzuwendenden Rechtsnorm oder der Ermessensmissbrauch in Betracht.

e)
Auch hinsichtlich der Klagefrist bestehen zwischen beiden Verfahren keine wesentlichen Unterschiede. Für beide Verfahren gilt eine Frist von zwei Monaten. Im Gegensatz zu Art. 35 Abs. 6 S. 2 EUV enthält Art. 230 Abs. 5 EGV aber drei Varianten für den Beginn der Klagefrist wohingegen es bei Art. 35 Abs. 6 S. 2 EUV nur auf die Veröffentlichung der Maßnahme ankommt. Dies folgt daraus, dass die in Art. 34 Abs. 2 EUV angenommenen Rechtsakte im Amtsblatt der EG zu veröffentlichen sind.

f)
Genau wie bei der Nichtigkeitsklage nach Art. 230, 231 EGV kann der Gerichtshof auch in der modifizierten Nichtigkeitsklage den betreffenden Rechtsakt für nichtig erklären. Zwar fehlt es im Bereich der dritten Säule an einer dem Art. 231 EGV vergleichbaren Regelung, Art. 231 EGV wird aber über Art. 46 lit. b) EUV in das unionsrechtliche Verfahren nach Art. 35 Abs. 6 EUV transferiert, so dass auch hier der Gerichtshof den betreffenden Rechtsakt für nichtig erklären kann und nicht auf die Feststellung derselben beschränkt ist.

g)
Erklärt der Gerichtshof einen entsprechenden Rechtsakt der dritten Säule für nichtig, sind die Mitgliedstaaten verpflichtet die innerstaatlichen Durchfüh-

rungs- und Umsetzungsmaßnahmen nach nationalem Recht aufzuheben. Diese Pflicht ergibt sich nicht aus der im Gemeinschaftsrecht geregelten Gemeinschaftstreue nach Art. 10 EGV, da es eine solche im Unionsrecht nicht gibt, sondern aus dem unter den Mitgliedstaaten bestehenden Solidaritätsprinzip nach Art. 1 Abs. 3 S. 2 EUV in Verbindung mit dem in Art. 2 Spiegelstrich 4 EUV aufgeführten Ziel der Erhaltung und Weiterentwicklung der Union als Raum der Freiheit, der Sicherheit und des Rechts, welches durch die Art. 29 ff. EUV weiter konkretisiert wird. Diesem Ergebnis haftet aber das Problem an, dass diese Pflicht der Mitgliedstaaten nicht justiziabel ist, da ein Vertragsverletzungsverfahren nach Art. 226 EGV im Unionsrecht keine Anwendung findet, so dass als Druckmittel lediglich politische Handlungen den Mitgliedstaaten zur Verfügung stehen.

h)
Die modifizierte Nichtigkeitsklage nach Art. 35 Abs. 6 EGV ist auf Grund der Besonderheit der dritten Säule in Teilbereichen inhaltlich anders ausgestaltet als die Nichtigkeitsklage nach Art. 230 EGV, aber in ihrer Gesamtheit stark an diese angenähert. Die einzige negative Prägung der modifizierten Nichtigkeitsklage besteht in der Nichtaufführung des Europäischen Parlaments als klageberechtigte Organ, was aber durch die Auslegung der Norm oder die Rechtsprechung des Gerichtshofes korrigiert werden kann.

3.
Das Streitbeilegungsverfahren nach Art. 35 Abs. 7 EGV stellt ein besonderes Verfahren des Unionsrechts dar, welches sich an völkerrechtliche Vorbilder anlehnt und in Teilen dem Vertragsverletzungsverfahren angenähert ist, aber in seiner Gesamtheit im Gemeinschaftsrecht fehlt. Nach Art. 35 Abs. 7 S. 1 EUV entscheidet der Gerichtshof, nach einem diplomatischen Vorverfahren, über Streitigkeiten zwischen den Mitgliedstaaten über die Auslegung und Anwendung der nach Art. 34 Abs. 2 EUV angenommenen Rechtsakte, wohingegen nach Art. 35 Abs. 7 S. 2 EUV der Gerichtshof ohne ein vorheriges Vorverfahren über Streitigkeiten zwischen einem Mitgliedsstaat und der Kommission über die Auslegung oder Anwendung von Übereinkommen im Sinne des Art. 34 Abs. 2 lit. d) EUV entscheidet. Im Einzelnen stellen sich die Voraussetzungen im Vergleich zum Gemeinschaftsrecht nach Art. 220 ff. EGV wie folgt dar:

a)
Sowohl im Streitbeilegungsverfahren als auch im Vertragsverletzungsverfahren ist auf Grund fehlender anderweitiger Zuweisung der Satzung des Gerichtshofes, der Gerichtshof zuständig.

b)
Die Mitgliedstaaten sind im Streitbeilegungsverfahren nach Art. 35 Abs. 7 S. 1 EUV ausschließlich antragsberechtigt. Daneben besteht im Verfahren nach Art. 35 Abs. 7 S. 2 EUV eine Antragsberechtigung für die Kommission. Eine solche Aufteilung entspricht auch dem Vertragsverletzungsverfahren. Dort ist in Art. 226 EGV die Kommission und in Art. 227 EVG ein Mitgliedsstaat antragsberechtigt.

c)
Der wesentliche Unterschied zwischen dem Vertragsverletzungsverfahren und dem Streitbeilegungsverfahren ergibt sich aus dem Vergleich des Vorlagegegenstands. Während im Streitbeilegungsverfahren nur die Auslegung und Anwendung von Rechtsakten nach Art. 34 Abs. 2 EGV Gegenstand des Verfahrens sein können, kann im Vertragsverletzungsverfahren eine Verletzung des gesamten Gemeinschaftsrechts durch den Mitgliedsstaat Vorlagegegenstand sein. Prüfungsmaßstab ist somit das gesamte Gemeinschaftsrecht. Dies gilt vor allem auch für die Einleitung eines Vertragsverletzungsverfahrens durch die Kommission, während diese im Streitbeilegungsverfahren nur eine Entscheidung über die Auslegung oder Anwendung der Übereinkommen erreichen kann und in Art. 35 Abs. 7 S. 1 EUV nicht antragsberechtigt ist.

d)
Ein weiterer wesentlicher Unterschied zwischen dem Streitbeilegungsverfahren und dem Vertragsverletzungsverfahren liegt in der Art und Weise der Durchführung des Vorverfahrens. Als Vergleichsgrundlage dient Art. 227 EGV, da hier genau wie beim Streitbeilegungsverfahren nach Art. 35 Abs. 7 S. 1 EUV eine Streitigkeit zwischen Mitgliedstaaten besteht. Wesentlicher Unterschied ist zum einen, dass im Streitbeilegungsverfahren der Rat und nicht die Kommission mit der Streitigkeit befasst werden muss, denn der Rat ist im Unionsrecht das zentrale federführende Organ. Zum anderen beträgt die Streitschlichtungsfrist im Gegensatz zum Vertragsverletzungsverfahren nicht drei sondern sechs Monate, was wiederum deutlich macht, dass die Mitgliedstaaten im Unionsrecht eher eine Lösung untereinander finden möchten, als diese dem Gerichtshof zu überlassen. Des Weiteren besteht im Streitbeilegungsverfahren nach Ablauf der Frist die Verpflichtung zur Anrufung des Gerichtshofes wohingegen im Vertragsverletzungsverfahren ein Ermessen diesbezüglich besteht. Dieser Unterschied folgt daraus, dass die Kommission im Streitbeilegungsverfahren den Gerichtshof nur in begrenzten Umfang anrufen kann, während sie im Streitbeilegungsverfahren nach Art. 226 EGV ihr Ermessen anders als die Mitgliedstaaten frei von mitgliedsstaatlichen Erwägungen ausübt.

e)
Sowohl im Streitbeilegungsverfahren als auch im Vertragsverletzungsverfahren ist das Urteil des Gerichtshofes für die am Verfahren Beteiligten verbindlich. Ein weiterer gravierender Unterschied zwischen beiden Verfahren liegt aber darin, dass sich die Verpflichtung der Beseitigung des Vertragsverstoßes beim Vertragsverletzungsverfahren explizit aus Art. 228 Abs. 1 EGV ergibt und für das Streitbeilegungsverfahren eine solche Regelung nicht vorgesehen ist. Art. 228 Abs. 1 EGV kann auch nicht über Art. 46 lit. b) EUV in die dritte Säule transferiert werden, denn mit der Einführung des Streitbeilegungsverfahrens ist bewusst auf das Vertragsverletzungsverfahren und eine solche für die Mitgliedstaaten verbindliche Norm wie Art. 228 EGV verzichtet worden.

f)
Für die Bewertung des Streitbeilegungsverfahrens ist zunächst zu berücksichtigen, dass dieses Verfahren in theoretischer Hinsicht und vor dem Hintergrund der eingeschränkten Vorlagebefugnis in Art. 35 Abs. 1 EUV durchaus zu begrüßen ist, da es grundsätzlich zur einheitlichen Auslegung und Rechtsklarheit beitragen kann. Auf der anderen Seite zeigt ein praktischer Vergleich zu Art. 227 EGV, dass Streitigkeiten unter den Mitgliedstaaten von diesen nicht vor dem Gerichtshof ausgetragen werden. Art. 227 EGV hat praktisch keine Relevanz, was auch für das Streitbeilegungsverfahren gilt und in Zukunft wohl auch weiterhin gelten wird, denn die Mitgliedstaaten regeln die Angelegenheiten eher untereinander mit politischen Einflussmöglichkeiten, als das sie den nicht kontrollierbaren Gerichtshof entscheiden lassen. Die Funktion des Vertragsverletzungsverfahrens nach Art. 226 EGV als wichtigstes Instrument der Kommission für die einheitliche Beachtung und Durchsetzung des Gemeinschaftsrechts Sorge zu tragen wird durch das Streitbeilegungsverfahren nach Art. 35 Abs. 7 S. 2 EUV bei weitem nicht erreicht, da die Kommission lediglich hinsichtlich der Übereinkommen und der dazu ergangenen Durchführungsmaßnahmen antragsberechtigt ist.

4.
Art. 35 Abs. 5 EUV stellt eine Beschränkung der Prüfungskompetenz des Gerichtshofes im Bereich der Rechtsschutzverfahren der dritten Säule dar. Dabei hat Art. 35 Abs. 5 EUV zwei verschiedene Regelungsbereiche. Zum einen ist der Gerichtshof nicht zuständig für die Überprüfung der Gültigkeit oder Verhältnismäßigkeit von Maßnahmen der Polizei und anderer Strafverfolgungsbehörden eines Mitgliedsstaats (Art. 35 Abs. 5 Alt. 1 EUV) und zum anderen für die Wahrnehmung der Zuständigkeiten der Mitgliedstaaten für die Aufrechterhaltung der öffentlichen Ordnung und den Schutz der inneren Sicherheit (Art. 35 Abs. 5 Alt. 2 EUV). Im Einzelnen stellen sich die Voraussetzungen des Art. 35 Abs. 5 EUV wie folgt dar:

a)
Art. 35 Abs. 5 Alt. 1 EUV geht über eine nur deklaratorische Bedeutung hinaus. Zwar ist der Gerichtshof auch im Vorabentscheidungsverfahren nach Art. 234 EGV auf die Auslegung und Gültigkeitsprüfung abstrakter Rechtsfragen begrenzt, es gibt aber Ausnahmen, in denen der Gerichtshof ausnahmsweise auch konkrete Aussagen zu treffen hat. Dies wollten die Mitgliedstaaten mit der Regelung des Art. 35 Abs. 5 Alt. 1 EUV für den Bereich der dritten Säule explizit ausschließen.

b)
Art. 35 Abs. 5 Alt. 2 EUV ist im Zusammenhang mit der Regelung des Art. 33 EUV zu sehen. Art. 33 EUV räumt den Mitgliedstaaten die Befugnis ein, unter Abweichung der Art. 29 ff. EUV nationale Handlungen im Bezug auf die Aufrechterhaltung der öffentlichen Ordnung und dem Schutz der inneren Sicherheit vorzunehmen, ohne das diese Handlungen durch den Gerichtshof überprüft werden können.

c)
Die Begriffe der Aufrechterhaltung der öffentlichen Ordnung und Schutz der inneren Sicherheit sowie die Frage, ob die öffentliche Ordnung und der Schutz der inneren Sicherheit betroffen sind können vom Gerichtshof festgestellt werden, denn ihm obliegt die Auslegung der Vorschriften, die seine Zuständigkeit begründen oder ausschließen.

d)
Auf Grund des Wortlauts findet die Kompetenzbeschränkung nach Art. 35 Abs. 5 EUV sowohl auf das modifizierte Vorabentscheidungsverfahren nach Art. 35 Abs. 1 bis 4 EUV als auch auf das Streitbeilegungsverfahren nach Art. 35 Abs. 7 EUV Anwendung. Dem steht auch nicht die systematische Anordnung als Absatz 5 entgegen, denn eine sinnvolle Anordnung ist auf Grund der modifizierten Nichtigkeitsklage als Absatz 6, die nicht von der Kompetenzbeschränkung erfasst wird, nicht möglich.

e)
Die Kompetenzbeschränkung des Gerichtshofes durch Art. 35 Abs. 5 EUV erscheint in der dritten Säule als systemgerecht, da die Mitgliedstaaten die innere Sicherheit weiterhin als staatliche Kernaufgabe verstehen und diese täglich eigenständig erfüllen.

Literaturverzeichnis

Albors-Llorens, Albertina, Changes in the jurisdiction of the European Court of Justice under the Treaty of Amsterdam, CML Rev. 1998, S. 1273 ff.

Basedow, Jürgen, Der Raum des Rechts - ohne Justiz, ZEuP 2001, S. 437 ff.

ders., Die rechtsstaatliche Dimension der europäischen Justizreform, Rabels Zeitschrift für ausländisches und internationales Privatrecht, Band 66 (2002), S. 203 ff.

Berlit, Uwe, Gemeinschaftskommentar zum Asylverfahrensgesetz 1992, Band 3, Ergänzungslieferung Stand Juni 2002, Neuwied u.a. 1999

Besse, Dirk, Die justizielle Zusammenarbeit in Zivilsachen nach dem Vertrag von Amsterdam und das EuGVÜ, ZEuP 1999, S. 107 ff.

Bieber, Roland, Die institutionellen Neuerungen im Vertrag von Amsterdam, in: Kirt, Roman (Hrsg.), Der Vertrag von Amsterdam - ein Vertrag für alle Bürger. Analysen und Kommentare, Wien 1998

Bleckmann, Albert, Europarecht, 6. Auflage, Köln u.a. 1997

Böse, Martin, Die Zuständigkeit des EuGH im Bereich der "dritten Säule" der EU, EuR 1998, S. 678 ff.

Borchardt, Klaus Dieter, Die rechtlichen Grundlagen der Europäischen Union, 2. Auflage, Heidelberg 2002

ders., EU- und EG-Vertrag, Bundesanzeiger Köln 2001

Brok, Elmar, Die Ergebnisse von Nizza, Eine Sichtweise aus dem Europäischen Parlament, integration 2001, S. 86 ff.

Bull, Hans Peter, Das Europäische Polizeiamt – undemokratisch und rechtsstaatswidrig?, DRiZ 1998, S. 32 ff.

Calliess, Christian/ Ruffert, Matthias (Hrsg.), Kommentar des Vertrages über die Europäische Union und des Vertrages zur Gründung der Europäi schen Gemeinschaft – EUV/EGV, 2. Auflage, Neuwied u.a. 2002, zit. als: Bearbeiter in: Calliess/Ruffert

Classen, Claus Dieter, Die Jurisdiktion des Gerichtshofs der Europäischen Gemeinschaften nach Amsterdam, EuR 1999, Beiheft 1, S. 73 ff.

d' Estaing, Valéry Giscard, „Neuer Gründergeist", Der Spiegel 2002, S. 50 ff.

Dauses, Manfred A., Handbuch des EU-Wirtschaftsrechts, Loseblattsammlung, Grundwerk München 1993, Stand: 11. Ergänzungslieferung März 2002, München 2002, zitiert als: Bearbeiter in: Dauses

ders., Das Vorabentscheidungsverfahren nach Art. 177 EG-Vertrag, 2. Auflage 1995

de Witte, Bruno, Die Jurisdiktion des Gerichtshofs der Europäischen Gemeinschaften nach Amsterdam, EuR 1999, Beiheft 1, S. 91 ff.

Dietze, Jan/ Schnichels, Dominik, Die aktuelle Rechtsprechung des EuGH zum EuGVÜ im Jahre 2001, EuZW 2002, S. 626 ff.

Dörr, Oliver/ Mager, Ute, Rechtswahrung und Rechtsschutz nach Amsterdam, AöR 2000, S. 386 ff.

Due-Report, Bericht der Reflexionsgruppe über die Zukunft des Gerichtssystems der Europäischen Gemeinschaften, EuGRZ 2001, S. 523 ff.

Emmert, Frank, Europarecht, München 1996

Epiney, Astrid/ Freiermuth Abt, Marianne/ Mosters, Robert, Der Vertrag von Nizza DVBl 2001, S. 941 ff.

EuGH-Reflexionspapier, Die Zukunft des Gerichtssystems der Europäischen Union, EuGRZ 2000, S. 101 ff.

Everling, Ulrich, Vorlagerecht und Vorlagepflicht nationaler Gerichte nach Art. 177 EGV, S. 12 ff., in Reichelt, Gerte (Hrsg.), Vorabentscheidungsverfahren vor dem Gerichtshof der Europäischen Gemeinschaft, Wien 1998

ders., Die Zukunft der europäischen Gerichtsbarkeit in einer erweiterten Europäischen Union, EuR 1997, S. 398 ff.

Ferrand, Frédérique, Das Vorabentscheidungsverfahren aus französischer Sicht, Rabels Zeitschrift für ausländisches und internationales Privatrecht RabelsZ, Bd. 66 (2002), S. 391 ff.

Fischer, Hans Georg, Europarecht, 3. Auflage, München 2001

Fischer, Klemens H., Der Vertrag von Nizza, Text und Kommentar, Baden Baden 2001

ders., The European Union, 1. Auflage, Baden-Baden 2001

Frowein, Jochen/ Kirsch, Nico, Der Rechtsschutz gegen Europol, JZ 1998, S. 589 ff.

Geiger, Rudolf, Vertrag über die Europäische Union und Vertrag zur Gründung der Europäischen Gemeinschaft, 3. Auflage, München 2000

Gesser, Ulrich, Die Nichtigkeitsklage nach Art. 173 EGV: Weiterentwicklung des Klagesystems durch richterliche Rechtsfortbildung, München 1995

Giering, Claus, Die institutionellen Reformen von Nizza – Anforderungen, Ergebnisse, Konsequenzen, in Weidenfeld, Werner (Hrsg.), Nizza in der Analyse, 2. Auflage, Gütersloh 2001

Gleß, Sabine, Kontrolle über Europol und seine Bedienstete, EuR 1998, S. 748 ff.

dies., ...dass überall dem Gesetz ein Genüge geschehe-Justizielle Einbindung und Kontrolle des strafrechtlichen Ermittlungsverfahrens, DRiZ 2000, S. 365 ff.

Gleß, Sabine/ Lüke, Monika, Rechtsschutz gegen grenzüberschreitende Strafverfolgung in Europa, JURA 2000, S. 400 ff.

Grabitz, Eberhard/ Hilf, Meinhard (Hrsg.), Das Recht der Europäischen Union, Loseblatt, Band I, Stand: 19. Ergänzungslieferung Februar 2002, München 2002, zit. als: Bearbeiter in: Grabitz/Hilf

dies., Das Recht der Europäischen Union, Loseblatt, Altband I und II, Stand 15. Ergänzungslieferung Januar 2000, München 2000, zit. als: Bearbeiter in: Grabitz/Hilf

Gündisch, Jürgen, Die Europäische Union als Rechtsgemeinschaft, AnwBl. 1998, S. 170 ff.

Hailbronner, Kay, European Immigration and Asylum Law under the Amsterdam Treaty, CML Rev. 1998, S. 1047 ff.

ders., Die Neuregelung der Bereiche Freier Personenverkehr, Asylrecht und Einwanderung, in: Hummer (Hrsg.), Die Europäische Union nach dem Vertrag von Amsterdam, Wien 1998

Hailbronner, Kay/ Thiery, Claus, Amsterdam- Vergemeinschaftung der Sachbereiche Freier Personenverkehr, Asylrecht und Einwanderung sowie Überführung des Schengen-Besitzstands auf EU- Ebene, EuR 1998, S. 583 ff.

Hakenberg, Waltraud, Vorabentscheidungsverfahren und europäisches Privatrecht, Rabels Zeitschrift für ausländisches und internationales Privatrecht (RabelsZ), Bd. 66 (2002), Heft 2-3, S. 367 ff.

Harings, Lothar, Die Zusammenarbeit in den Bereichen Justiz und Inneres, EuR 1998, Beiheft 2, S. 81 ff.

ders., Grenzüberschreitende Zusammenarbeit der Polizei- und Zoll-Verwaltungen und Rechtsschutz in Deutschland, Berlin 1998

Hatje, Armin, Die institutionelle Reform der Europäischen Union- der Vertrag von Nizza auf dem Prüfstand-, EuR 2001, S. 143 ff.

ders., Europäische Rechtseinheit durch einheitliche Rechtsdurchsetzung, EuR 1998, Beiheft 1, S. 7 ff.

Heidig, Stefan, Die Verhängung von Zwangsgeldern und Pauschalbeträgen gegen die Mitgliedsstaaten der EG, 1. Auflage, Baden Baden 2001

Heß, Burkhardt, Die »Europäisierung« des internationalen Zivilprozessrechts durch den Amsterdamer Vertrag – Chancen und Gefahren, NJW 2000, S. 23 ff.

ders., Aktuelle Perspektiven der europäischen Prozessangleichung, JZ 2001 S. 573 ff.

ders., Rechtsfragen des Vorabentscheidungsverfahrens, Rabels Zeitschrift für ausländisches und internationales Privatrecht, Bd. 66 (2002), Heft 2-3, S. 470 ff.

Hirsch, Günter, Der EuGH im Spannungsverhältnis zwischen Gemeinschaftsrecht und nationalem Recht, NJW 2000, S. 1817 ff.

Hölscheidt, Sven/ Schotten, Thomas, Immunität für Europol-Bediensteten Normalfall oder Sündenfall, NJW 1999, S. 2851 ff.

Hopt, Klaus J., Reform der europäischen Gerichtsbarkeit, Rabels Zeitschrift für ausländisches und internationales Privatrecht, Bd. 66 (2002), Heft 2-3, S. 589 ff.

Huber, Peter M., Recht der Europäischen Integration, 2. Auflage, München 2002

Hummer, Waldemar/ Obwexter, Walter, Irlands "Nein zu Nizza" : Konsequenzen aus dem negativen irischen Referendum vom 7. Juni 2001, integration 3/01, S. 237 ff.

dies., Der Vertrag von Nizza, Wien 2001

Iglesias, Gil Carlos Rodriguez, Der EuGH und die Gerichte der Mitgliedsstaaten-Komponenten der richterlichen Gewalt in der Europäischen Union, NJW 2000, S. 1889 ff.

ders., Die Tätigkeit des Gerichtshofes im Jahr 2001, www.curia.eu.int/de/instit/presentationfr/rappart/pei/cj2001.pdf

Institut der deutschen Wirtschaft Köln (Hrsg.), Die Europäische Union nach Nizza: Bewertung des Vertrags und Perspektiven der weiteren Integration, Köln 2002, zit. als Busch in: Institut der deutschen Wirtschaft

Ipsen, Knut, Völkerrecht, 4. Auflage, München 1999

Johnston, Agnus, Judicial Reform and the Treaty of Nice, CML Rev. 2001, S. 499 ff.

Kamann, Hans-Georg, Das neue gemeinschaftliche Gerichtssystem nach dem Vertag von Nizza- auf dem Weg zu einer europäischen Fachgerichtsbarkeit, ZEuS 2001 S. 627 ff.

Karpenstein, Ulrich, Der Vertrag von Amsterdam im Lichte der Maastricht-Entscheidung des BVerfG, DVBl 1998, S. 942 ff.

Knapp, Andreas, Die Garantie des effektiven Rechtsschutzes durch den EuGH, DÖV 2001, S. 12 ff.

Koenig, Christian/ Pechstein, Matthias, Die EU-Vertragsänderung, EuR 1998, S. 130 ff.

Koenig, Christian/ Sander, Claude, Einführung in das EG- Prozeßrecht, Tübingen 1997

Krüßmann, Thomas, Die Osterweiterung der Europäischen Union mit Blick auf die Bereiche Justiz und Inneres, ZEuS 2001, S. 217 ff.

Labayle, Henri, Un espace de liberté, de sécurité et de justice, RTDE 1997, S. 813 ff.

Leible, Stefan/ Staudinger, Ansgar, Art. 65 EGV im System der EG-Kompetenzen, The European Legal Forum 2000, S. 225 ff.

Lenz, Carl Otto, Die Gerichtsbarkeit in der Europäischen Gemeinschaft nach dem Vertrag von Nizza, EuGRZ 2001, S. 433 ff

ders., Kommentar zu dem Vertrag zur Gründung der Europäischen Gemeinschaften, 2. Auflage, Köln u.a. 1999

Ludwig, Christian H., Die Rolle des Europäischen Gerichtshofes im Bereich Justiz und Inneres nach dem Amsterdamer Vertrag, 1. Auflage, Baden-Baden 2002

Marx, Reinhard, Kommentar zum Asylverfahrensgesetz, 4. Auflage, Neuwied u.a. 1999

Meyring, Bernd, Die Reform der Bereiche Justiz und Inneres durch den Amsterdamer Vertrag, EuR 1999, S. 309 ff.

Müller-Graff, Peter-Christian, Institutionelle und materielle Reformen in der Zusammenarbeit in den Bereichen Justiz und Inneres, in: Hummer (Hrsg.), Die Europäische Union nach dem Vertrag von Amsterdam, Wien 1998

Niedermühlbichler, Hannes, Verfahren vor dem EuG und EuGH, Wien 1998

Oberleitner, Rainer, Schengen und Europol: Kriminalitätsbekämpfung in einem Europa der inneren Sicherheit, Wien: Manz, 1998

Obwexter, Walter, Der Vertrag von Nizza (Teil I), europa blätter 2001, S. 44 ff.

Oppermann, Thomas, Europarecht, 2. Auflage, München 1999

Ortlepp, Beate Christina, Das Vertragsverletzungsverfahren als Instrument zur Sicherung der Legalität im Europäischen Gemeinschaftsrecht, 1. Auflage, Baden Baden 1987

Pache, Eckhard/ Schorkopf, Frank, Der Vertrag von Nizza, NJW 2001, S. 1377 ff.

Pechstein, Matthias, Die Justiziabilität des Unionsrechts, EuR 1999, S. 1 ff.

Pechstein, Matthias/ Koenig, Christian, Die Europäische Union, 2. Auflage, Tübingen 1998

Reichelt, Gerte (Hrsg.), Vorabentscheidungsverfahren vor dem Gerichtshof der Europäischen Gemeinschaft, Wien 1998, zit. als Bearbeiter in: Reichelt

Rengeling, Hans-Werner/ Middeke, Andreas/ Gellermann, Martin, Rechtsschutz in der Europäischen Union, München 1994

Roloff, Ralf, Die Europäische Union und der Vertrag von Nizza Fortschritt, Rückschritt oder Stillstand?, Heft 2, Hamburg 2001

Sack, Jörn, Zur zukünftigen europäischen Gerichtsbarkeit nach Nizza, EuZW 2001, S. 77 ff.

ders., Die Reform der Europäischen Gerichtsbarkeit in der Perspektive der Erweiterung, 2001

Sander, Gerald G, Europäischer Gerichtshof und nationale Verfassungsgerichtsbarkeit, DÖV 2000, S. 588 ff.

Schima, Bernhard, Das Vorabentscheidungsverfahren vor dem EuGH, Wien 1997

Schmahl, Ludwig, Verlagerung der Zuständigkeit für die Innen- und Justizpolitik nach dem Vertrag von Amsterdam- Intentionen, Probleme und Perspektiven, ZEuS 2001, S. 201 ff.

Schmahl, Stefanie, Die Vergemeinschaftung der Asyl- und Flüchtlingspolitik, ZAR 2001, S. 3 ff.

Schomburg, Wolfgang, Die Europäisierung des Verbots doppelter Strafverfolgung - Ein Zwischenbericht, NJW 2000, S. 1833 ff.

Schwach, Joachim, EUROPOL – notwendig, aber rechtswidrig?, Haßfurt 2000

Schwarze, Jürgen, EU-Kommentar, 1. Auflage, Baden Baden 2000

Schütz, Charlotte/ Sauerbier, Maik, Die Jurisdiktion des EuGH im Unionsrecht, JuS 2002, S. 658 ff.

Streinz, Rudolf, Der Vertrag von Amsterdam, EuZW 1998, S. 137 ff.

ders., Der Vertrag von Amsterdam, Jura 1998, S. 57 ff.

ders.. Aufbau, Struktur und Inhalt des Vertrags von Amsterdam, in: Hummer (Hrsg.), Die Europäische Union nach dem Vertrag von Amsterdam, Wien 1998

Streinz, Rudolf/ Leible, Stefan, Die Zukunft des Gerichtssystems der Europäischen Gemeinschaft- Reflexionen über Reflexionspapiere, EWS 2001, S. 1 ff.

Strohmeier, Rudolf, Die Europäische Union, 2. Auflage, Opladen/Wiesbaden 1999, zit. als Bearbeiter in: Strohmeier

Thiel, Elke,	Die Europäische Union, 4. Auflage, München 2001
Thun-Hohenstein,	Der Vertrag von Amsterdam, Wien 1997
Trocker,Nicolò,	Das Vorabentscheidungsverfahren aus italienischer Sicht: Erfahrungen, Probleme, Entwicklungstendenzen, Rabels Zeitschrift für ausländisches und internationales Privatrecht, Bd. 66 (2002), Heft 2-3, S. 417 ff.
Ukrow, Jörg,	Die Fortentwicklung des Rechts der Europäischen Union durch den Vertrag von Amsterdam, ZEuS 1998, S. 141 ff.
Vedder, Christoph,	Die Unterscheidung von Unionsrecht und Gemeinschaftsrecht nach Amsterdam, EuR 1999, Beiheft 1, S. 7 ff.
Vesterdorf, Bo,	Die Tätigkeit des Gerichts erster Instanz im Jahr 2001, www.curia.eu.int/de/instit/presentationfr/rapport/pei/tp2001.pdf
von Buttlar, Christian,	Rechtsprobleme der "verstärkten Zusammenarbeit" nach dem Vertrag von Nizza, ZEuS 2001, S. 649 ff.
von der Groeben, Hans/ Thiesing, Jochen/ Ehlermann, Claus Dieter in: G/T/E (Hrsg.),	Kommentar zum EU-/EG- Vertrag, 5 Bände, 5. Auflage, Baden Baden 1997, zit. als: Bearbeiter
dies.,	Handbuch des Europäischen Rechts, I A 83-I A 89, Stand 407. Ergänzungslieferung, Dezember 2000, Baden Baden 1993, zit. als: Bearbeiter, in: G/T/E
Walter Hallstein-Institut für Europäisches Verfassungsrecht (Hrsg.),	Die Reform der europäischen Institutionen, 1. Auflage, Baden-Baden 2002
Weidenfeld, Werner,	Europa-Handbuch, Bonn 2002, zit. als Bearbeiter in: Weidenfeld

Wegener, Bernhard W., Die Neuordnung der EU-Gerichtsbarkeit durch den Vertrag von Nizza, DVBl 2001, S. 1258 ff.

Weindl, Josef/ Woyke, Wichard, Europäische Union, 4. Auflage, München, Wien 1999

Wiedmann, Thomas, Der Vertrag von Nizza- Genesis einer Reform, EuR 2001, S. 185 ff.

Wölker, Ulrich, Grundrechtsschutz durch den Gerichtshof der Europäischen Gemeinschaften und nationale Gerichte nach Amsterdam, EuR 1999, Beiheft 1, S. 99 ff.

Wollenschläger, Michael, Das Asyl- und Einwanderungsrecht der EU, EuGRZ 2001, S. 354 ff

Zott, Regina, Der rechtliche Rahmen der innen- und justizpolitischen Zusammenarbeit in der Europäischen Union, Frankfurt am Main 1999

Zuleeg, Manfred, Die föderativen Grundsätze der Europäischen Union, NJW 2000, S. 2846 ff.

Gerhard Ring (Hrsg.)

Freiberger Symposium zum Gewerblichen Rechtsschutz

Tagungsband des 4. und 5. Freiberger Seminars zur Praxis des Gewerblichen Rechtsschutzes

Frankfurt am Main, Berlin, Bern, Bruxelles, New York, Oxford, Wien, 2003.
XVI, 100 S., 2 Graf.
Schriften zur Praxis des Gewerblichen Rechtsschutzes.
Herausgegeben von Gerhard Ring. Bd. 3
ISBN 3-631-51067-5 · br. € 24,50*

Den Schwerpunkt des Bandes bildet der Gewerbliche Rechtsschutz aus Europäischer Sicht. In weiteren Beiträgen wird ein Überblick über neuere Entwicklungen in Rechtsprechung und Rechtsschutz auf nationaler und internationaler Ebene, insbesondere auch zu neuen Markenformen gegeben.

Aus dem Inhalt: Die Rechtsprechung des Bundespatentgerichts zu neuen Markenformen · Software und Patente – ein Widerspruch? · Europäisches Patentrecht (European Patent Litigation Protocol) und Gemeinschaftsgericht für Geistiges Eigentum aus der Sicht der Patentanwaltschaft · Europäische Patente im Nichtigkeitsverfahren vor dem Bundesgerichtshof · Neueste Entwicklungen im gewerblichen Rechtsschutz auf nationaler und internationaler Ebene · Technologie-Transfer in der EU

FSC
www.fsc.org
MIX
Papier | Fördert gute Waldnutzung
FSC® C083411

Kolibri 360 GmbH
Ferdinand-Jühlke-Straße 7
99095 Erfurt, Deutschland
produktsicherheit@kolibri360.de

Druck:
CPI Druckdienstleistungen GmbH
im Auftrag der
Kolibri 360 GmbH
Ferdinand-Jühlke-Str. 7
99095 Erfurt